“国家社科基金优秀社科学术社团奖励性补助项目”资助
“华东政法大学地方高水平大学建设项目”资助

外国法制史研究

（第25卷 第1辑）

西法东渐与中国革命
——辛亥革命111周年纪念及其法理反思

何勤华 主 编
王 静 执行主编

法律出版社
LAW PRESS·CHINA
北京

图书在版编目(CIP)数据

外国法制史研究. 第25卷. 第1辑，西法东渐与中国革命：辛亥革命111周年纪念及其法理反思 / 何勤华主编；王静执行主编. -- 北京：法律出版社，2023
(外国法制史研究)
ISBN 978-7-5197-8675-5

Ⅰ. ①外… Ⅱ. ①何… ②王… Ⅲ. ①法制史－国外－文集 Ⅳ. ①D909.9-53

中国国家版本馆 CIP 数据核字(2024)第014419号

外国法制史研究(第25卷第1辑)
西法东渐与中国革命
——辛亥革命111周年纪念及其法理反思
WAIGUO FAZHISHI YANJIU(DI-25 JUAN DI-1 JI)
XIFA DONGJIAN YU ZHONGGUO GEMING
— XINHAI GEMING 111 ZHOUNIAN JINIAN JIQI FALI FANSI

何勤华 主　　编
王　静 执行主编

责任编辑 孙东育
　　　　 曲　杰
装帧设计 李　瞻

出版发行 法律出版社
编辑统筹 学术·对外出版分社
责任校对 晁明慧
责任印制 胡晓雅　宋万春
经　　销 新华书店

开本 A5
印张 9.875　　字数 271千
版本 2023年12月第1版
印次 2023年12月第1次印刷
印刷 唐山玺诚印务有限公司

地址：北京市丰台区莲花池西里7号(100073)
网址：www.lawpress.com.cn
投稿邮箱：info@lawpress.com.cn
举报盗版邮箱：jbwq@lawpress.com.cn

销售电话：010-83938349
客服电话：010-83938350
咨询电话：010-63939796

书号：ISBN 978-7-5197-8675-5　　定价：78.00元
凡购买本社图书，如有印装错误，我社负责退换。电话：010-83938349

序

2022年11月12日，全国外国法制史研究会第35届年会顺利召开。年会主题为“西法东渐与中国革命——辛亥革命111周年纪念及其法理反思”，会议由全国外国法制史研究会主办，由中南财经政法大学法学院和华东政法大学法律史研究中心、涉外法治研究院共同承办。在中南财经政法大学南湖校区设立主会场，在华东政法大学长宁校区设立分会场，考虑到公共卫生事件的影响，会议采取线上线下相结合的方式举办。全国各高校150多名学者参与此次盛会。

会议分成4场专题研讨会，围绕着“辛亥革命及其法理反思”“西法东渐与中国近代社会变革”“中外法律与革命的历史研究”“法史学研究的范式探讨”等问题，展开了热烈、开放、宽松、包容而富有成效的研讨。虽然会议时间很短，只有一天，但会议讨论比较充分，16位发言人和与谈人，比较系统地提出并阐述了他们的观点，与全体会议代表分享了他们的最新研究成果。

辛亥革命，是中国近代历史上的一次伟大革命，它的发生推翻了在中国延续了2000多年的集权专制统治之封建王朝，其历史意义和伟大贡献无论如何评价都不为高。辛亥革命之后，有些个人野心家想复辟封建专制集权的帝国体制（皇帝制度），如袁世凯、张勋之流，但都没有成功，成为短命的闹剧。而辛亥革命的成功，离不开西法东渐的持续推进，离不开对欧美政治法律理念和制度的借鉴，也离不开以沈家本、伍廷芳为首的法治派变法图强,以孙中山、宋教仁等为核心的革命党人上下求索。因此,在辛亥革命革命爆发111周年之际,以“西法东渐与中国革命——辛亥革命111周年纪念及其法理反思”为题,举办全国外国法制史研究会第35届年会,是非常合适,也是非常有意义的。

关于本次年会所讨论的问题,以及各位专家学者乃至博士、硕士在会上的精彩发言,真知灼见,本文集所收录的各篇文章以及文集后面刘译元硕士所写的会议综述,已经有了充分的显示,这里就不再多述。本次年会能够顺利举行,离不开承办方中南财经政法大学校领导姚莉教授、法学院院长陈柏峰教授、法学院陈景良教授、黄美玲教授等的全力支持与辛苦努力,也离不开华东政法大学法律史学科老师和同学所做的各项准备和联络工作,以于明、冷霞、孙晓鸣等老师为核心的办会团队,对会议各个方面的投入,对会议各个进程的周密细致的安排,以及各项人性化的会议议程和办会措施,让我们深受感动,也让每一位代表都感觉到了年会的温暖和爱意。在此,我们要向他们表示诚挚的谢意。本次会议能够获得成功,论文集的编辑出版,也离不开研究会秘书处于明、冷霞、孙晓鸣以及华东政法大学法律史专业李秀清教授、苏彦新教授、史志强副研究员、本期执行主编王静老师的辛苦努力,华东政法大学法律史专业硕士研究生刘译元、甄思嘉、孙昊源以及法律出版社学术对外出版分社曲杰编辑的协助。对于他们的付出,都要表示我们一片热诚的感谢。

何勤华

于华东政法大学法律文明史研究院

2023年9月1日

目　　录

主题研讨

法史学研究范式探讨

专题论文

研究会纪事

主题研讨

梁启超在辛亥革命前后的变化与涅槃重生
——由《中国法理学发达史论》之“自然法”与“性法”切入*

费小兵** 罗 炼***

[**摘要**]1904 年,梁启超在《中国法理学发达史论》中说儒家有“自然法”(或“性法”)观念:如果所以然之法即公理,则以“均平中正、固定不变”为本质的法为自然法;圣人之性即人类之普遍性,其核心是天命之谓性,故又可名为“性法”(丁韪良译之);儒家自然法由《易经》体现,是人效法自然现象的规律制定的“尊卑”礼制法则。他更多使用“自然法”一词,目的是更好体现效法自然、天、地等现象的属性形成的公理法则,其特点是主权在君;但他又强调平等的“本性”是其要义。但其论证“性法”是从禅学入手论证众生之平等的普遍本性,与其尊卑观形成自相矛盾。梁启超还将儒家自然法与《新约》、孟德斯鸠、卢梭等的主张相比较。但是在辛亥革命后,他认为佛家优于儒家,佛家的自由观可挽救时弊,并赞同民主精神。笔者认为,梁启超理解的自然法不完全等于 Logos 语境下的自然法,后者以逻辑为基础,有利于法治的确定性建设,但也有可能存在受逻辑思维所局限。而《易经》表象的优点是能够更灵活、直观地表达事物的规则,但时代变迁,应该重新对《易经》进行排列组合,重新阐释易理,才能与法治精神相吻合。故中华法哲学应扬弃所涉之古今中外知识,才可能实现凤凰涅槃。

[**关键词**]自然法;性法;儒家;释家;易经

---

* 基金项目:1. 重庆市人文社会科学基地一般项目《本性法:信息法哲学的元理论及其主要原则》(2018skjd04);2. 重庆市社会科学规划一般项目《中华法之道的现代转化》(2018YBFX022)的阶段性成果。

** 费小兵,重庆邮电大学网络空间安全与信息法学院副教授,法学博士,研究方向法理学、法哲学。

*** 罗炼,重庆邮电大学网络空间安全与信息法学院硕士研究生。

清末以来,中国发生两千年来一大巨变,如张晋藩所言,以巩固中央集权专制主义为最终归宿的法系已经随着专制时代的终结而总体上消亡了①。消亡了,可否涅槃重生?并且在汲取人类文明成果的基础上凤凰涅槃?假如以《唐律疏议》为代表的、诸法合体的实在法消亡了,转变成了现代规范,那也是时节因缘,并无大碍,如同今日之法国、德国等,他们从古老的日耳曼人野蛮法律转化为中世纪的法律,又转变为近代、现代的法律,都有很大的变化。可见一切都是在变化中的,没有什么一定不能消亡;并非亡了就不在了,就像木炭消失后就变成了空气中的二氧化碳。但是这一方水土的人没有死亡,这就面临着,在文化社会的层面,传统的哲学观已成为国人的精神基因。那么该如何认识古典中的中华法哲学观,自信如何不是盲目自大的自信?华夏民族未来又将有怎样的新的精神气质、生活品质以及与之相关的法律环境?至少人们皆不反对中国人民也需要一种良善人生和正派社会吧。而什么样的制度更有利于良善人生、正派社会的形成?这个问题不难回答,学界的共识是,法治有利于此时代的良善人生和正派社会的形成。那么,法治及其现代规范与中华之"道"是何关系!?

本文从解读梁启超的《中国法理学发达史论》中的儒家自然法切入,发掘、反思梁启超等人对近代法律转型相关问题的探索,并拓展思考,在特定的历史时空中、在各种条件中,中华之"道"如何与现代法治规范真正结合,从而或可实现中华法哲学观的涅槃重生,甚或实现以自由、平等、福德一致的生活为鹄的中华民族整体制度环境与精神品质的凤凰涅槃,这将是本文的鹄的。

一、梁启超在辛亥革命前的儒家"自然法"观念

(一)梁启超倾慕日本维新而接纳其"自然法"之译

近代以来,有责任感的仁人志士一直在思考如何与变迁的世界相适应,实现古老的中华法系及其法理的现代转型。其中最著名的人物

① 参见张晋藩:《解读中华法系的本土性》,载《政法论坛》2010年第5期。

之一就是梁启超。本文就从他顺应时代大势而接纳日本学者译法将natural law译为自然法，并研究儒家“自然法”的分析切入展开解读。

关于“自然法”一词出现在中国的简要线索是：1864年，受聘于清廷的丁韪良曾用“性法”一词翻译natural law，但其后日本法学家户水宽人在《法律学纲领》中译natural law为“自然法”；1902年，户水宽人的《法律学纲领》译介到中国。①

在此背景下，1904年，梁启超在《中国法理学发达史论》中也明确提出了中国最主要的学派儒家有“自然法”。梁启超首次使用“自然法”是在该书第三章：

> 夫既以“均平中正、固定不变”为法之本质，然则此“均平中正、固定不变”者于何见之？于何求之？是非认有所谓自然法者不可，而儒家则其最崇信自然法者也。②

其要义是：如果非要认为有“自然法”一词，那么中华文化中以“均平中正、固定不变”为法的本质，这就算是自然法；则儒家也算有自然法。该词一提出来，梁启超居然没有解释何为“自然法”、为何要用这个词，似乎是理所当然地应该用这个词。

但由此可见，梁启超接受了日本人的译法，后文中，梁启超偶尔也用“性法”一词，但主要使用的还是“自然法”——虽然其阐释此“自然法”却一直用的是“性”“性海”“性体不二”等词及相关思想。为何梁启超要用“自然法”一词？或许是清末中国完全引进大陆法系，而欧陆法系的法律是通过日本传入中国的，可见当时日本在中国学术界具有很重要的地位；尤其是梁启超流亡日本，看到了日本维新改革后的巨大变化——迅速富强、开放、现代化……，强烈期望中国也有如此变化，从而

---

① 参见程燎原：“性法”“天法”“自然法”：清末的译论略述。

② 梁启超：《中国法理学发达史论》，载《梁启超全集》（第4册），北京日报出版社2020年版，第177页。

救亡图强,所以倾慕日本精神,自然顺应时代大潮,不假思索即用日本学者翻译的"自然法",也就可以理解其倾心苦旨了。其他原因是什么?下文展开。

(二)梁启超之儒家自然法的核心是天命之谓性

梁启超重点研究的是儒家自然法,他以《诗经》《易·系辞》中的句子证明儒家有自然法。例如,他说:"《诗》曰:'有物有则。'言有物斯有则者,则存在于物之自身也,此其义之最显著者也。是故儒家关于法之观念,以有自然法为第一前提。"①这是从孔子删定的《诗经》中的句子出发,发掘出儒家关于任何事物皆有自身的法则,认为这就是自然法。然后就儒家的自然法究竟有哪些特征,梁启超则举例述曰:

> 《易·系辞》:天尊地卑,乾坤定也。……
> ……圣人有以见天下之动,而观其会通,以行其典礼。……
> ……见乃谓之象,形乃谓之器,制而用之谓之法。
> 《(礼)记·乐记》:天高地下,万物散殊,而礼制行矣;……②

这里,梁启超发现儒家经典如《易·系辞》中将人文世界与被观察的自然界"会通",而效法自然界"天地"之意以制定礼制、法度。笔者的疑问不禁油然而生:人文世界与自然界可能在某些方面存在属性相似之处,但是否就能形象地、一一机械地比附自然界,并且将比附自然界而制定的法则称作"自然法"?这符合"自然法"作为一个西方外来术语的原义吗?

带着疑问,笔者继续解读梁启超此文。梁启超言:"法之最广义,举一切物之伦脊皆是也",又言"《系辞传》称:'仰以观于天文,俯以察于

① 梁启超:《中国法理学发达史论》,载《梁启超全集》(第4册),北京日报出版社2020年版,第177页。

② 梁启超:《中国法理学发达史论》,载《梁启超全集》(第4册),北京日报出版社2020年版,第177页。

地理,近取诸身,远取诸物,于是始作八卦。'此所谓自然法也。"①可见他的确认为《易·系辞》是在为一切物立法,所立之法即是万物的"自然法",只不过其中一小部分是限于人类社会而已。不过他还是从人类自身的品德出发来认识儒家的自然法,并且引用"孟德斯鸠《法意》云:'物无论灵否,必先有其所以存;有其所以存,斯有其所以存之法'",他又分析:"其言所以存之法,即公理也,所谓自然法也",可见他用"公理"一词来解释自然法,而"公理"是具有普遍性的,是研究所以然、为什么的,即研究法的本质的。从而他证明《易·系辞》为一切物立法,恰雷同于孟德斯鸠言之万物皆有的自然法。

梁启超言道:"孟子此论(四心说),证明人类之有普通性,而普通性即自然法之所从出。此最完满之理论也,故自然法亦称性法。"他所在的时代恰是古体文向白话文转型的时期,他用的词是"普通性",内涵就是普遍性,因此他证明人类有普遍性,而普遍性即自然法之所由来。关键是,在此处,梁启超言"自然法亦称性法",说明他称谓的"自然法"就是丁韪良翻译的"性法"。

但为何梁启超主要使用的是"自然法"而非"性法"一词呢?除了对日本维新改良的羡慕之外,估计还是与他认为《易·系辞》是为一切事物立的法有关。例如,他进一步强调:"下复言取诸《离》……(等各种卦名),皆自然法也,取之而制定种种事物,所谓人定法也。"②并且他强调:"我国儒家之自然法,则谓有主宰者也。"并且引用了很多古文来证明其观点,如"《左传》:民受天地之中以生,所谓命也。是以有动作威仪之则,以定命也。……"

由此可见,梁启超认为,儒家的自然法就是由《易经》体现的、义理之天决定的自然与人的"命运";人效法自然现象的规律制定动作威仪的礼制法则,即自然法,就是以礼法固定其各自的命运、地位、关系。从

① 梁启超:《中国法理学发达史论》,载《梁启超全集》(第4册),北京日报出版社2020年版,第178页。

② 梁启超:《中国法理学发达史论》,载《梁启超全集》(第4册),北京日报出版社2020年版,第178页。

而可见,他用的“自然法”一词的内涵,既有效法被观察的自然界“天地”之意,又含有“所以存之法”即“公理”之义,并且“公理”源于对自然之天、义理之天的效法。所以梁启超更倾向于用“自然法”一词,而非“性法”一词,或许是为了更好地体现效法天地、山川、风雷、水火等自然现象间相互作用的属性而形成的公理、法则。

不过,他该文之“自然法”始终与“性”字关联而论证,这个“性”不仅是性善、性恶意义上的“性”,而且是更深一层的抽象,即他强调“天为自然法之渊源”“天亦谓之命”“天命之谓性”,这个“天命”即自然法的内涵就是人的“本性”,即天是人的主宰者,人的天命,或言之天给予的人的命运就是人的本性,从而就是自然法。这是否有些宿命论?这疑问留待下文一并总结。

(三)梁启超对儒家圣人观与西方社会契约的比较

首先,梁启超思考立法权的实际归属者:“圣人之言,即自然法之代表也。”①因为,圣人要么是与天同体者,要么是直接或间接受天之委托者,要么其智力足以知天者。例如,太昊、炎帝、黄帝、少昊、颛顼,这远古的五帝是与天同体、天之化生,其法为天之法,梁启超于此处强调:“惟耶稣《新约》,差可比伦耳。”其次,直接受天之委任者,如伏羲受天乃赐《河图》,或禹受天赐《洪范》九畴,梁启超由此断言“宜操立法权者,惟天耳。”最后,他提到《论语》中孔子没有得到天命的祥符而感叹:“凤鸟不至,河不出图,吾已矣乎。”但他还是相信《春秋》西狩获麟的故事,《公羊传》中解释这麟为孔子受命之祥瑞,认为孔子最后还是见到了祥瑞,证明孔子是第三种圣人,即智力足以知天者,从而认为孔子能够知道自然法,所以孔子有立法权及解释法之权。②

这里需要注意的是,儒家学说一经梁启超阐释,有助于打通儒家传统与基督教传统,可用来反思缪尔·亨廷顿关于文明、文化存有冲突隐

① 梁启超:《中国法理学发达史论》,载《梁启超全集》(第4册),北京日报出版社2020年版,第179页。

② 参见梁启超:《中国法理学发达史论》,载《梁启超全集》(第4册),北京日报出版社2020年版,第179页。

患的担忧，后者认为伊斯兰文明和儒家文明可能与西方文明之间会形成冲突。[①] 但梁启超认为，犹太人的《摩西法典》、穆罕默德的《古兰经》、印度的《摩奴法典》、希腊的《绵尼法典》与耶稣的《新约》，在来历上“莫不相同”，都是天神所赐予的法典，“乃知此实初民之共通观念，非惟我国有之。”[②]也就是说，梁启超认为中国的“天”其实更主要代表的也就是天神，或义理之天，中国古代儒家经典如《洪范》虽然在具体的内容上与世界不同民族的经典有区别，但却有一个共通点：就是这些初民的法律都是天神所赐予的，梁启超认为只有天赐的才是自然法，这似乎就可以打通儒家和西方基督教神学之间的道理，而非绝对的隔膜。

只不过，西方各宗教中有人格化上帝与非人格化上帝的不同观念。梁启超没有说明儒家的“天”是哪一个人格化的神的名字，因此只能是非人格化的，即只能是义理之天。这是儒家与西方各宗教的一点微小区别，但这个微小的区别不影响其大同小异。

并且，在梁启超看来，“天生神物，圣人则之”，“而《礼记·中庸》所论，尤为博深切明”，然后他就引用了《中庸》的原文：“惟天下至诚，为能尽其性，能尽其性则能尽人之性，能尽人之性，则能尽物之性，能尽物之性，则可以赞天地之化育……则可以与天地参矣。”“至诚之道，可以前知。”[③]因此，人唯有至诚，可以尽其本性，这个本性也是天地的本性，因此至诚之人可以知道天即将如何执行自然法。即在他看来，人的至诚可以提前预知即将发生的事，而即将发生的事情是自然法起作用的表征。由此，这个义理之天不是外在于人类的，而是人类的内在超越，即当人内在超越自身，达于纯粹之诚时，人是能够参与义理之天的自然

① 参见[美]缪尔·亨廷顿：《文明的冲突与世界秩序的重建》，新华出版社 1998 年版，第 181 页。

② 梁启超：《中国法理学发达史论》，载《梁启超全集》（第 4 册），北京日报出版社 2020 年版，第 180 页。由于近代翻译与现代翻译习俗有些不同，梁启超言之“希腊的《绵尼法典》”不知道指的是哪部法典。

③ 梁启超：《中国法理学发达史论》，载《梁启超全集》（第 4 册），北京日报出版社 2020 年版，第 181 页。

法的立法与执法的。所以,人与义理之天不是二元分裂的,这是梁启超言之“天”与西方宗教中的彼岸的上帝的又一个区别:西方宗教中的彼岸的上帝,至少目前经典所记载的,都是彼岸的、与人二元分裂的。只有少数学者的书籍,提到西方宗教中的上帝也可能是与人非二元分裂的。

或许有宗教徒会认为这样的逻辑太大胆而大逆不道:人怎么能与上帝非二元呢?注意,梁启超研究的儒家的逻辑是:人只有达到至诚,才能获得与天地一样的本性。而普通人,基本上是不可能达于至诚的,所以,儒家的“天人合一”只能是至善的理想状态,在现实中,这个理想状态基本上处于“彼岸”一般的遥不可及。

所以,梁启超言“《中庸》所谓‘至诚’,即圣人也。”此即儒家言之“至诚若神”,故他又引《易·文言传》:“乎圣人者,与天地合其德,先天而天弗为,后天而奉天时也。”由于圣人“与天地合其德”,具有“天”一样的德性,所以能“若神”,代天立自然法。而何以能若神呢?“则全以其能尽其性故”。[①] 此处,梁启超话锋一转,更凸显出“人”的伟大性:

> 人类莫不有其普通性,人类与众生又有其相共之普通性。
>
> 故圣人之性即人类之普通性,亦即众生之普通性。性体无二(《华严》所谓性海)。故能尽其性者,必能尽人类之性,随即能尽众生之性(例如人类有能饮食之机能,众生亦有能饮食之机能,我既能饮食,则人类之此机能,乃至众生之此机能,我皆具之矣,故孟子曰:“万物皆备于我”)。而性之大原出于天,故能尽其性以尽普通性者,即其与天合德,而与天参者也。[②]

① 梁启超:《中国法理学发达史论》,载《梁启超全集》(第4册),北京日报出版社2020年版,第182页。

② 梁启超:《中国法理学发达史论》,载《梁启超全集》(第4册),北京日报出版社2020年版,第182页。

这里笔者逐渐得到了前文疑问的答案:梁启超的自然之天与义理之天的确是混合的。虽然说至诚是普通人遥不可及的德性,但梁启超还是认为人类"莫不有其普通性",即皆有这普遍的本性,并且一切生命(动物)皆有这普遍的本性,"故圣人之性即人类之普通性,亦即众生之普通性",这样的普遍性,梁启超解释:如人类与动物皆有的"能饮食之机能"。这里的饮食机能的确是自然属性,与至诚本性是有天渊之别的,后者是"与天地合其德",是很高的德性、潜在的本性,而饮食机能却是人与动物皆有的、似乎有点俗气的本性,但也可以被抽象化。梁启超将二者皆定为人的普遍性,所以他才引用《易·系辞》中的"天尊地卑"等言辞,形象地、一一机械地把人文世界比附自然界,又将比附自然界而抽象化后制定的法则称作"自然法"——关键是,梁启超不认为这是比附,他说:"儒家言,则谓心理界现象,亦支配于自然法之下,与自然现象无异",即他认为,在儒家天人合一的境界中,人的心理世界的规律与自然世界的规律是一样的,都受自然法支配。这如果有对自然界的比附,也怪不得梁启超,因为在《易·系辞》《春秋繁露》等典籍中就有此倾向。

但笔者继续追问:将儒家关于法的本质称作"自然法"符合"自然法"作为一个西方外来继受术语的原义吗?儒家自然法与古罗马西塞罗最先提出来的自然法的部分义素就不能对应了,后者的重要义素是"理性",其有两个词源,一是 logos,二是 nous。logos 是万物生灭变化的尺度、准则、规律、本质,拓展而言,斯多葛学派(及西塞罗)认为,外在的 logos 是理性的、逻辑化的语言,后世的发展都偏重这个外在的 logos,即语言理性。而《易经》不是语言,是表象,并且是人与自然世界共同规律的表象符号,它是中国古人对宇宙万物生灭变化的尺度、准则、规律、本质的把握——却与不同时期的文化不同有关。不同时期的理解、阐述各有千秋。例如,《归藏易》及《老子》的阐述是以坤卦、柔弱似水、谦下为主,而周文王、周公和孔子《易·系辞》的阐述是以乾卦、天尊地卑为主。

logos 语言表达的智慧清晰明白,不容易被篡改,有利于法治的确定性建设,但是其也有可能有被左大脑逻辑局限的缺点。而《易经》表象的优点是能够更灵活、直观地表达事物的规律,但可能因为表象是很模糊的,不同时期的文化就会导致对《易经》不同的理解、阐释(如孔子对《易经》的阐释就不同于康有为的阐释),所以就不容易清晰明白。而现代法治的基石就需要 logos 精神,即需要法治是清晰、明白、确定的。而《易经》表象导致不同的理解、阐释,则需要另文详述何者更适宜于现代了,如果能够厘清之,不仅有利于沟通 logos 精神与道,还可能有利于在本土文化的基础上与时俱进地让法治有了民族语言之根。不过,自然法的内核之理性的另一个词源 nous,即心灵的自动性、自发性,倒是与儒家的"性"、佛家的"性海"很有些共通的义素,皆是心灵直接的、纯粹的、自发的表达,即是良知的表达。区别在于 nous 理性不是人类完全拥有的正确理性,而仅是神才拥有的,所以是与人二元分裂的,而儒家的"性"、佛家的"性海"、道家的"道"都指向人的内在的、最深的、潜在的本质,与人不是二元分裂的。不过,斯多葛学派有一元化的倾向(另文详述),所以,这个"一元化倾向"的义素与儒家的"性"、佛家的"性海"是可以沟通的。

但是,在孔子的解读中,即《易・系辞》把本体论中没有等级的存在,转化为用数字来抽象表达的现象、拟人化的天地,阐释为"天尊地卑",似乎是利用数学工具包装出来的价值倾向,似乎天的地位更高,地的地位更低,这就暗含了对自然现象的价值观念,这种价值观又反过来推论出儒家自然法的内容:君上之体统,卑下之体统,各依其礼,成尊卑秩序,即儒家自然法的内容也。而作为君上、卑下,儒家认为原因是各有其命,体现了儒家关于人文心理世界与自然现象皆由天造化、主宰的观点。但这尊卑观却恰是与梁启超主张的平等观相矛盾的,其平等观或与其研究的佛家有关,下文将论及。但这样天尊地卑、君尊臣卑的观念显然与自然法的词源——西塞罗的平等观不是一回事,所以笔者要区别二者,以馈读者。

不过,儒家自然法依然有其超越性的一面,如梁启超言"自然法即性法也",并再次重申"性之大原出于天",人的本性是以天为本原;"故能尽其性以尽普通性者”，即至诚尽性的人就穷尽了人的普遍性——但此处的普遍性指的不是饮食机能，应该指的是圣人达到“诚”的顶点。因为他说“尽普通性者”才能“与天合德，而与天参者也”，假如其言之普遍性仅仅指饮食机能，怎么能达到“与天合德”，参与天之自然法的立法呢?!

此处梁启超思想的特点，在于他认定“凡属人类，皆可以为圣人”，这一通过努力后“人皆可能为尧舜”的观点，与西方宗教中认为人永远不能摆脱原罪，是又一个区别。

（四）梁启超之主权在君与人皆可为尧舜的内在矛盾

承前，梁启超认为，儒家自然法是老天命定的法则，“宇宙万有，生存运动于自然法之下，有一定之格，一定之轨”，①而只有理解了《易·系辞》，才能理解这自然法的内容。但梁启超又提到，“人皆可为尧舜”，在终极上人人平等，即“儒家之意，欲使人人皆为能立法之人”，只不过，当人“未达其程度，则不能有资格耳”。② 此处，他通过佛家的众生平等，来证明人类皆有可能成为立自然法之人，则人类又有超越命运的可能了。

注意，梁启超延续了自宋以来儒家的“三教合一”观，理所当然地引用佛经《华严经》“性体无二”“性海”观来证明人人皆可“尽其性者”而能“尽普通性者”。他说：

> 佛说言一切众生有起一念者，佛悉知之。何以能如此?因性体本普通而无二也。是即能尽人性，即能尽物性之说也。是即至诚可以前知之说也。夫既认有自然法，复认自然法存在于人物之自身，而自然法则固定不变者也，然则能前知，不亦宜乎?儒佛皆认自然法存于众生之自身，而儒家则谓天实赋之，佛家则谓自造因而自受果也。此其所以异也。儒家则

① 梁启超：《中国法理学发达史论》，载《梁启超全集》（第 4 册），北京日报出版社 2020 年版，第 183 页。

② 梁启超：《中国法理学发达史论》，载《梁启超全集》（第 4 册），北京日报出版社 2020 年版，第 183 页。

认有客观的为之主宰者，佛家则全尊主观，而不认主宰者之独立存在也。①

此处，或许是先秦经典中没有“性体无二”的说法，梁启超只有沿用宋明理学的理路，借用佛家的“性体无二”来证明儒家的天人合一观，如儒家之“性体”也是与现象万物“无二”的，即没有二元分裂的，则儒家与佛家的“自然法存在于人物之自身”；也就是说，在本体论上，众生、人类与本体是同一的，天之本体即人之本体，既然是同一本体，则在此超越意义上可说“你即是我”，那么心灵处于纯粹纯净状态时，就能灵犀相通，彼此知道，所以至诚之人能提前预知老天即将根据自然法对人间的奖惩；并且，自然法既是老天给予的，又是人自身的规律，是“固定不变者”，所以圣人能根据规律提前预知——这圣人就是先知了。

以上是梁启超认为的儒家与佛家相通的部分，不仅如此，他还发现了儒家自然法与佛家自然法的一点区别，即儒家认为有客观的天是主宰者，但“佛家则全尊主观，而不认主宰者之独立存在也”，即佛家不认为有一个独立存在的主宰者、上帝或天神，连非人格化的彼岸上帝都没有。这一点，梁启超颇具慧眼。

只是，他没有进一步深入地展开分析儒家与佛家的区别，也可能是他师承康有为，更重点研究儒家，对佛家研究不多的缘故，虽然他也有研究佛学的作品。

而梁启超言“自然法先于宇宙万有而存在，取宇宙万有而支配之者也”，②说明他言之儒家之“天”是一个先于万物而存在的支配者，“支配者”在逻辑上是一个实体。他借用“性体无二”时，认为儒家有一个实体的性体或“天”，只是人如果去蔽，达于纯粹之诚的圣境时，人能够预知“天”的自然法立法、执法。

① 梁启超：《中国法理学发达史论》，载《梁启超全集》（第4册），北京日报出版社2020年版，第182页。

② 梁启超：《中国法理学发达史论》，载《梁启超全集》（第4册），北京日报出版社2020年版，第182页。

但佛家《华严经》中的“性体无二”，其本性(或强名之曰本体)不是一个实体，万物也都不是实体，不仅言语道断、一说即非，而且心行灭处、截断意识，于诸法无我处，方可证得。所谓性海，即远观似乎有一个实体的海洋，每一个生命如同一朵浪花，仿佛有一个实体的海洋和每一个实体的浪花，近看却发现海洋只是由不同的水分子组成，并没有一个实体的海洋，也没有一个实体的浪花，因为浪花也是由不同的水分子(比喻不同的条件)组成。与之类似，远观长江是一个实体的江，近看却发现只是不断流逝的水，如同赫拉克利特言之“人不能两次踏入同一条河流”，那么，雷同于人，远看人似乎有个灵魂，近看却发现不过是意识流在不断的变迁，在某种意识状态的过去和某种意识状态的现在二者中，哪一个更代表“我”？所以“诸法无我”，指的是佛家认为没有实体的灵魂(佛家不否定世俗谛上的主体“我”)，同样也认为没有实体的本体、彼岸上帝、主宰者。因此，的确如同梁启超所言，佛家不认为有客观的天是主宰者；既然一切都在瞬息万变，各种条件不断演化分合，那么人有主观意识的智慧力量去努力、利用各种主客观条件(因缘)，去发展并承受不断产生的发展后果，这也就是梁启超发现的“佛家则谓自造因而自受果也”。另外，性海说也证明众生皆是性海中平等的浪花，证明“人人皆可尽其性者”而能“尽普通性者”。

但佛家不仅不是因果宿命论，也不是断灭论。如中国大乘佛家慧能言说道：“何期自性，本自清净；何期自性，本不生灭；何期自性，本自具足；何期自性，本无动摇；何期自性，能生万法。”仿佛其有一个“自性”“本性”，甚至也有人说大乘佛教中的“如来藏”是一个实体。是这样的吗？还是仿佛有一个实体？

但我们不应忘记，慧能还说过“菩提本无树，明镜亦非台。”这句话对应的是神秀言之“心如明镜台”，那么，即站在佛家视角，“我”在圣义谛上只是“如梦幻泡影”一般的流变者，并没有一个实体不变的“明镜台”“我的灵魂”，在此意义上可谓之无心、无我。慧能这句话后面的两句话，有两种说法。一种是敦煌本记载的“佛性常清净，何处有尘埃？”，另一种是惠昕本或宗宝本记载的“本来无一物，何处惹尘埃”。结合前面的“明镜亦非台”,可见“佛性常清净”的本义就是“本来无一物”,所以这也符合佛家原义:无实体。佛性(又译为自性、本性)的梵文是“buddha-dhatu”,其词根 dhatu 是“界、是、真如、绝对存在”,另一词根 bu(Bhu)是“相对存在”,两个词根合起来是“真空妙有”,即“绝对存在与相对存在的不二中道”,即唯识所说三性中的“圆成实性”,圆成实性系远离“我、法”二执所显现的真理;因远离二执,方称真空;却亦非常人所谓与“有”相对之“空”(空无),而同时为一真实之有,故称妙有。① “真空妙有”,借用现象学言之,即万物的“本性”是现象自身自在呈现的、非实体的、非空非有的本体。

注意不能完全用词根来理解“自性”这个词,因为词根是梵文,是雅利安人、婆罗门教的语言,所以婆罗门教也有“自性”这个词。为了和婆罗门教相区别,佛家采用“空性”这个词来表达之。那么本文使用梵文词根的目的只是方便帮助理解而已,最终还是要根据佛经来综合判断,并且佛家创造的这个词“buddha-dhatu”是由两个完全相反含义的梵文词根合成的,就是要打破对其中某一词根的执着。因此,不能执着有一个“绝对存在的实体”,也不能执着只有“相对存在的现象”,所以只有“相对存在的现象”自身展现着“绝对存在”,两个词根的化合才是“佛

① 佛性梵文词为 tathagata-dhatu,佛教中还有几个梵文词汇来表达它:“胜义谛”的梵文是 paramârtha-satya(关键词根 sat 含义:是,真,真实,实,有,胜,善,妙,妙善,微妙,有智,有智者,有法,有物,正,法,美,萨,贤,贤良)、“第一义空”的梵文是“paramārthasūn-yatā”(关键词根sūn 是 sat 的派生)。《大般涅盘经》卷 27〈师子吼菩萨品〉:“十二因缘名为佛性,佛性者即第一义空,第一义空名为中道,中道者即名为佛,佛者名为涅盘。”梵文“paramārthasat-ya”中,paramārtha 指第一义,其中,parama 指最高的、首要的、第一的,artha 指要义、义理。《大般涅盘经》卷 13〈圣行品〉:“一切行无常,诸法无我,涅盘寂灭,是第一义,是名中智。知第一义无量无边不可称计,非诸声闻缘觉所知,是名上智。”《大般涅盘经》卷 13〈梵行品〉:“有业有报不见作者,如是空法名第一义空。”凡夫见到色的表象,执取色为实有,而菩萨摩诃萨见到色的真实义,亦即见色的空性,见色相实为见空相,另参见释证真:《从第一义空论述中道佛性义:以〈大般涅盘经〉为主》,载《佛学思想与佛教文化研究》,社会科学文献出版社 2017 年版,第 215 ~ 241 页。“见色的空性”用现代哲学术语阐释即是见到现象的相对存在性。

性”的含义。即离开“流变的相对存在的现象”,别无一个实体的“绝对存在”;但反过来,局限在“相对存在的具体现象”中,没有发现超越现象事物、超越时空的、非实体的“绝对存在”、现象自身的生命性,也不是佛家义理,而是佛家言之“无明”。但为了防止人们从一个极端堕落到另一个理解的极端,佛家把此“buddha-dhatu”称为“空性”,但需要强调的是,“空性”不是“无”“没有”,而是真空妙有。以上就是佛家之“本性”的要义。

不过,儒家、道家与佛家的确在“本性”一词上有相似的地方,也就是皆倾向于非二元论,“本性”皆指人自身的本体性,现象自身即本体,现象自身即具有非实体的、千变万化的生命性、活性——只是无情的山河大地体现的是宇宙万有的时空条件的积累,唯有有情生命才体现现象自身具有的非实体的生命性——在此视角看来,“天尊地卑”的确是对无情天地的拟人化,又通过此“天尊地卑”来比附、证明人间的尊卑的合理性。

但是佛家认为,生命性这个概念也应被打破,才显得无执着,才是生命性更深的本质。

不过,三家皆潜含如下推论:人在潜能上皆有能力内在超越,达于儒家的至善、道家的忘己或佛家纯粹“无我”的境界,这都是不同视角使用的同一术语“本性”,因此梁启超言之“尽其性者”能“尽普遍性者”说中了三家的要旨。换言之,三家的“道”皆可随着现代化潮流换名字为“自然法”或“本性法”,而我更倾向于用“本性法”一词,因为更有利于沟通三教之间的关系。

(四)梁启超:人民公意即天意

梁启超用三家的本性说来证明众生皆因性体无二,所以众生皆可成尧舜,皆可为圣人,从而来证明人民的崇高地位,并提出了“人民之公意”。看来他似乎有从传统“民本”向现代“民主”转化的企图?但他说,“人民之公意”体现了天意,[1]其是否与现代民主一样呢?通过下文

---

① 参见梁启超:《中国法理学发达史论》,载《梁启超全集》(第4册),北京日报出版社2020年版,第184页。

展示其原文即可发掘其心思。

梁启超认为《尚书》《孟子》中可发掘出“人民之公意”的观点：

《尚书》：“民之所欲，天必从之。”

《孟子》：“万章曰：‘尧以天下与舜，有诸？’孟子曰：‘否。天子不能以天下与人。’‘然则舜有天下也，孰与之？’‘天予之。’‘天与之者，谆谆然命之乎？’曰：‘否。天不言，以行与事示之而已矣。’……”

《左传》：“桓六年：夫民，神之主也。”①

民是“神之主”，而非西方宗教中的神是民之主，梁启超由此认为：“儒家认人民之公意，与天意有二位一体之关系。”其原因在于“人与天本一体也”。② 他将人的地位陡然提高到与天同等的高度。

笔者曾提出“与道立约”，含义是人民的良知即道，人不仅应有社会契约，还应与人民自身的良知立约。③ 笔者的观点与梁启超的观点有些异曲同工。

梁启超关于“民意”即“天意”的论据在《孟子·万章上》中。故事是这样的：尧在世时推荐舜于天，天接受了，然后“尧崩，三年之丧毕，舜避尧之子于南河之南。天下诸侯朝觐者，不之尧之子而之舜；讼狱者，不之尧之子而之舜；讴歌者，不讴歌尧之子而讴歌舜，故曰天也。”④这说明民心向往的是舜，而不是尧的儿子，故《尚书·太誓》曰：“天视自我民视，天听自我民听”，天意是由民意体现的。这说明禅让制的核心，还不在于原来的天子选中谁，谁就必然有资格接班做新天子，还必须看民意，人民的公意才是最后的决定者。

---

① 梁启超：《中国法理学发达史论》，载《梁启超全集》(第4册)，北京日报出版社2020年版，第184页。

② 梁启超：《中国法理学发达史论》，载《梁启超全集》(第4册)，北京日报出版社2020年版，第184页。

③ 参见费小兵：《〈老子〉法观念探微》，中国政法大学出版社2013年版，第222～230页。

④ 梁启超：《中国法理学发达史论》，载《梁启超全集》(第4册)，北京日报出版社2020年版，第184页。

此处梁启超提到了欧洲17、18世纪的自然法、公意说,他认为儒家之所说与17、18世纪欧洲学者之所说还是有点"异",所区别在于:"人民之真公意,为圣人为能知之,而他则不能也。"[①]即普通人是不能知道自然法的,从而不能立法。所以,梁启超认为:"盖欧洲之自然法学派,谓人民宜为立法者,儒家则谓惟知人民真公意所在之人,宜为立法者。"[②]即他认为人民虽然有潜力成为圣人,但未成为圣人之前,是不知道自己的真公意的,因此需要圣人代表人民成为立法者——这内含有少数精英应该代表大众立法之意,才能体现人民的真公意,即天意。因此,梁启超与欧洲学者的关键区别在于:"故同主张人民公意说,而一则言主权在民,一则言主权在君。"[③]即他的人民公意需要主权由君来体现,因此推出君主立宪是梁启超的基本出发点。

问题是,"君王"等同于"圣人"吗?终极平等的人需要代表立法吗?梁启超其实也发现了"君王"不等同于"圣人",不过他认为"后世之为君主而非圣人者,其于前代圣君之法,惟宜遵守而不可妄有所更革。"[④]即圣君立法即自然法,后世非圣人的君王遵守即可,故儒家是君主立法主义与保守主义相结合。但他又说,古代圣人只发现了"自然法之一部分",[⑤]孔子既然是圣人,当然可以改制,改革古代的自然法。

新的问题又出来了,梁启超似乎展现了一种自相矛盾:他说自然法是"均平中正、固定不变"的,却说古代圣人只不过发现了"自然法之一部分",推论出自然法是需要改制、改革的,则自然法(的内容)又是可变

① 梁启超:《中国法理学发达史论》,载《梁启超全集》(第4册),北京日报出版社2020年版,第185页。

② 梁启超:《中国法理学发达史论》,载《梁启超全集》(第4册),北京日报出版社2020年版,第185页。

③ 梁启超:《中国法理学发达史论》,载《梁启超全集》(第4册),北京日报出版社2020年版,第185页。

④ 梁启超:《中国法理学发达史论》,载《梁启超全集》(第4册),北京日报出版社2020年版,第185页。

⑤ 梁启超:《中国法理学发达史论》,载《梁启超全集》(第4册),北京日报出版社2020年版,第185页。

的。对此,梁启超自己也提出了相关疑问:“而彼自然法之全部分,果能以人智尽发明之乎?儒家观念之确与不确,当于此焉判之。”①则儒家自然法似乎是确定不变的,又似乎是可变、不确定的——但梁启超没有给出答案,只有笔者接着思考。

或许,梁启超没有厘清此矛盾的原因在于,他的“义理之天”与“自然之天”始终是含混的。“天人合一”之“天”是本体吗?在宋明理学看来,“义理之天”的“天”是本体,但本体在老子、孔子那里皆是不可言说的、非具象的、涵盖一切的,从而是超越一切价值观、尊卑观的,佛家更是无实体,从而三家的本体论皆不能用三维空间加一维时间中具体现象的春夏秋冬来比附。如秋冬行刑,不能说秋冬行刑的秋冬就是本体、义理之天,所以不能说那些对自然现象的比附就是自然法;另外,“自然之天”的“天”没有本体意味,而只是自然现象,人文心理世界是抽象的,则更不能机械地比附自然现象;秋冬行刑比附的如果是“自然之天”中冬天的肃穆、阴寒,则人文心理世界对面行刑时的肃穆、阴寒、毁灭的感觉不一定非要在秋冬肃杀的自然时节才有,是一年四季都可以有的。

更进一步,梁启超经常用佛家的性海、性体不二来论证儒家自然法,那么从佛家的《金刚经》中的“无我相、无人相、无众生相、无寿者相”也可知,不能用任何的现象来机械比附另外的现象,否则就是执着于“相”(现象)了。所以,“义理之天”与“自然之天”的含混,导致梁启超在概念、逻辑上对本体与现象没加以区别。而佛家的“性体不二”是从圣义谛(本体论)视角的说法,那么从逻辑上说,本体视角的自然法是确定的,但也是任何“相”即具体的现象无法表达的,因为“现象即本体”指的恰是超越“相”的境界;自然法的不确定指的是现象世界的内容的不确定,体现在不同的民族,就是指各地风俗的不同,或同地风俗随时代变化而产生的不同,而导致各自礼法有所不同,对之另文详述。②

① 梁启超:《中国法理学发达史论》,载《梁启超全集》(第4册),北京日报出版社2020年版,第185~186页。

② 参见费小兵:《佛性启迪出的本性法》,四川大学道教与宗教文化研究所2016年博士后出站报告,第44~49页。

例如,“礼”体现了华夏民族不断变迁的“礼仪”内容,也仅仅只体现了华夏区域内的“礼仪”,而不包括西方两希文明各自不同的“礼仪内容”、中世纪宗教的“礼仪内容”,近现代的“礼仪内容”。因此,梁启超所言“儒家认道与礼与法为同物者也”。笔者却认为,虽然道与礼、法在词源上有相通的义素,但三个不同概念各自还是有不同的内涵。而自然法的不变,指的是其“均平中正”的抽象本质不变,礼法的内容是可变的。道是抽象的本体,道转换为自然法一词,则法的本质是自然法,是“均平中正”,也属于抽象的形而上学,而礼却并非抽象的,而是实际的内容、现象。

二、辛亥革命后:梁启超自然法思想中增加了民主自由精神

承前所述,梁启超论证儒家自然法时,在“人民平等具有普遍的本性”与“主权在君”之间存有自相矛盾处。但辛亥革命后,从梁启超坚决反对袁世凯复辟的实践来看,让他最后放弃了他曾主张的传统儒家的“主权在君”观。①

尤其是,1921 年,梁启超在《辛亥革命之意义与十年双十节之乐观》中赞同辛亥革命,认为“辛亥革命有什么意义呢?简单说:一面是现代中国人自觉的结果,另一面是将来中国人自发的凭藉”。自觉些什么呢?第一件是自觉民族精神,第二件是“民主精神的自觉”,“觉得凡是中国人都有权来管中国的事”。② 虽然他也从孟子“民为贵,社稷次之,君为轻”出发来论证道:“人民是股东,皇帝是掌柜,股东有时固然懒得管事,到他高兴管起来事情时,把那不妥当的掌柜点开,却是认为天经地义。”③这说明梁启超已然抛弃了主权在君的思想,即便是从传

① 参见梁启超:《护国之役回顾谈》,载《梁启超全集》(第 10 册),北京日报出版社 2020 年版,第 339 ~ 347 页。

② 梁启超:《辛亥革命之意义与十年双十节之乐观》,载《梁启超全集》(第 10 册),北京日报出版社 2020 年版,第 74 页。

③ 梁启超:《辛亥革命之意义与十年双十节之乐观》,载《梁启超全集》(第 10 册),北京日报出版社 2020 年版,第 76 页。

统资源中寻找理论,但论证的结果也是主权在民、民主制度。与之相关,他的自然法思想也就不再是主权在君思想,而是转变为主权在民思想,民主、平等思想,从而消解了他曾在《中国法理学发达史论》中关于自然法精神的内在矛盾:在“人民平等具有普遍的本性”与“主权在君”之间存有自相矛盾。不过,他希望有个更高的“道”或“自然法”来约束现实的宪制思想,是不变的。

并且,他在1923年《治国学的两条大路》中认为,国学的第二条大路、第二源泉是佛家:“他(佛教)所讲的宇宙精微,的确还在儒家之上”,“实现‘自由’二字”,“最怕的是‘心为形役’,自己做自己的奴隶”,“这点,佛家弘发得更为深透”。① 可见,梁启超最后还是把希望寄托在了佛家禅宗学问上,其潜含义是:前述通过禅宗论证的“人民平等具有普遍的本性”及其自由观,最终高于其“主权在君”的传统儒家观。所以笔者认为,他本人是最后放弃了主权在君的传统儒家观,由此在主张上与康有为的思想分道扬镳了。

不过他认为,欧洲的人生哲学是用科学来分析的,所以,这种现代性只顾“眼前的利害,复日相肉搏。怀疑失望,都由之而起。真正是他们所谓的世纪末了”②。他认为,我们祖宗的精神可以“救他们西人物质生活之疲敝”,③则或如梁启超所预言,现代性所产生的无根感、无道德感,可能为了眼前的利益而不惜一切,忽略他人的生命健康;这类问题,今日或许在餐馆投放地沟油,或在那些吸毒成风的人群中疯狂地展现。

那么,在儒家、道家、佛家或者主张“天志”的墨家、主张君主至上于法律的韩非等法家,都随着抛弃其糟粕之后,其优秀文化基因是可以在现代法理前提下,作为现代法治的道德支撑、精神基因,涅槃重生的。

---

① 梁启超:《治国学的两条大路》,载《梁启超全集》(第10册),北京日报出版社2020年版,第366页。

② 梁启超:《治国学的两条大路》,载《梁启超全集》(第10册),北京日报出版社2020年版,第365页。

③ 梁启超:《治国学的两条大路》,载《梁启超全集》(第10册),北京日报出版社2020年版,第365页。

如梁启超言："我们的禅宗，真可算得应用的佛教、世间的佛教……叫出世法与世间法并行不悖"，[①]他说这句话时，一定想起了他的已故之同道——谭嗣同，后者的舍生取义，被他称为"应用佛教"、世间法践行者。

而禅宗的核心理论，恰巧不是从概念上定义何为佛性、本性。反之，是要打破一切造神运动、打破一切偶像崇拜、信仰。所以被称为教外别传。并且，过去两千年来，儒家势力独大，传入中国的佛教及其禅宗需要依附儒家，牵强附会于儒家，并反过来被儒家之理学家援佛入儒，最后将其理论弄得不伦不类。但是，当今儒家的势力已弱化，禅宗不再需要依附儒家，而可以将自己真正的核心理论例如平等观等浮出水面。

佛家的平等观，恰是在打破当时的权势婆罗门教的"大梵天"（及其自性）是唯一真神，即打破一切偶像崇拜中产生的。其源于佛学认为的无自性。即没有任何一个外在于自身的造物主，没有一个实体的偶像。

但是，打破一切偶像崇拜并不等于狂妄自负、无根漂泊，佛学所言之无自性的本性，不是在任何外在的找神、神化运动中找到个东西，但也不等于断灭论、无根说。它究竟是什么，需要人在不断打破外在偶像和自我的迷恋中去自我心灵历险、参究，也就是最后要打破佛经、打破老师、打破"自己做自己的奴隶"，达于真正的自由和对真相的发现。

那么，中华民族未来的法哲学观一定是儒家的吗？仅仅是儒家的吗？现代性观点认为，现代人类的体验是意义和权威的来源，不需要"天"作为意义和权威的来源，从而现代理性规范的前提是"祛魅""去道德化""去伦理化"，形式理性的完满自足，足以保证规范的有效性。而儒家礼法恰巧是伦理法，并且是以"天"作为意义和权威的来源，是否

① 梁启超：《治国学的两条大路》，载《梁启超全集》（第 10 册），北京日报出版社 2020 年版，第 366 页。

已经不合时宜了?! 从现实上来说,现代人文主义主要有三大分支,包括自由主义、社会主义和进化人文主义,这三个分支的共同义素皆是:现代人类的体验是意义和权威的来源。① 那么,当下中国是不需要"天"作为意义和权威的来源,则不是从理论上,而是从社会事实上,传统儒家进入了历史的博物馆。

另外,从梁启超的儒家自然法推论出:人民公意需要遵守主权在君来体现,需要君主的自觉守法。但问题的关键是,君主即便大多数时候守法,偶尔不守法,由于君王拥有立法权,其权力大于实在法,不受任何限制,那么并非圣人的君主,其可能带来很高的效率,但也可能带来很大的隐患,而这个隐患可能大到君主的个体肉身无法承担。所以,来源于《易·系辞》之原教旨的儒家自然法也不适宜继续将"主权在君"施加于已经摧毁了皇帝制度的中国。那么,传统儒家似乎只能随着旧的法系一并消亡、转化?!

刘军宁认为儒家不足以也没有能力垄断中国的传统,因此可从新道家视角将中国的天道思想和西方传来的自由主义相结合,使中国的民主获得坚实的本土根基。② 假如道家之道、佛家之道或墨家之道、法家之道也是一个权威的话,其实也不是现代人类的意义和权威的来源——至少需要在被剥离其糟粕后,才可能被现代阐释为现代人类的意义和权威之来源。

20世纪的现代人文主义,有一个很大特点,就是摧毁了旧的意义和权威的来源之后,常常又造出了新的意义和权威的来源。③ 但这就体现

① 参见[以色列]尤瓦尔·赫拉利:《未来简史》,林俊宏译,中信出版社2017年版,第224页。

② 参见刘军宁:《保守主义》(第3版),东方出版社2014年版,第41页、第285~286页。刘军宁认为,新道家立场的内涵是"天道的最大美德就是不干预"。那么笔者认为,不干预的前提是没有一个实实在在的、实体的"道"作为意义和权威的来源,从而也就没有"主权在君"作为道的代言人。

③ 例如,"祛魅"的德国在摧毁了神权作为世俗法治的权威来源后,又有了新的造神运动,希特勒就是被造的一个世俗的神。但由于造神运动在根上不符合无神的现代性的特性,所以,希特勒注定的命运是被历史抛弃。

了人类的一个悲剧特性：人类摧毁了旧的意义和权威的同时，习惯于不断造出新神、新的崇拜偶像来。现代性的世界，对人的理性的充分自信，相信人的选举会造就更美好的新世界，是否也是造就希特勒、造就第二次世界大战的悲剧的由来呢？

是否也不能将理性造就的新的神，视为绝对的权威？

这就有一个陷阱：人类用人类的语言包括经典表达的神或崇拜偶像都体现的是人的形象、影子，都是人自身异化的形象。①

那么，旧的法系及其儒家自然法消亡了，以"现代人类的体验是意义和权威的来源"为特点的中国在精神上将走向何方？

那么，新道家立场如果要出场，首先就要把道家自身消亡，并转化。"道可道，非常道"，任何一个"被强名曰道"的"道"变成了人们观念中崇拜的"道"，即实实在在的"常道"后，都可能导致干预、道德强制主义、新神（所谓的神，不一定是彼岸意义上的造物主）的产生。梁启超言："老子则以绝欲为手段"，"则老子之说不售也"。② 那么，就不能呆板地理解老子，而应认为老子的"不欲以静"的目标，或"失道而后德、失德而后仁……"的历史起源论皆是"理想"，或是对照现实的镜子，是判断欲望现实的标杆，而非对凡人的道德要求。

同样，新的佛家立场如果要出场，首先就要把传统佛家自身消亡并转化。其他学派亦然！例如，关于法家，梁启超言"法治主义，为今日救时唯一之主义"，③但他认为法家思想即法治，即"春秋战国之间……法

① 假如有一个真正的造物主，逻辑上也都不在人类的任何经典里。所以，从此逻辑上说，人类用不同的语言表达的神或崇拜偶像只能说体现的是不同民族、地区、文化所"塑造"的神。当人们说我的神是"唯一真神"时，不过体现了文化"塑造"的神而已，如同电影《偶滴个神呐》里面的疑问："每一个人都说自己的神是真正唯一的神，究竟哪一个神才是真正唯一的神？"

② 梁启超：《中国法理学发达史论》，载《梁启超全集》（第 4 册），北京日报出版社 2020 年版，第 170 页。

③ 梁启超：《中国法理学发达史论》，载《梁启超全集》（第 4 册），北京日报出版社 2020 年版，第 168 页。

治思想乃始萌芽”,[①]只是此法家的法治,“终为礼治主义之学说所征服”。[②] 却不知现代法治的词源在亚里士多德《政治学》里的含义是:法治与专制相对立,法治对应的是公民作为主人的人民共和政体,专制对应的是主人对奴隶的统治。[③] 现代法治追求的恰恰是源于亚里士多德的法治含义相关的社会、人民共和,但法家的法治却追求的是以君主至上、实现君主功名的专制社会,这完全是南辕北辙的意涵。所以,新的法家的出场,更应该要把旧的法家自身消亡掉。

因此,只有彻底的没有任何造神运动即造偶像运动之后,人的理性的自信才不会给人类自身带来新的伤害。

三、结语

综上所述,结论是:不要害怕法系及其旧传统的消亡,一切都是在变化中的,现象中没有什么是一定不能消亡的。[④] 因为本来人类最初是没有国界,也没有语言界限的,而最终也或将没有精神界限。并且,承前所述,并非消亡了就不在了,就像木炭的消失,就变成了空气中的二氧化碳。那么,这就存在凤凰涅槃的可能——不过凤凰涅槃不等于旧的腐朽的东西的“借尸还魂”。

而笔者认为,梁启超理解的自然法不完全等于 logos 语境下的自然法,后者以逻辑为基础,有利于法治的确定性建设,但也有可能存有被左大脑逻辑的局限;而《易经》表象的优点是能够更灵活、直观地表达事

① 梁启超:《中国法理学发达史论》,载《梁启超全集》(第4册),北京日报出版社2020年版,第166页。

② 梁启超:《中国法理学发达史论》,载《梁启超全集》(第4册),北京日报出版社2020年版,第167页。

③ [古希腊]亚里士多德:《政治学》,颜一、秦典华译,中国人民大学出版社2003年版,第1~9、31、33、39、46、71~73、239页。

④ 参见张晋藩:《解读中华法系的本土性》,载《政法论坛》2010年第5期。如张晋藩所言:复兴中华法系绝不是复旧,绝不是保守,而是在旧有合理基础上的伟大创新,把适合于中国传统国情的本土文化融入现实的法制建设中来,找到中国与世界、历史与现实的契合点。

物的规则,但由于表象是数字,对数字的不同排列组合形成不同的哲学思想观,如夏代的《连山易》(重视山林,或与人类曾穴居山洞相吻合),周代的《归藏易》(重视坤卦,与考古发现母系氏族之女尊相吻合),与《周易》(重视乾卦,与男尊女卑、主权在君吻合)是不同的哲学观。那么,时代变迁,应该重新对《易经》进行排列组合,重新阐释易的精神,才能与时代之法治精神相吻合。故应大胆扬弃所涉之古今中外的知识,将《易经》等古经典作现代的创造性转换,才可能实现中华法哲学的凤凰涅槃。

由此,梁启超在辛亥革命后的思想或许可以启迪笔者总结出中国的现代法治精神(而不是形成新的偶像):破除了不同风俗、不同神化作为自然法(或曰本性法)的渊源之后,人可以为自身立法——不是圣人,而就是普通人。但不是普通人变化无常的欲望和意志在为自身立法,而是说,只要信息绝对透明,每个普通人都可能站在纯粹客观的视角,以纯粹良知去判断善恶是非,这纯粹良知判断善恶是非而形成的法则,就是现代人类自身的体验,是世俗的自然法(或曰本性法)。这有点雷同于罗尔斯的“无知之幕”为人类自身立法,但却来源于纯粹良知的“无知之幕”。从而,梁启超言之人人皆可为尧舜,人人平等的纯粹良知的“无知之幕”,在立法投票或决断是非的那一瞬间是可以存在的——虽然平时每个人可能有各种感觉、欲望、意志,但在决断的瞬间,人是可能处于纯粹良知的客观状态去判断是非的——因此,人是不需要圣人、君王代表的,民主是可能在良知状态下实现的,而不是随时随地都在被人狂热地牵着鼻子走,以感觉、欲望、意志的所谓“民主”实现少数狂人,如希特勒的主观情感、意志,从而实现僭越民主的悲剧。

这可能就是旧的自然法消亡了,人之纯粹良知的本性基础上的自然法(或本性法)涅槃重生了。它既可暗合以现代人类的体验是意义和权威的来源的现代人文主义,又不至于因无根性而道德堕落。由此,在相关法系及其旧的学派的消亡之同时,传统各个学派应该与现代人类各地的学派的优点相结合,才可能造福于国民,结合所有人类文明的长处,并直面吾国民的心理,才可革新中华法系。

没有失去,就没有新的得到;没有死亡,就没有更高境界的涅槃重生。梁启超反对袁世凯的实践的启迪是,给主权在君的权力以限制,恰恰是为了君王自身的凤凰涅槃,也是中国法治的凤凰涅槃。

辛亥革命的法理:国际权利和义务的继受视角*

叶　湘**

[**摘要**]辛亥革命的法理既是通过革命的合法性来展现的,也是通过民国各时期政府的正义性来展现的。民国各时期政府以继受畸重的条约义务作为砝码,来换取列强主导的国际社会从外部认可政府、认可辛亥革命的合法性,中国政体由帝制变共和,是由列强主导的国际社会认可代表中国的国际法主体未改变,才得以实现辛亥革命在法理逻辑上的合理自洽。以武昌起义为端点、以修改或废除畸重的不平等条约义务为高潮顶点来考察民国各个时期的政府继受国际权利和义务,可以发现辛亥革命的合法性只是革命逻辑重要的一部分,民国政府以修约废约扭转完全不对称的条约权利和义务,实现自我救济,其正义性则是辛亥革命法理逻辑另外重要的部分。

[**关键词**]政府合法性;条约义务;继受;20 世纪上半叶;辛亥革命

引　言

1911 年 10 月 10 日,辛亥革命从武昌一地爆发,引发各省独立,革命之势形成的内外合力迫使清帝溥仪逊位,推翻了清政府。虽然中国政体由帝制变共和,但是代表中国的国际法主体未变,仍是中国政府,只是执掌政府的实体由清政府改弦为革命政府。国际法主体未变,这一看似静态描述辛亥革命结果的国际公法的陈述,实则反映了从湖北革命军政府、南京临时政府、北京临时政府、北京政府,到南京国民政

---

* 基金项目:国家社科基金重大项目"一带一路沿线国家法律文本翻译、研究及数据库建设"(18ZDA157);上海应用技术大学引进人才科研启动项目"条约世纪美国扩张在华特权中的翻译问题研究"(2023)。

** 叶湘,上海应用技术大学外国语学院翻译中心副教授、法学博士,研究方向为国际法史、中西法律交流史、法律翻译。

府,民国各个时期的政府是否继受清政府的国际权利和义务的复杂动态过程。代表中国的国际法主体未变只是这个漫长过程的结尾端点,所以很有必要以武昌起义为端点来考察民国各个时期的政府继受国际权利和义务,尤其是修改或废除不平等条约义务的整个过程,以此探究20世纪上半叶革命主体采用哪些途径从外部国际社会入手来增强辛亥革命法理逻辑的全貌。

一、民国各期政府继受条约义务的历史进程

民国各个时期的政府,从湖北革命军政府、南京临时政府、北京临时政府、北京政府,到南京国民政府,对中外不平等条约以及列强的条约特权态度持承认的态度。为了撤废列强的全部条约特权,北京政府和南京国民政府以修约来减少条约特权为主要手段、以废约为次要手段达成最终目的。

"革命政府取代清政府这一政权更迭属于政府继承,无论是清政府还是革命政府,在国际上都是代表中国同一个国际法主体的。清政府被推翻后,在国际上代表中国的就是革命政府,同时清政府的国际权利和义务为革命政府所取代和继承。"①辛亥革命爆发后,湖北革命军政府继受了清政府与各列强签订的不平等条约,承认列强的条约特权。1911年10月12日,"中国国民军政府、鄂省都督"在汉口照会各国领事宣布以下内容。第一,"所有清国前此与各国缔结之条约,皆继续有效。"②第二,"赔款外债照旧担任,仍由各省按期如数摊还。"③第三,"居留军政府占领地域内之各国人民财产,均一律保护。"④第四,"所有各

① 吴修申:《孙中山承认不平等条约新解》,载《历史档案》2010年第2期。

② 柴德赓等编:《中国近代史资料丛刊·辛亥革命》(第5册),上海人民出版社、上海书店出版社1957年版,第152页。

③ 柴德赓等编:《中国近代史资料丛刊·辛亥革命》(第5册),上海人民出版社、上海书店出版社1957年版,第152页。

④ 柴德赓等编:《中国近代史资料丛刊·辛亥革命》(第5册),上海人民出版社、上海书店出版社1957年版,第153页。

国之既得利益,亦一体保护。”第五,“清政府与各国所立条约所许之权利,所供之国债,其事件成立于此次知照后者,军政府概不承认。”①军政府不是事起仓促才许给列强特权、寻求列强中立的,而是“在既有同盟会对外方略的基础上的对外宣言,奠定了此后中华民国外交的基调,尤其是在对待各国在华特权及不平等条约问题上的态度”。②此时,孙中山在国外遥相呼应湖北革命军政府对列强条约特权的承认态度。“共和国承认清政府给予外国人的一切特权和租让权,将严惩一切侵犯欧洲人的生命与财产者,中国政府与各国签订的条约继续有效,一切外债照旧偿还。”③

与湖北革命军政府承认条约特权态度相类似,南京临时政府为了得到列强的早日承认,也承认中外不平等条约有效,同样承认列强在华的条约特权。1912 年 1 月 5 日,临时大总统孙中山在《对外宣言书》中公布了南京临时政府的对外政策。“(一)凡革命以前所有满政府与各国缔结的不平等条约,民国均认为有效,至于条约期满而止;革命以前满政府所借之外债及所承认之赔款,民国亦承认偿还之责,不变更其条件。其在革命军兴以后者,则否。凡革命之前满政府所让于各国国家或各国个人种种之权利,民国政府亦照旧尊重之。其在革命军兴以后者,则否。”④南京临时政府通过给予列强条约特权,以此作为交换,期待实现三个目的。首先,维护国内社会稳定;其次,新政府获得列强的承认;最后,在列强承认新政府的基础上,中国在国际上取得平等的地位。⑤ 简而言之,南京临时政府承认中外不平等条约,给予列强条约特

① 柴德赓等编:《中国近代史资料丛刊·辛亥革命》(第 5 册),上海人民出版社、上海书店出版社 1957 年版,第 154 页。

② 侯中军:《“成立在我,承认在人”——辛亥革命期间中华民国承认问题再研究》,载《近代史研究》2012 年第 5 期。

③ 孙中山:《致英国银行家函》,载郝盛潮主编:《孙中山集外集补编》,上海人民出版社 1994 年版,第 55 页。

④ 孙中山:《对外宣言书》,载中国社会科学院近代史研究所等编:《孙中山全集》(第 2 卷),中华书局 1982 年版,第 10~11 页。

⑤ 参见吴修申:《孙中山承认不平等条约新解》,载《历史档案》2010 年第 2 期。

权,损害了中国主权、国家利益,但建国、兴国都需要列强的政治认可与资本借贷,因此,出让条约特权是为了换取共和政府能生存、成长,是为了“民国卓立于世界,为列邦公认”。①

到了北京临时政府时期,列强的条约特权被临时政府完全承认,这成为了临时政府被列强承认的前提,列强的特权与民国政权大有“不等价”交换之趋势。1912年2月12日,清帝颁布逊位诏书,除表示赞成共和,将政权交给袁世凯外,“仍合汉、满、蒙、回、藏五族完全领土,为一大中华民国”,中华民国完全继承清朝,取得对边疆地区的合法统治权,奠定五族共和。② “列强积极给予袁世凯贷款,但对承认问题却甚为冷淡。”③由此表明,“列强支持袁世凯,但又拒绝承认其治下的政权。”④在列强眼中,比起清廷和孙中山,袁世凯更适合代表中国政治力量的首领,“但各国显然并不相信袁会使其在华利益获得最大化,借承认问题而获得袁政府的保证声明是他们共同的外交目标之一”。⑤ 只有袁世凯保证了列强的条约特权和条约利益,列强才会承认袁世凯的政权。1912年“3月10日袁世凯在北京就任临时大总统,也向列强保证条约权益不受影响”。⑥ 尽管如此,英法各国因袁世凯不同意六国银行团的借款条件,反对承认北京临时政府。美国总统伍德罗·威尔逊(Woodrow Wilson,1913年~1921年在任)宣誓就职后不久,“于1913

① 孙中山:《临时大总统誓词》,载广东省社会科学院近代史研究所等编:《孙中山全集》(第2卷),中华书局1982年版,第1页。

② 参见马振犊、唐启华、蒋耘:《北京政府时期的政治与外交》,南京大学出版社2015年版,第81页。

③ 中国社会科学院近代史研究所:《日本侵华七十年史》,中国社会科学出版社1992年版,第137页。

④ 侯中军:《“成立在我,承认在人”——辛亥革命期间中华民国承认问题再研究》,载《近代史研究》2012年第5期。

⑤ 侯中军:《“成立在我,承认在人”——辛亥革命期间中华民国承认问题再研究》,载《近代史研究》2012年第5期。

⑥ 马振犊、唐启华、蒋耘:《北京政府时期的政治与外交》,南京大学出版社2015年版,第81页。

年3月18日宣布退出六国银行团,并于4月2日通知各国:将于4月8日北京正式国会开幕日正式承认中华民国。但(英法)列强仍不同意。5月2日美国正式承认中华民国,墨西哥、古巴、秘鲁、巴西等随之承认。① 其他各国于10月6日袁世凯当选正式大总统后,也都予以承认。"②1913年10月10日,袁世凯在《大总统莅任宣言布告》中宣布,"所有前清政府及中华民国临时政府与各外国政府所订条约、公约,必应恪守,及前政府与外国公司人民所订之正当契约,亦当恪守。又各外国人民,在中国按国际契约及国内法律并各项成案成例已享之权利并特权豁免各事,亦切实承认,以联交谊而保和平。"③至此,北京政府承认了中外不平等条约以及列强的条约特权。

中国国民党建立的中华民国国民政府对于不平等条约以及条约特权的态度变化与北伐战争、"四一二"政变有关,由统一全国前的坚决"贯彻废约"这一政治需要,转变为统一全国后对列强缓和的修约态度,但是发起的改订新约运动的修约内容有限,硕果仅为1928年7月25日的《整理中美两国关税关系之条约》,废除了列强的协定关税特权。治外法权以及其他的条约特权在改订新约运动期间皆未废止或减少。

1925年7月1日,国民政府的前身广东革命政府在广州成立,④组建国民革命军,准备北伐。革命军自1926年7月9日起兵广东,至北伐

---

① 巴西、秘鲁两国因联络不周,于4月8日、9日即承认中华民国,待美国承认后,又随之承认。参见马振犊、唐启华、蒋耘:《北京政府时期的政治与外交》,南京大学出版社2015年版,第82页。

② 马振犊、唐启华、蒋耘:《北京政府时期的政治与外交》,南京大学出版社2015年版,第82页。

③ 《大总统莅任宣言布告》1913年10月10日,载骆宝善、刘路生主编:《袁世凯全集》(第24卷),河南大学出版社2013年版,第42页。

④ 广东革命政府,也称"广州政府",存续时间自1925年7月1日至1926年12月5日。

统一全国前一年的1927年9月20日南京国民政府成立①,“贯彻废除不平等条约”则是接续孙中山总理遗训的政治使命②。

1927年年初,武汉国民政府“依靠民众的力量收回了汉口、九江的英国租界”,坚决以实际行动废约,威胁到了“上海公共租界的前途”和美国的利益,而且北伐战争中“革命的胜利猛烈地冲击了‘华盛顿体制’”。③ 这是“四一二”政变前,持容共观点的武汉国民政府所展现出来的坚决废约态度。“四一二”政变后,蒋介石在南京另立国民政府,与1927年年初武汉国民政府的坚决废约态度不同,对列强呈现明显的缓和态度。5月10日,宁汉合流前的南京国民政府外交部部长伍朝枢就职,宣布外交方针:“(一)不采暴动手段;(二)于相当时期提议废止不

---

① 此时宣告成立的南京国民政府是“宁汉合流”后的国民政府,参见《南京国民政府成立宣言》,1927年9月20日,载彭明主编:《中国现代史资料选辑》(第3册),中国人民大学出版社1988年版,第8页。宁汉分裂时期,武汉国民政府存续时间自1927年2月21日至8月19日。2月21日,“武汉国民政府委员与中央党部执行监察委员开扩大联席会议:议决(一)即日结束中央联席会议,中央党部及国民政府即在武汉正式开始办公。”8月19日,“武汉中央党部国民政府依中央扩大会议之决议,发表迁都南京宣言。”参见郭廷以:《中华民国史事日志》(第2册),中央研究院近代史研究所1979年版,第148、248页。“四一二”政变后,1927年4月18日蒋介石在南京另立国民政府,所以出现了南京、武汉、北京三个政府同时并存的局面。“美国政府审时度势,对华政策逐渐由观望而趋于积极,开始偏向蒋介石及南京国民政府,并渐渐把帮助蒋介石统一中国作为其对华政策的核心。”参见张小路:《历史转折时期的中美关系——1925－1928年中美关系述评》,载《探索与争鸣》1993年第3期。

② 广东革命政府成立前三天,即1925年6月28日,中国国民党中执会再次发表废约宣言,“主张全体国民一致极力督促临时执政,迅速宣布取消不平等条约,仿照前年中俄协定之例,另与各国重订双方平等互尊主权之条约”。参见程道德等编:《中华民国外交史资料选编(1919－1931)》,北京大学出版社1985年版,第321页。此外,“故总理遗嘱,对于废除不平等条约,谆嘱同志,务于最短期间,促其实现,良以国民革命之最大目的,实无过于求中国之自由平等也”。参见《南京国民政府成立宣言》,1927年9月20日,载彭明主编:《中国现代史资料选辑》(第3册),中国人民大学出版社1988年版,第9页。

③ 张小路:《历史转折时期的中美关系——1925－1928年中美关系述评》,载《探索与争鸣》1993年第3期。

平等条约;(三)打倒帝国主义非排外主义。"①到了1927年8月,武汉国民政府放弃容共②。针对过去的成约和列强的条约特权,宁汉合流后的国民政府以改订新约为新的态度。

宁汉合流后的南京国民政府自1928年2月21日起,"与各国厘正不平等各约,期获得中国在国际上应有之平等地位。"③"现经公认为不平等之中外各约,国民政府为欲促其早日废除起见,当并力准备,切盼于最短期内得与各友邦开始商订新约,以平等及相互尊重领土主权为基础。"④到了6月15日,政府发布《国民党政府"修改"不平等条约宣言》,正式发起改订新约运动,宣布:"应进一步而遵正当之手续,实行重订新约,以副完成平等及相互尊重主权宗旨。"⑤7月7日,南京国民政府"对于一切不平等条约之废除,及双方平等互尊主权新约之重订,久已视为当务之急",所以对于中外成约按到期、未到期、过渡期进行分类,分别以废约、解除旧约重订、另订临时办法来解决。⑥

改订新约运动从1928年6月15日起至1931年9月18日止,以撤

---

① 《南京国民政府外交部长的对外声明》(1927年5月10日),载彭明主编:《中国现代史资料选辑》(第3册),中国人民大学出版社1988年版,第78页。

② "列宁乃强世界之类我,相去毫厘,差以千里,矢人函人,择术不同,求果自异。……所以欲求始终容共,并非理想所不通,乃为事实所不许。"参见《宁汉合作实现以前双方中央委员重要电文两通》(1927年8月),载彭明主编:《中国现代史资料选辑》(第3册),中国人民大学出版社1988年版,第1页。

③ 《国民党政府外交宣言》(1928年2月21日),载彭明主编:《中国现代史资料选辑》(第3册),中国人民大学出版社1988年版,第88页。

④ 《国民党政府外交宣言》(1928年2月21日),载彭明主编:《中国现代史资料选辑》(第3册),中国人民大学出版社1988年版,第88~89页。

⑤ 《国民党政府"修改"不平等条约宣言》(1928年6月15日),载彭明主编:《中国现代史资料选辑》(第3册),中国人民大学出版社1988年版,第96页。

⑥ 具体解决办法如下:"(一)中华民国与各国间条约之已届满期者,当然废除,另订新约。(二)其尚未满期者,国民政府应即以相当之手续解除而重订之。(三)其旧约业已期满,而新约尚未订定者,应由国民政府另订适当临时办法,处理一切。"参见《南京国民政府关于重订条约的宣言》(1928年7月7日),载彭明主编:《中国现代史资料选辑》(第3册),中国人民大学出版社1988年版,第99页。

废协定关税特权和治外法权为主要内容。① 从改订新约运动的成效来看,该运动在形式上实现了关税自主;但是取消治外法权的努力成果不大,仅局限在收回租界、租借地这一很小的地理范围;共收回了天津的比利时租界、镇江英租界、威海卫英国军事租借地、厦门英租界以及上海公共租界。

二、以修约废约提升政府正义性及其法理短板

从双边条约的订立国别来看,研究中英条约的最多,研究中美条约、中日条约、中俄条约、中法条约的次之,研究中国与东北亚、东南亚、北欧、南美各国的再次之。

从缔约历程的各个阶段分段来看,双边条约的缔结包含照会往来确定约文的准备阶段、现场签约阶段、条约批准换文阶段、履行或违反条约阶段、(如有)修约阶段以及(如有)废除条款或全部约文阶段。研究准备阶段与废约阶段的最多,研究签约阶段与批准阶段的次之,研究履约阶段的最少。

更重要的是从条约的法律效力视角来审视前人的研究,20世纪上半叶中美条约的履行问题,首先就是条约的法律效力问题。强迫缔结的双边条约依据万国法是否具备法律效力,这个疑问自1842年《南京条约》订立时,列强的炮舰和清廷的羸弱就直接给出了答案“有法律效力”。但是,武力胁迫订立城下之盟的19世纪下半叶已然翻篇,20世纪上半叶列强武力锁喉情境下胁迫中国缔约的例子大为减少,巴黎和会

① 以1928年6月15日《国民党政府“修改”不平等条约宣言》为改订新约运动的正式起点。参见杨静:《南京国民政府的改订新约运动》,载《历史教学》1995年第12期。同时,笔者认为,1928年2月21日《国民党政府外交宣言》是改订新约运动的前奏。改订新约运动的终点是“九一八”事件。南京国民政府试图就裁撤治外法权事宜与列强展开谈判,发现列强不配合。1931年5月4日,国民政府宣布中止谈判,并颁布了《管辖在华外国人实施条例》。接着,1931年6月19日,国民政府收回上海公共租界。然后,“九一八”事件爆发,改订新约运动被迫中止。参见王玉玲、张晓峰:《改订新约运动新评》,载《北方论丛》1995年第1期。

上中国代表团拒绝在和约上签字就是一例明证。中外不平等条约在巴黎和会上赢得“国际同情”后,强迫缔结的双边条约是否有法律效力问题再次浮出水面。西方自由派的“草根委员会,比如‘废除中国治外法权之公民联盟’,如火如荼地在中国、英国和美国游说造势”①。同时,“一战以后,西方自由派限制或禁止将军事力量用于侵略,国际上普遍更加同情以武力错误地强加于中国的‘不平等条约’”②。具体来说,“为1928年签订《非战公约》(Kellogg-Briand Pact)的鼓掌助威者普遍在情感上声援中国的陈情,即列强至少应考虑修订以武力加诸中国身上的‘不平等条约’”③。然而,同情仅限民间而且同情归同情,“在国际联盟的法律体系中,强迫(duress)缔约从未成为(被迫的缔约国)维护条约权益的声辩理由,也从未成为从源头(*ab initio*)上宣布条约无效的理由”④。条约之所以得以履行,“并不是因为它(个体或国家)相信该指令(directive)正确,而是因为某种压力,因为该个体或该国家害怕不遵从指令带来的不利后果”⑤。因此,针对在整个“条约世纪”中列强加诸于中国的不平等条约,关于条约的法律效力这一核心命题的学理研究,“身份”(identity)进路就成了法理争辩和情理纠葛所广为倚重的研究视角。

不同身份的群体有着霄壤之别的国际法理解或民族情感导向。费正清认为,“必须把1860年以后的条约制度视为中国政体的一个特殊部分,中国的主权在这里不是被消灭,而是被订约列强的主权所掩盖或

① Gerrit W. Gong, *The Standard of "Civilization" in International Society*, Clarendon Press, 1984, p. 162.

② Gerrit W. Gong, *The Standard of "Civilization" in International Society*, Clarendon Press, 1984, p. 162.

③ Gerrit W. Gong, *The Standard of "Civilization" in International Society*, Clarendon Press, 1984, p. 162.

④ Gerrit W. Gong, *The Standard of "Civilization" in International Society*, Clarendon Press, 1984, p. 162.

⑤ Daniel Bodansky, *The Concept of Legitimacy in International Law*, in Rüdiger Wolfrum & Volker Röben eds., Legitimacy in International Law, Springer, 2008, p. 310.

取代。"①民国时期,无论是南京临时政府、北京政府、武汉政府、广州政府、宁汉合流后的南京政府、陪都重庆政府、还都后的南京政府,都并不因为条约约文规定的权利义务不平等就不予履行,但是民国各期政府主导了一浪高过一浪的修约、废约实践和宣传,而且与修约、废约相关的外交建树颇丰,不仅"在收回国权上取得丰硕成果",而且取得了"中国外交之创举"②。由于"身份"既决定了作为非法律职业人士的中外芸芸大众的情感导向,也影响了政府和法律背景的专业人士的法理解释,所以,上述学者才以"身份"进路来探索条约的法律效力问题。

结　语

辛亥时局下,列强眼中的中国合法政府首先是愿意承认列强在华特权的政府。由于清末国力孱弱,民国各时期的政府尤其是革命政府承上而下都有其孱弱的一面,所以从革命主体性角度、革命内部视角去考虑革命政府在国内合法性的同时,特别倚重外部视角,迫切寄希望于列强从国际社会认可革命政府。基于此,革命主体眼中的中国合法政府是国内和国际都受认可的政府。在条约世纪,中国与列强的双边和多边条约,在国际权利和义务意义上呈现权利、义务严重不对等,义务

① 费正清编:《剑桥中国晚清史》(上卷),中国社会科学院历史研究所编译室译,中国社会科学出版社 1985 年版,第 282 页。

② 唐启华:《被"废除不平等条约"遮蔽的北洋修约史(1912 ~ 1928)》,社会科学文献出版社 2010 年版,第 545、556 页。关于民国北京政府废约实践和海外华侨声援情形,参见唐启华:《"北洋外交"研究评介》,载《历史研究》2004 年第 1 期;习五一:《论废止中比不平等条约——兼评北洋政府的修约外交》,载《近代史研究》1986 年版第 2 期;葛意强:《旅欧华侨废止中比不平等条约运动》,载《八桂侨史》1993 年第 2 期;葛意强:《比利时华侨废止中比不平等条约运动》,载《暨南学报(哲学社会科学)》1990 年第 2 期;徐文生编著:《中华民族废除不平等条约斗争史》,西南交通大学出版社 2008 年版;李育民:《中国废约史》,中华书局 2005 年版;李育民:《废约史研究 30 年》,载《近代史研究》2010 年第 2 期。另外,抗战时期的废约研究,参见王建朗:《英美战时废约政策之异同与协调》,载《抗日战争研究》2003 年第 3 期;王建朗:《中国废除不平等条约的历程》,江西人民出版社 2000 年版。

畸重的中国一方无法通过条约获得救济。湖北革命军政府及其接续的民国各期政府要想为政府合法性正名,则必须继受始于清政府的畸重的条约义务。民国各时期政府以继受畸重的条约义务作为砝码,来换取列强主导的国际社会从外部认可政府、认可辛亥革命的合法性,这一不等价交换的历史过程就是辛亥革命合法性在20世纪上半叶一再被内部革命主体和外部列强"联袂"续写、再议的过程。以武昌起义为端点、以修改或废除畸重的不平等条约义务为高潮顶点来考察民国各个时期的政府继受国际权利和义务,最终可以发现辛亥革命的合法性只是革命逻辑的重要的一部分,民国政府以修约废约扭转完全不对称的条约权利和义务,实现自我救济,其正义性则是辛亥革命法理逻辑另外重要的部分。

辛亥拾遗:宋教仁的法政人格与事功探析*

林余双**

[**摘要**]晚清以降的湖湘地区名人辈出,熠熠生辉。宋教仁作为辛亥革命的主要领导人,在民国初年的政治舞台上扮演着重要角色。其积极推行政党组织与内阁结合的制度实践,是我国民初政治模式的重要尝试,有关理论与实践不仅体现了宋教仁应对民初现实政局精学英法的政治理想与政治方略,还表明这与其自幼深受湖湘文化熏陶、中西糅合淬炼而成的法政人格与事功心密不可分,深刻展现了清末民初传统文化与外来思想相互交织下社会精英多元化的状态。

[**关键词**]宋教仁;法政人格;事功;文化糅合

引　言

宋教仁,字得尊,号钝初、渔父,湖南省常德市桃源县人。1882 年出生于湖南常德,1904 年因长沙起义失败,前往日本学习西方政治。1905 年加入中国同盟会,辛亥革命后致力于建设现代国家政治。1912 年国民党改组,宋教仁积极为国民党争取多数席位。1913 年 2 月,带领国民党于国会选举中胜利,同年 3 月宋教仁在上海遇刺,年仅 31 岁。

宋教仁实乃中国近代之伟人,不仅因其发起中国同盟会,身体力行推进近代中国政治现代化进程,着力法律制度建设,更是在于其志虽未遂,猝然殉难,然彰显湖湘文化千百年来经世致用之事功心、舍身成仁之爱国情,拳拳之意凝结近代湖湘英才务实致世的情怀。孙中山先生悼念宋氏为"保障民权而献身于建章立制的第一人"①,这也是宋教仁法政人格与事功心的真实写照。20 世纪 80 年代以来,对于宋教仁生平

* 基金项目:国家社科基金一般项目"近代湖湘法治文化的转型与发展研究"(20BFX024)的阶段性成果。

** 林余双,湖南师范大学法学院法律史专业硕士研究生。

① 郭汉民:《宋教仁历史定位论析》,载《云梦学刊》2008 年第 6 期。

事迹的研究多专注于政治实践,及有思想文化部分,又是集中政治和法律思想而言,关于其法政人格与事功的论述鲜有人提,故此有关方面仍有较大空间进行深度剖析。① 且将重心归置于人格和事功领域,跳脱传统政法视角以完善其政法事迹的研究,有利于通过个人生平窥见近代湖湘英杰的面貌,为近代湖湘区域人物和文化发展的历程研究提供参考之处。

一、理论缘起:法政人格与事功

法政人格与事功二者联系密切。法政人格作为个人综合素养的深层次体现,隐现于个人事功行径。个人将法政思想和法政精神不断人格化并进行自我沉淀升华,形成有别于他人的法政人格,践行社会事务时引起个人政法事迹具有浓厚人文气息和显著事功导向。

(一)法政人格的理论分析

"人格"亦称为"个性",由拉丁文"persona"演化为英文"personality",代称"假面具"(mask)。论及社会日常领域,述指感官、认识、性格、评价等诸要素的整合产物,具有独立个体的内在稳定性和长效动力性,受到先天遗传、后天生活环境和情境的影响。最初将"人格"内涵延伸的表达出自西塞罗,表现于四个方面:一是他人对个体的印象;二是个体在社会层面的角色定位;三是特指个人品行卓异;四是个人名誉与尊严。

---

① 有关宋教仁生平事迹的评述总体分为积极和消极两个方面。基于特殊的时代背景影响,20 世纪六七十年代的评价多为负面,如陈旭麓指出宋教仁具有唯心史观的英雄主义,政治实践带有以个人为中心和崇拜权势的特征。杨柳提出其反帝反封建不彻底,政治妥协性鲜明。参见陈旭麓:《论宋教仁》,载《历史研究》1961 年第 5 期;杨柳:《宋教仁的政治思想和政治活动》,载《江汉学报》1963 年第 7 期。而 20 世纪 80 年代以后,朱宗震的《宋教仁与民初法治》、《宋教仁民主与爱国之法律思想研究》、黄坚的《试论宋教仁的民主共和思想》皆从法政思想方面肯定了宋教仁信奉法治,创建政制的功绩。李益然的《宋教仁力主责任内阁制及其失败》、陶用舒的《评宋教仁的议会政治》与陶季邑的《宋教仁从来就主张内阁制》、陈德华的《试论宋教仁的政党政治和责任内阁制》、李天松的《宋教仁与民初国民党的建立》、姚琦的《宋教仁与民初政党政治》、薛恒的《民初内阁制与宋教仁的政治理念》等文章从政党制度和内阁层面对宋教仁的政治实践加以积极评骘。

其中,有关个人品行的论述对于廓清“人格”一词的论域起到了基本作用。如今该词多被用以评骘德行品性,指向个体融入社会、为人处世的社会价值心理。诚然,“人格”一词的涵义本身过于复杂,不同学科对于人格问题都有着众多思考。我国自古以儒家、道家、墨家为代表的诸多人文思想关于人格理论的阐述深邃而隽永,构成我国传统文化理论的重要组成部分。“法政”一词释为法律和政令或法律和政治,近现代释义“法政”一词多为后者法律与政治的结合,形成法律为政治之术,政治为法律之本。

法学学科与“人格”一词的交集始于法律规范与人对规范的认同。构建人文社会的法政素养,法学、政治学与人类学相互交织形成的法政人格精神则不可或缺。这种精神逐步形成于法治与政治的社会经历,将两者的基本涵养转化成自身实践的信仰与操守,成为国家和社会发展所需要的个体综合素养。从个体层面看,法政人格的塑造体现出强大的法政思维,参与国家和社会管理的个人意识十分强烈,并且认为通过法律加持,政治目标和追求会有效实现。从社会层面看,法政人格的养成使人们坚信社会群众综合素养较高,集体生活在和谐共存的良好秩序下,相互之间有着基本的信任,文明社会的认同感和凝聚力尤为突出。从国家治理层面看,政治生活的参与依照一定的准则和规章,法政人格的形成既能增强人民对政府的信任,亦能推动政治参与主体遵循相关法规,促进国家治理高效化发展。

(二)事功的理论分析

“事功”一词释义为事业和功绩,多以说明勤勉、功劳、功利及责任。事功形成的前提需要道德积淀,道德与事功的密切联系在宋代儒家学说中尤为显著。宋代知识分子将重心由经义务虚转向现实,用义理阐发儒家经典,追寻克己入世的内圣外王之法,讲求学以致用,即主张道德与事功合一。因此,“内圣”意为内在恪求圣贤风度,通过身心之修践行君子人格,做一个有仁德的人;外王就是由内向外作用于外部世界,躬行实践以对外成就事功,经世济民,治国理政,做一个有功用的人,将道德理论付诸具体的忠孝节悌活动才具有现实意义。简言之,该种信仰表现出人格塑造的追求和现实政治关注的统一、传统文化至圣至贤和慷慨仁惠的统一、个体作用和社会作用的竞合。①

二、时代际遇:宋教仁法政人格与事功的思想源流

作为中南地区独树一帜的湖湘文化为近代中国发展孕养了无数仁人志士。近些年来湖湘学者掀起研究湘籍人物“人格与事功”的热潮,如唐浩明等人基于政治文化的领域阐述湖湘文化如何影响近代湖南人物,进而如何推动近代中国的转型。晚清政局困顿的背景促使湖湘英才秉承湖湘学派“义理”和“事功”的文化内涵入世践行,绽放“人格与事功”的湖湘时代风采。

(一)文脉承袭,厚筑致世根基

湖湘文化博大精深,源远流长。千年湖湘学派缘起之日,便是湖湘文化的务实学风确立之时。南宋胡安国、胡宏父子于衡山聚徒讲学、著书立说首创湖湘学派,反对“不究实用,临事茫然”的不良学风。与朱熹、吕祖贤并称“东南三贤”理学家之一的岳麓书院主教张栻更是要求通过“践履”而得“真知”,“践履”即为“经世致用”,经世致用就是关注社会现实,面对社会矛盾,运用所学解决社会问题,以求达到国治民安的实效之意。② 或可云之,“经世”指通过参与社会管理,襄赞国务;“致用”指始终将事功作为出发点和落脚点,力求实际功效。其作为考据传统文化的参照,虽由明清更张时的顾炎武等人主张,以抨击宋代儒学经略性理学的务虚空谈,但表达出儒学的岁月传承与士林学子的学风倡议。湖湘文化深刻展现经世与致用的时代内涵,湖湘学子都钦奉务实践履。明清交替之际的学者王船山进一步阐发了湖湘学派的务实精神,因而“清

---

① “内圣外王”源自《庄子·天下篇》的“事故内圣外王之道,暗而不明,郁而不发,天下之人各为其所欲焉,以自为方。”而文中“圣有所生,王有所成,皆原于一”的理念,则被学者解释成经“内圣”律己,以“外王”躬行世务。参见陈博:《略论传统内圣外王思想的理想建构及其内在张力》,载《兵团党校学报》2008 年第 6 期。

② 参见阳海燕:《“未完成的巨变”——时务学堂事件与近代湖湘文化转型》,载《长沙大学学报》2021 年第 4 期。

儒考证之学,盛起于吴皖而流衍于全国,独湖湘间被其风最稀"。[①] 其及于清季湖湘后学之辈意义深远,务实的学风传袭与文化底蕴深刻影响了近代湖湘人杰。[②] "咸同以前,碌碌无足轻重于天下"的湖湘地区在近代却人才辈出、大放异彩[③],而宋教仁就是其中的代表性人物。

与黄兴等大多数资产阶级革命派成员一样,宋教仁自幼研习传统文化理论。宋教仁4岁入宋氏家族私塾就读,1899年春,进入桃源漳江书院,这所书院是湘西北最早接受西方思想的学校,[④]由时任湖广总督张之洞推行教育改革新建。宋教仁与同行学生深究八股不同,其对地理和史学兴趣明然,1900年院试,以第八名补博士弟子,期间参加科举考试获得了秀才资格。就其青年轨迹来看,宋教仁可谓深受湖湘传统文化的影响。一是王夫之和曾国荃的著作论述,作为民族主义思想家的船山先生,经世致用的务实精神与理学大师曾沅甫在为人、为学等方面呈现的务实风格共同给予了宋教仁思想启迪。二是宋氏研习之地,即沅水之滨桃源甘潭的桃源县教谕黄彝寿和漳江书院院长瞿方梅的言传身教。黄瞿二老极为推崇经世致用的思想,鼓励发展新学、推广实用之学,在书院中始终要求学生注重时务和关心国家民族前途,以自身渊博的学识和开明的思想展现极强的民族忧患意识和对国家前途命运的担忧感。三是宗学文脉,七世祖宋起龙遗留后世的诗集《腹笥草》"饶有六朝遗风",蕴含强烈反清复明的民族主义意识。宋氏自幼深学师长和先祖思想,充实自身文化知识,促使其从青年起便富有将自己的前途与国家和民族的利益紧密结合的志向,为法政人格和事功心的形成奠定了最初的基础。

---

① 郭世佑:《宋教仁与湖湘文化》,载《湖南社会科学》1989年第1期。

② 学界将鸦片战争以来前赴后继的湘籍人士概括为五类:一是陶澍、贺长龄、魏源等经世派;二是曾国藩、左宗棠等湘军派;三是谭嗣同、唐才常等资产阶级维新派;四是黄兴、宋教仁等资产阶级革命派;五是毛泽东、刘少奇等无产阶级革命派。参见马延炜:《晚清湖湘汉学的经世品格》,载《湖湘论坛》2018年第4期。

③ 参见陶用舒:《近代湖南人才群体研究》,岳麓书社2000年版,第16页。

④ 参见崇善:《民国"议会迷":宋教仁》,当代中国出版社2012年版,第8页。

(二)民族危亡,寻求图存良方

清末民初的中国社会经历着政治环境的巨大变革,晚清政府对外战争的不断失败,丧权辱国的条约和国内吏治腐败的混乱局面严重刺激人民的反抗情绪,民族矛盾与阶级矛盾异常尖锐。甲午中日战争,清廷被蕞尔之邦日本打败的结局深深刺痛晚清士大夫的内心,士绅阶层的危机忧患意识空前强烈。世纪之交的清廷再次遭受列强的创伤,抱残守缺的清政府既内恐舆情之反侧,又外惧强邻之责言,迫行新政。值此政治改良的背景,年方十七八岁的宋教仁入学武昌文普通学堂,其年少却亟盼"有英雄起,雄踞武昌,东扼九江,下江南,北出武胜关,断黄铁桥,西通蜀,南则取粮于湘,击鄂督之头于肘,然后得志于天下",颇有少年志满之意。武昌文普通学堂同桃源漳江书院一道由时任湖广总督张之洞在两湖地区推行教育制度革新而建,入此学堂学习者皆为敏而好学之青年,大多痛恨清廷懦弱无能,希冀移植西方制度挽救民族危亡。

此时沙俄强迫清廷签订《东三省交收条约》和《中俄密约》,引起国内大规模反俄示威游行,上海社会各界团体与群众自发集会,致电俄国与清廷:"即使政府承允,全国国民万不承认。倘从此民心激变,遍国之中,无论何地再见仇洋之事,皆系俄国所致,与我国无涉"①,致使知识青年中的激进派组建革命组织,资产阶级革命派由此形成。宋教仁身处武昌亲睹此次风潮,使其清醒认识到只有推翻清廷才能再造朗朗华夏之乾坤。期间,留日归来的黄兴公开批判清政府,大力宣扬陈天华的《警示钟》《猛回头》和邹容的《革命军》,推动宋教仁坚定走上反清革命道路。1903年,一群有志青年齐聚长沙明德学堂成立华兴会,黄兴致辞曰:"本会皆实行革命之同志,自当讨论发难之地点与方法以何为适宜……"②此番讲话明确标榜华兴会以革命手段推翻清政府统治为己任。这时的

① 冯自由:《中华民国开国前革命史》(上编),广西师范大学出版社2011年版,第129页。

② 毛注青:《黄兴年谱》,湖南人民出版社1980年版,第28页。

宋教仁已成为一位纯粹的民族主义革命战士,时年21岁的他被推举为副会长。之后,宋教仁囿于革命热情,联络旧友胡瑛等以科学补习所名义汇集青年才俊宣传革命理论,积极响应黄兴北上革命的计划,而消息在国内走漏,其遭受清廷通缉暗杀,为长远计,被迫远赴日本避难,其强烈的民族忧患意识使挽救民族危亡之事功心昭然可鉴。

(三)留学东洋,深奠法政学识

“西学东渐”是近代变革中国的典型背景,“西学”与清末民初的中国社会转型关系紧密,宋教仁作为资产阶级革命派扛鼎之人,其政治理念与“西学”更是难舍难分。1904年,宋教仁避难日本留学法政大学和早稻田大学,旅日的六年让宋教仁开拓了新视野。国内革命数载,其集中关注社会人民与统治阶层的阶级矛盾,忽视了中华民族与帝国主义列强之间的民族矛盾,国内革命的盲目性导致其关于革命成功后立国政纲的思想对此前局势缺乏认识。因此,居日期间宋教仁积累了众多西方政治学说和社会制度的学识,翻译各国政制要览的工作包含各国政治法律制度类的文献达几十万字,这些都使宋教仁对西式社会制度产生了浓厚兴趣,打开了学习西方政治理论与近距离观察西方政制在东方社会运行的思路,仔细专研《美国制度概要》《英国制度要览》等西方八国11部政法书籍,有关西方民主制度的原理已十分熟稔,为其形成现代政制思想和议会内阁制度思想以勾画建国方案奠定了夯实的理论基础。

另就东学之所的日本成了宋教仁亲身观察之地。日本经明治维新仿效欧美制度实现近代转型,中日甲午战争北洋舰队的全军覆没促使清廷深切体会到一衣带水的邻邦已非昔年,日俄战争的结局更是令晚清士大夫震惊于日本的快速崛起,原初的天朝上国不得不为之侧目。作为东亚之邻的中日两国国脉融通,日本可谓“师夷制夷”的天然模板,清季末期修律改制思潮迭次风起,多由鼓吹日式政制的知识分子拥趸引起。宋教仁通过积累的政治学识对日本社会近距离比较,得出日本虽由明治维新建鼎为立宪政体,然国家实权皆被倒幕维新的西南藩阀掌控的结论,“日本之政治,号称立宪凡三十年,而犹不能脱少数人垄断专制之习,左国务者,总之不离乎藩阀武人者近是”。[①] 盖若武人藩阀政治,殊非民主体制。由此宋教仁联想到中国革命成功后,国家是否同样为军阀执权柄?有关判断明示其通学欧美和兼观东洋后的政治制度思想的自我沉积,亦涵盖我国近代国家转型的过程中不可生硬照抄日本的思量。宋教仁东学日本期间深学西方政治理论和观测日本社会现实的经历使其人格的构建具有鲜明的法政特征,初具事功践行之前提。

三、人格法政:中西博采与思想糅合

宋教仁法政人格的演变表现为留日学识厚积之萌芽,批驳清末政制改良运动之发展,辛亥建政之终成。在中西方法政文化多重因素的影响下形成糅合型法政人格。

(一)法政建制思想之嬗变

回溯宋氏思想之演进历程,可以明晓其早期的思想核心是民族主义,最初进行的系列革命活动多是矢志推翻满清政权。而政治制度法政思想经历革命活动的洗礼从萌芽走向成熟,避往日本期间积累的丰硕法政知识使其思想日趋清晰,可思想萌出时间据杨天宏考证“宋教仁的宪政思想产生于何时,从宋氏留下的文字中已经很难辨明出来,虽然1905 年宋教仁在《醒狮》曾刊出清末政制改革的批驳文章,但这篇文章没有就基本政制进行立论,所以难以让人看出宋氏的主张究竟如何。”[②]

不过,乙巳年(1905 年)同盟会成立并通过的十六字纲领确立其政治信仰,始有擘画未来之意。值此之际,清末修律改制活动的热烈开展使宋教仁法政思想发挥用武之地,其认为:

> 如……立宪国民,其义务必平等,其最普通者,则纳国税是也;……国民,其权利必平等,其最普通者,则人人有被选举

① 陈旭麓主编:《宋教仁集》(上册),中华书局 1981 年版,第 305 页。

② 宋氏新发之文主要是抨击慈禧太后操弄权术,虚假改制的骗局,对于规划基本政治制度核心内容未加立论。参见杨天宏:《中国的近代转型与传统制约》(增订版),四川人民出版社 2021 年版,第 208 页。

之权利是也;……国民,有监督财政之权。①

此三条清廷不实行者,断无真正改制之可能。改革不外是巧立名目,为保持专政之借口。清廷防控舆论,抵制国会请愿与其他各种要求,将人民言论、集会和议政等自由视若无睹,天下岂能虚悬一宪法于此,政府不必遵守,徒责人民之服从,而犹谓之立宪者乎?对此,宋教仁概言:

要之,……实为彼辈装腔作势抵御人民之利刃,其之言动合此与否,则未尝顾虑,故动辄无理,而彼辈亦恬然不以为怪……惟知倒行逆施之结果有以致之耳。②

改制以立法机关和政府的组织功能为标榜,清廷所设资政院和内阁则是改制产物。资政院名为议院之基础,实为专政之摆设,院行章程随意更改、法定权限任由剥夺,自身不得与闻,可谓:"彼辈竟专委之于一二家奴,不使国民丝毫参与其间"。③ 内阁位居部首,总摄百揆,清季皇族内阁成员大都是庸散之人,故:

今而后,吾意所谓内阁者,将永蹈前此军处之覆辙,为彼满人盘踞政权倒行逆施之伏魔殿……其结果必至国事益坏,民心益失,危亡之祸益不可救药而后止。④

欲行良法善制,实可谓妄谈。可以看到,宋教仁面对清末改革之异端,运用法政政治原理判定事实,针砭时弊。深切阐述自身关怀,以其独到的政治见解表露法政思想基本成型。

① 郭汉民:《宋教仁集》(第1册),湖南人民出版社2007年版,第18页。
② 郭汉民:《宋教仁集》(第1册),湖南人民出版社2007年版,第309页。
③ 郭汉民:《宋教仁集》(第1册),湖南人民出版社2007年版,第307页。
④ 郭汉民:《宋教仁集》(第1册),湖南人民出版社2007年版,第269页。

辛亥建鼎为建制蓝图的实施提供了前提,但革命党人对新生政权采取何种模式久执不下,宋氏力挺法式“内阁责任制”,孙氏中山先生主张美式“总统制”。征诸过往,《中华民国鄂州约法》《中华民国临时政府组织法草案》皆为宋教仁手笔,其为何坚定法式政体呢?或许其深受英法法政原论浸染,信奉保障民权学说,理想型政制盖由此出。加之时局困扰,袁氏擅权之心昭然若揭,两相比较,非仅为时任参议员谷钟秀所言:

> 各省联合之始,实有关美利坚13州之联合,因其自然之势,宜建为联邦国家,故采美之总统制。自临时政府成立后,感于南北统一之必要,宜建为单一国家,如法兰西之集权政府,故采内阁制。①

至此,宋氏法政思想蔚为大观,已具近代深邃法政思想体系。

(二)人格淬终:独立普向与格物事功

由上所述,宋教仁童年经湖湘文脉启蒙奠留深厚传统文化学识。桃源漳江书院求学时初步接触阳明理学,昔日同窗冯为莹谈及“初先生之肄业邑漳江书院也……先生学主静而不堕禅寂,深契夫王阳明良知之旨,雅不喜朱、陆门人之互为异同。”②传统中国社会兼具权威人格和权威社会的双重结构,至圣皇权与至尊父权深层次倾轧国人的人格心理。然时代背景下的宋教仁并没有完全依从儒学规范成为传统士绅阶层,世纪之交的多种变革让宋教仁心中的儒学教条近乎崩塌。束缚传统士子思想的桎梏在其东渡日本后产生巨裂,1905年,留日的宋教仁遭逢“清国留学生取缔规则”抗议事件,中国留日学生以罢课相抵抗。之后,陈天华愤懑跳海自杀激荡时人内心,宋教仁苦痛不堪,“倒卧于席

① 李剑农:《中国近百年政治史》,中华书局2019年版,第336~337页。

② 冯为莹:《渔父痛史》,载马志亮主编,迟云飞、梁小进审定:《喋血共和——忆宋教仁》,岳麓书社1997年版,第54页。细究此书,错谬处过多。但既为渔父同侪,言词应属确然。

上,仰天歌陈星台《猛回头》曲,一时百感交集,歌已,不觉凄然泪下,几失声"①,直至清日交涉暂停取缔。不过,陈星台之死促使其心灵震撼,紧需修身养性之学,这样先前研习的阳明学说走进了宋氏的深学空间。加之,阳明理学在日本倒幕维新过程中备受推崇,如欢迎中山先生的会议上其曰:"当年尊王倾幕之士,皆阳明学绝深之人",而国父亦言道:"五十年前,(日本)维新诸豪杰沉醉于中国哲学大家王阳明知行合一的学说,故皆具有独立尚武的精神,以成此拯救四千五百万人于水火中之大功"。② 更有宋氏住院阅读加藤弘之《无我爱即有有我爱》、井上圆了《哲学要领》和服部宇之吉《心理学讲义》三文,将所学纲要详加提炼,持续记录书籍读后心得,所行主张"利他心全由利己心而出,即世间无所谓利他,唯利己而已"③,这是兼合阳明王学、西方思想、东洋思想形成的阳明学、伦理学、心理学知识的汇集。

宋氏学究之阳明理学不似传统程朱理学,其强调主观意志和个性,注重个人地位,既可指提倡个性张扬,也可批驳笼盖一切牢不可破的"天理"。基于此点,其与章炳麟交流曰"谈及哲学,枚叔甚主张精神万能之说,万事万物皆本无者,自我心之一念以为有之,始乃有之矣。所谓物质的,亦不过此之一念中以为有此物质,始乃有之耳"。④

曾文正认为:

> 风俗之厚薄奚自乎?自乎一二人之心之所向而已。民之生,庸弱者,戢戢皆是也。有一二贤且智者,则众人君之而受命焉,尤智者所君尤众焉。此一二人者之心向义,则众人与之赴义;一二人者之心向利,则众人与之赴利。⑤

---

① 迟云飞:《宋教仁的阳明学及伦理学研究》,载《中国文化研究》2011年第4期。

② 《孙中山全集》(第1卷),中华书局1981年版,第278页。

③ 《宋教仁日记》,刘晴波、刘泱等校注,湖南人民出版社1980年版,第227页。

④ 《宋教仁日记》,刘晴波、刘泱等校注,湖南人民出版社1980年版,第307页。

⑤ 迟云飞:《宋教仁的阳明学及伦理学研究》,载《中国文化研究》2011年第4期。

此为英雄气概的个人道德意志,宋教仁在民国初年构建议会式精英集群,大抵一二贤智者为众人谋利。此外,宋教仁精思王学时并没有盲目信从,进行辩证考究批判。其认为真正认知真理和事务,须以践行外界探求内心体验,即"物质上的学问"。格物思想溢于言表,这既是相承湖湘务实精神的底蕴,亦有反权威和普遍流向性人格的展现。

统归综述,可以看到,宋教仁人格特征鲜明而糅合,其自幼蒙学湖湘文风、精取阳明理学个人本位,奠基深厚儒家经世学识;亲观扶桑通学西式法政理论塑造的革命追求力图推倒旧制建功共和;猛烈抨击清末改制之举已然昭示其人格深处旧有纲常的崩塌。细究过往,20 世纪初的宋氏身处特殊时际,历经中华儒学、东洋国情、英美法政等多重思想的相互交合,先生特有的法政人格竟成,呈现中西思想糅合的创新品质。

四、经邦治世:宋教仁法政事功的实践表达

在欧阳哲生看来,对于近代纷繁复杂的政治环境,知识分子的选择主要为三种。"一是参政型,不仅关注政治,且明确参与政务表达政治追求,梁启超堪属例证。二是中立型,一定程度上远离政治,致力于学术科研,王国维、陈寅恪当属典型。三是议政型,疏离政党,与政界保持距离,但政论评议仍可引起一定的社会影响,胡适可谓代表(抗战时期担任驻美大使,应视为特例)"。① 值此背景下的宋教仁热衷政治,份属第一类。其积极参与清末民初国家转型的政体构建,以践履传递事功的实际表达。

(一)妙笔挥就立制典章

宋教仁的事功初显发轫于前述 1903 年华兴会的成立。华兴会以推翻满清政权为目标,其拥护会纲接受革命熏陶的同时代表个人励

① 何方昱:《民国时期从政学人的学术与事功——兼评〈朱家骅学术理想及其实践〉》,载《史林》2018 年第 5 期。实际上,胡适与傅斯年仍以学术为主,被视为读书人,在教育界和学术思想界影响深远。

志追求所在。避难东洋的 1905 年 6 月创办的期刊正式开启常态化革命活动,此刊明执爱国主义和民族主义以求民智启发、革命造势。宋氏以综合素养撰文揭露清廷腐朽和列强罪行,如《东亚最近二十年时局论》一文剑指列强采取保全中韩策略“不过藉以要结英国,且以消各国对己之疑忌,缓各国对清侵略之急激进行,以待已之毛羽丰满……”①,“然则,暂时休息,以图远大;结交各国,使毋先我为之,以待己之羽毛丰满,岂非自然应有之事乎?②”这是民主主义的信仰精神支撑革命诉求。后又主笔“民立报”呼唤民族觉醒,针对清末改制骗局,特书“自政府宣言预备立宪以来无日不以筹备宪政为藉口,而行其集权专制之策略,甚至假政策之名,济其私利,视国事若弁髦,往往不惜犯大不韪而为之”③,诸如此类完全切中时局弊端,相关民主革命的理论得到有效阐述。

武昌首义后,建构新政制便提上日程。当时,以湖北为首的省级军政府和议会的权力落入旧官僚手中,宋教仁既必须通过合法形式将权力顺利过渡于革命党人掌控,也要进行新型制度的实验。这样,自其抵鄂后,“草成约法草案若干条,拟邀同志之有法律知识者数人、枉过寓所共相讨论……至则陈登山、汤化龙、胡瑞霖皆在。宋出其稿授余等传观,时在座者大抵皆有职务,无暇细心研究,相与赞赏而已”。④ 如此,《中华民国鄂州约法》应运而生。该约法虽匆匆旬月完成,可体系架构较为完备,突出宋先生卓越的法政功底,约法明定总纲、人民、都督、政务委员、议会、法司和补则 7 章,“都督”一章述有都督总摄军政人事任免事务,领导武装部队之权,实行须经政务委员副署。“政务委员”一章规定政务委员执行、发布、缔约三权;律法提案和预算支出特权。“议会”一章确立人民直选议员,具立法、缔约、财政、弹劾四权,议决须经 3/4 以上

---

① 陈旭麓主编:《宋教仁集》(上册),中华书局 1981 年版,第 148 页。

② 陈旭麓主编:《宋教仁集》(上册),中华书局 1981 年版,第 149 页。

③ 陈旭麓主编:《宋教仁集》(上册),中华书局 1981 年版,第 216 页。

④ 湖北省图书馆辑:《辛亥革命武昌首义史料辑录》,书目文献出版社 1981 年版,第 16 页。

议员出席方可生效。其秉持现代政治观念进行建章立制的首次尝试。

南北议和后,到中山先生保举袁世凯担任总统,先前起草之《临时政府组织大纲》规定总统享有较大权力。为有效预防袁氏专政,临时参议院推举马君武等人以宋教仁拟定的《中华民国临时政府组织法草案》为样板起草《中华民国临时约法》。① 《中华民国临时约法》分总纲、人民、参议院、临时大总统、副总统、国务员、法院、附则等 7 章 56 条。"临时大总统"一章明确总统枢揽军政人事政务,统率海陆部队,履职须有国务员副署。"临时参议院"与"国务员"职能略同《中华民国鄂州约法》之"议会""政务委员",故不赘疣。两番相较,二约法皆出自渔父先生,可谓精魂似然。②

综合而言,《中华民国临时约法》为辛亥革命胜利后构筑国家政基提供了明确指向和法定依据。

(二)政党内阁的政制二重奏

建立现代化政制宋教仁的平生追求。前述宋氏法政思想的内涵多是以此展开,归溯其政制构思,政党与内阁的关系堪居精要。为此,须在其政治思想的基础上把握实际政制的构建。

"政党"一词作为英美资产阶级革命成功后传入世界的舶来品,在近现代国家政治生活中的地位举足轻重,其本身理论丰富,各有表意,直至埃德蒙·柏克首次确定词义③,这被学界公认为政党定义的经典性论断。我国"政党"一词始于宋朝,宋前之党所争者官位,所报者私怨,

① 南京临时政府法制局局长宋教仁依照《中华民国鄂州约法》框架拟定《中华民国临时政府组织法草案》,由孙中山提交参议院,此举仅是作为参议院编订根本法的参考。然参议院认为制宪权为其专有,法制局编撰草案略有越权之嫌,故将草案驳回,但该草案的核心要义为《中华民国临时约法》继承。参见迟云飞:《宋教仁思想研究》,湖南师范大学出版社 2010 年版,第 158 ~ 161 页。

② 两个"约法"的章节和标题大体相似,"临时约法"中诸多条文基本抄自"鄂州约法"。

③ 柏克认为:"政党是人们联合的团体,其目的是根据他们一致同意的某项特定原则,用他们的共同努力去增进国家的利益"。参见[美]乔治·萨拜因:《政治学说史》(第 4 版)(上卷),[美]托马斯·索尔森修订,邓正来译,上海人民出版社 2015 年版,第 386 页。

亦无政策可言。中国古代士绅阶层因政治出身和庙堂追求不同,通过“物以类聚,人以群分”演化为不同政派即“朋党”,但其中参与者的思想和人格局限于固有阶层利益,不具备现代意义上的政党组织内涵,加之历代君主严禁党争,士林集团多是以之为耻,致使“君子不党”的理念久为正统。因而,历朝党争的本质为朋党祸端,“党”字异化带有作乱寓意,不祥色彩时刻笼罩统治阶层,评价亦多负面。英国“光荣革命”后的政治模式为此后各国政制转型提供借鉴。宋教仁首次接触并参与政党应属1904年2月兴中会成立被选为副会长,后于同年11月又推动长沙华兴会的成立。留日期间的1905年与孙中山、黄兴共同成立中国同盟会正式拥护统一政党,“从此革命风潮一日千丈,其进步之速,有出人意表者矣”。①

辛亥建鼎和民国肇端提供了现代民主国家发展的良好政治氛围,举国上下议论时事者遍及南北,政党问题更是言语热炙。一时间政党林立,各色政治团体达有数百,“遇有不相识者,问尊姓大名而外,往往有问及贵党者”。② 作为辛亥革命主体力量的同盟会更是“一日附者率数千”③,然各政党分合演化迭次不穷,政党内部凝聚力和领导力显效不足,多成离散濒棼趋势,第一大党同盟会亦有稳健分子变明更署,与之分离的窘境。且同盟会内部因“国旗问题”“经费风波”及“倒孙风潮”等因素裂痕尽显,间逢唐绍仪内阁倒台,这般境况令宋教仁充分意识到推动政党运行规范化十分必要。从而着手同盟会改组事宜。1912年8月,经月余改组协商,由同盟会等六党合并成立的国民党诞生,宋教仁当选代理理事长,为政党内阁制的实行提供竞选政党基础。

“内阁制”与总统制相对,源于18世纪初的英国,由内阁总揽国家行政权力并对议会负责。《中华民国临时约法》突出政党参选,多数党组阁,总统虚位,内阁向议会负责的制度架构。宋教仁强调“吾人既主张责任内阁制,则尤希望此制之实现,欲此制实现,则莫若明定……国

① 《孙中山选集》(上卷),人民出版社1957年版,第176页。

② 汤志钧:《章太炎年谱长编》(上册),中华书局1979年版,第371页。

③ 汤志钧:《章太炎政论选集》(下册),中华书局1977年版,第587页。

务总理由众议院推出，盖必须使国会占多数之政党组织完全内阁，方举责任内阁之实，而完全正当政党内阁则非采用此法不能容易成立也。故吾党主张宪法中规定国务总理由众议院推出，以促使责任内阁之容易成立”。① 未久，国会大选便拉开序幕。宋教仁积极奔走全国各地演讲，阐释国民党政制理念，于选举结果中获得众议院 269 席、参议院 123 席，共计国会两院 870 席的 392 席，远超其他政党议席位数，可谓稳居第一大党地位，国民党握有组阁权，宋教仁的政制设想践行在望。②

结　语

回望清末民初跌宕起伏、波诡云谲的特殊际遇，各种思潮波澜壮阔、竞相迸发。有志之士相继登台寻求近代社会转型之良法，不同阶层和派别在外强环伺、内部动乱的时局中绽放民族求存之花。承袭潇湘文脉的宋教仁年少经世，深耕湖湘务实践履精神，忧怀国家命运前途，独塑鲜明的法政人格与事功心。揆诸宋教仁平生，可以明言，其秉教经世致用之内涵；留学东洋，博学泰西法律与政治原理奠定法政思想基础；运用所学批驳清廷修律改制骗局；归国毅然革命旧统创建法律政治，此为糅合中华儒学、东洋社情、西式法政理论而成的独立务实与普向反权威的法政人格。主笔《民立报》；起草《中华民国鄂州约法》《中华民国临时约法》；参与兴中、华兴二会，组建同盟会，改组国民党备行国会大选以厉行政党组织与内阁结合的制度，这是法政人格引导下的悃愊事功。两者统合于宋教仁救危国难、励建政制的峥嵘岁月。国会大选胜利为政制构想的践行提供前提，惜其民国二年（1913 年）罹难上海，革命首魁蒙尘迫使政治设想梦碎，苦苦追求的转型契机昙花一现。然宋教仁先生毕生矢志法政，正是崇实黜虚、敬奉律法、黾勉事功的生动体现，值得后世沉湎怀思，流芳千秋。

---

① 薛恒：《民初内阁制与宋教仁的政治理念》，载《民国档案》2003 年第 4 期。

② 对此，李剑农评价道：“国民党挟革命成功的余威，加以合并初成，吸收了无数的投机政客。因此选举揭晓后，国民党独占优势”。参见李剑农：《中国近百年政治史》，中华书局 2019 年版，第 353 页。

法史学研究范式探讨

档案史料运用的新方法、新方向
——基于《谭延闿年谱长编》的几点观察

程　波*

［**摘要**］我国史学源远流长，品类繁多。随着社会的变迁，史学方法也有演变。正所谓“风气不同，文体亦异，旧从其旧，新从其新”。《谭延闿年谱长编》的编著者，将谱主亲闻亲历的私家撰述如《谭延闿日记》，与收集整理的正史档案如《谭延闿文集》互相佐证，这种总是运用客观档案史料去佐证来自日记、笔记、自传、自述等主观史料的努力，既有助于读者用最精细的理解力，获得对珍贵的第一手资料的愉悦体验和高超运用，同时又必将促使档案史料运用出现一个新方向：将纯粹外部的档案史料变成真正属于某历史人物和事件研究的核心材料。

［**关键词**］档案史料；年谱长编；日记文集

运用档案史料探索历史人物和事件至今仍未被开发的领域，用新发现的东西扩大档案史料的总量，是档案学研究当中的一件惬意的事情。然而，这种运气降临到每一个历史人物和事件头上的机会和方式并不是等同的。新发现之无限可能性对历史人物和事件敞开着大门，而且每一个新发现都不会缩小而只会进一步扩大继续发现的视野。但是，对于某个具体的历史人物和事件，这种可能性并非同样是无限的；在这个时点上，如果没有新发现的原始文献可用，一个具体的历史人物和事件研究，必然会局限于从不同的方面或者视角来观察已知事实。过去十多年来，中国对民国史上著名人物谭延闿的研究似乎正处于这样的时点上，周秋光的《谭延闿集》（湖南人民出版社 2013 年版）和刘建强的《谭延闿文集·论稿》（湘潭大学出版社 2014 年版）提供的研究材料，在之前的十年内已经基本被用尽。但是，这并不意味着，“从不同的

* 程波，湘潭大学信用风险管理学院教授，法学博士。

方面或者视角来观察已知事实”与拓展资料的任务相比显得不都那么重要。在我看来,刘建强教授编著《谭延闿年谱长编》(上海交通大学出版社 2021 年版)在选题和论述方式方面都已经考虑了这个情况。本文中,笔者将指出,《谭延闿年谱长编》在利用现有的档案资料的基础上,以新整理的《谭延闿日记》(依据 2014 年谭延闿外孙陈履安提供的《谭延闿日记》)内容为线索,按时间先后顺序予以编排辑录,将谱主亲闻亲历的私家撰述如《谭延闿日记》与收集整理的正史档案材料如《谭延闿文集》互相佐证,①必将促使档案史料运用出现一个新方向,将纯粹外部的档案史料变成真正属于某历史人物和事件研究的核心材料。

一

中国正史和杂史的分途自宋始。宋代以来的历史,是必须连同家乘、野史、小说、笔记之流去阅读的。随着社会的变迁,史学方法也有演变。就“长编”体裁而言,自撰年谱(自传自述)、笔记、日记、回忆录以及某个特定时代存留下来的档案、报刊、口述或访谈、往来的诗文书信、电报等体裁的文字材料,只要有史料价值,新旧不拘,兼收并蓄,内容虽杂,形式亦散,但却让历史人物的形象丰富起来了。《谭延闿年谱长编》的编著工作,大都涉及谱主亲闻亲历的私家撰述和收集整理的正史档案材料。亦就是《谭延闿日记》与《谭延闿文集》。

先说《谭延闿日记》。《谭延闿日记》存世凡 66 本(手札),可谓鸿篇巨制,特别是自 1913 年后从未间断,时间跨度堪称半部民国史。然而,在研究历史的人看来,日记虽然属于第一手材料,却是不大好的材料。因为记日记的人,往往喜欢在日记里刻意隐瞒或者颠倒黑白,但日记毕竟会表达出来作者当时的某种意图,至少这种意图,应该是真实的。具体对于某一件大事,日记里说还是不说,说多少,怎样说,也肯定代表了当时作者对

① 陈履安先生也认为,这本《谭延闿年谱长编》涉及时间和史实更细,史料征引空间也更大。具有资料性和学术性互佐的鲜明特色。参见陈履安:《序》,载刘建强编著:《谭延闿年谱长编》,上海交通大学出版社 2021 年版,第 2 页。

这件事的看法。而且,在往往不经意间,也会流露出他的真实想法或者意图。例如,这本《谭延闿年谱长编》第756页,辑录了如下一段。

> (1922年)6月15日……“忽见报及得京电,乃以内务总长浼我。”谓:“心殊愤然,天下不如意事尝八九,此类是也。”吕满来商复黎电事,“即以数语畀之去。”先生谓:“必有人以我为想,亦必有人以我为滑者,我行我素而已。”电谓:“北京黎黄陂先生鉴:国会未能行使职权,合法政府未能统一北廷,任命又不敢承认。”(《日记》)
>
> 是日,孙中山任命先生为全湘讨贼军总司令。(《孙中山全集》第六卷)
>
> 6月16日……李抱冰来,“谈久之”。“过醉六,以作拟电示之,意不谓然,乃别起一草,但说事实不言法理。遂至宏群家,见吕、岳、李特生,斜酌电文久之。”晚,“得各处函电,心殊烦闷,欲作书复粤中,竟不成文,可叹。”(《日记》)

查正式档案史料,谭延闿发出“谢拒出任北京政府职务复黎元洪电(1922年6月22日)”之电文,谭氏措辞非常考究,他说:

> 黄陂先生钧鉴:……年来护法旧侣岂无灰心时事,断然弃其主张者,延闿盖尝非之。今闻命而幡然。内既负心,外亦负友,又延闿所不敢出也。公待延闿厚而视之过高,不知其愚顽不足使令。愿遂听其所执,毋更垂顾,以损威严。延闿伏念承公许与十一年矣,五年之役不能赴公之难,尝引以为羞,今又不肯从公,诚知罪戾,而恃公雅度,故敢尽其私。至于法理政谈,海内贤达各有书疏,公所熟闻,非所详矣,因便陈词,敬请钧安,伏维霁鉴。谭延闿谨启。①

① 刘建强编著:《谭延闿文集·论稿》(下),湘潭大学出版社2014年版,第362页。

综上,正是通过日记和档案史料的互佐,这应该会对我们比以前更富教益地去理解,作为历史人物的谭延闿,在历史的某个时刻的某种选择。谭延闿"但说事实不言法理"的客观记载,以及档案史料(电文)中未明之真意,诸如"国会未能行使职权,合法政府未能统一北廷,任命又不敢承认",却在日记中流露出来了。这或许正是谭延闿"我行我素","其智可及,其愚不可及"的地方。

毕竟,写日记不是在做案,非得花大心思掩盖痕迹。所以,只要研究者有心找,还是能找到真东西。若能读杂书,网罗资料,采铜如山,吹沙见金,始知笔记日记之作,固非蠡测管窥者之视作支流小道。因此,披览《谭延闿年谱长编》,介述引申《谭延闿日记》之余,间以管见略有商订,饶意致,富史料,甚有可传之价值。

例如,过去史家在论及为民主宪法牺牲的宋教仁时,就已指出宋教仁南行归湘省亲至宋遇刺之前,国内已有各种危象,"盖均利用宋乡居不能完全有效控制局势"①。然而,对于宋教仁积极回原籍展开竞选运动的记载却语焉不详。在《谭延闿年谱长编》中,编著者以谭氏日记为线索,记载了宋氏在长沙之大略,有欢迎之词,私意之美,函问之切,挽联之惜,爰摘录之,以供史家之资取。

> (1913年)1月4日……下午,宋教仁到,先生记述到"日晡,闻碍声。宋遁初至也。上灯,至国民党支部,今日本道腴②辈以洪春岩事宴客,遂改为欢迎遁初。凡五席,余与遁初、盛

① 吴相湘:《宋教仁传》,中国大百科全书出版社2010年版,第168页。

② 周震鳞(1875年~1964年),字道腴,湖南长沙人,早年入两湖书院。1903年在长沙与黄兴、刘揆一、章士钊、秦毓鎏、宋教仁、陈天华、彭渊洵、翁巩、柳聘农、胡宗畹等人创立华兴会,1905年加入中国同盟会,任中国同盟会湘支部长。1911年参加辛亥革命,任湖南都督府筹饷局总办。1914年加入中华革命党,参加护国战争。1921年后,任湖南劳军使、中国国民党广东支部总务长、国民政府委员。1945年任中国国民党第六届中央监察委员。1949年在湖南随程潜起义。

廉生、刘劭襄、钱芍人、周道盈、彭与吾同座。宋风采，言论皆有政客风，非寻常人也”。(《日记》)

1月5日宋教仁来。(《日记》)

1月6日欢迎宋教仁。“宋遁初来，今日全体欢迎也，入座会议厅，凡四十余人。酒半起演说，宋答词条畅深切，可佩之至。”(《日记》)

1月5日宋教仁来。(《日记》)

1月8日国民党支部会欢迎宋教仁。先生记述道：“午饭后至教育会欢迎宋遁初，国民学全体会也。自仇鳌以下，到者六百余人。余致欢迎后①，宋演说，多客气语，不如黄也。刘彦、欧阳振声相继演说甚久。”“及散，摄影门外，同宋至国民党，仇、周、吴、刘、欧阳之流皆集。”晚十时，客尽去，复与遁初论近势至一时五十分。(《日记》)

1月9日……晚，宴请宋遁初、刘式南、欧阳俊民等人。“窗外风雨声，听之洒然。”(《日记》)

1月18日宋遁初在教育会请客。先生记述道：“凡七、八十人。遁初酒半演说，皆政谈。余与邹麻、郑人康、姚生、范、王槐宣、刘劭先，仇益三相继演说。”(《日记》)

1月26日“饭后，至宋遁初处，谈甚久。”(《日记》)

1月27日“早饭后，至宋遁初处谈。遇劭襄、张斗枢，言与日本人以前械购讼事。”午饭后，“黄鉞来，以军刀赠之。”晚八时，“同仇、余至国民党，公饯宋遁初，凡三十人。客散，与仇、周达夫同宋谈。”(《日记》)

1月28日宋遁初来辞行……(《日记》)

3月22日，得悉宋教仁遇刺。“今日得电，宋遁初被刺，尚

① 谭延闿说：“宋遁初先生频年奔走国事……建造民国，实为我国之大政治家”，对宋教仁推崇备至，说他是“崭新的人”“非一般政治上人物可比”。参见刘建强编著：《谭延闿年谱长编》，上海交通大学出版社2021年版，第178页。

不知生死如何。仇益三来，彭与吾、郑人康、柳聘衣、王荷亭、何陶来、杨性询来，吴劭先来，陈伟丞来，宁调元来，刘大喜来，陈佩弼来，决遣伟成往沪。作函问遁初、克强。”……(《日记》)

3月24日早饭后，得克强电，知遁初绝命，不仅为一省一党惜，甚为闷闷。(《日记》)

4月1日撰挽宋教仁联，谓：“本云‘江左赖吾夷。平生自许屠龙技；何人贼来叔，后死终期盖虎牙’。继而改为‘江左望吾夷。涕泪当时成往事；何人贼来叔，苍茫天意竟难知’”。(《日记》)

4月2日参加国民党支部宋教仁追悼会。……(《日记》)

上述记载，多次提及“宋教仁来”，谭氏与宋氏“谈甚久”。当然，他们两人到底谈了些什么，现在已经无从知道。但是，从宋教仁在长沙期间所有的演讲和文字，①后世秉笔之人，或可推测谭延闿已经知道了宋教仁的战略——“平生自许屠龙技，后死终期盖虎牙”，以议会制民主主义包围袁世凯，抑制其行使独裁权力。以此亦可以解释，谭延闿对国家事务的关怀与参与为何日益增多的主要原因。从宋教仁死前的遗言：“南北统一乃是我的夙愿，诸友切勿因小故相争而误国”②，或可以意会谭延闿开始明白了宋教仁的决心——“涕泪当时成往事，苍茫天意竟难知”。进而在“宋教仁案”后的“二次革命”中，仍可从《谭延闿年谱长编》对谭氏日记的辑录，发现谭氏有一种颇持稳健，见其志节的处事态

① 宋教仁在长沙留存下来的文字主要有《国民党湘支部欢迎会演说辞》(1913年1月8日)、《湘省铁道协会欢迎会演说辞》(1913年1月9日)、《湖南蒙学会成立大会演说辞》(1913年1月11日)、《湘省提倡国货会农务总会工业总会商务总会木业公司联合欢迎会演说辞》(1913年1月17日)、《曲园宴会演说辞》(1913年1月23日)。参见陈旭麓主编：《宋教仁集》(下)，中华书局2011年版，第445~455页。

② ［日］子安宣邦：《近代日本的中国观》，王升远译，生活·读书·新知三联书店2020年版，第26页。

度。与档案史料印证,得出谭氏或许是真正读懂并继承宋教仁遗志的人之结论,也无不可。又如,以下摘录,亦是编著者从《谭延闿日记》的视角来观察已知事实的运用。

(1913 年)6 月 11 日与鹤冈永太郎笔谈。与程潜谈赣督开缺事。(《日记》)

6 月 12 日“得李(烈钧)柏(文蔚)电,一言撒手,一主辞职。谚云‘早知今日,何必当初’,暨(竖)子真不足与谋也。”(《日记》)

6 月 25 日“开政务会议,议合署办公事,不得要领而散。”(《日记》)

6 月 26 日见日本领事。(《日记》)

7 月 6 日参加李芪丞追悼会,撰联挽之曰:“慷慨故人心,不堪一别殊生死;艰难今日事,料得九原同叹嗟。”(《日记》)

7 月 7 日报军械局起火。先生记述道:“登景桓楼望之,黑烟矗天,声如爆竹,其绿气上腾,迸裂有声音,炮弹也。拊肩叹息,湖南储藏尽矣。急下,同颂云布署一切。……”(《日记》)

7 月 9 日同程潜到国军械局。查看大火后情形。……(《日记》)

7 月 10 日惩办军械局相关人员。“午,提军械局科员王章耀及一司事,一库丁,斩之辕门外,盖职守所在,应负责任。……三人者为法受刑,亦可哀矣。”(《日记》)①

---

① 受袁世凯遣派,向瑞琮、杨宏图等贿买军装局王章耀、喻直三、涂寿远等人纵火,损失步枪约 11,000 支,子弹约 300 万发。极大地削弱了国民党人的反袁力量。谭延闿和赵恒惕在给李烈钧的回电中说,军旗子弹尽行被焚,不能作战,心有余而力不足,实在惭愧。参见刘建强编著:《谭延闿文集·论稿》(下),湘潭大学出版社 2014 年版,第 679 页。周震鳞却认为,这是谭延闿害怕革命党人据湘讨袁,便纵容袁世凯收买的奸徒向瑞琮等,放火焚毁军械局。参见周震鳞:《谭延闿统治湖南始末》,载《湖南文史资料选辑》(第 2 辑),湖南人民出版社 1981 年版,第 6 页。

7月11日搜捕军械局火灾可疑人。……先生遂亲自议会说明原因并道歉忱。(《日记》)

7月15日"见日本伏见舰长根津胜造及翻译"。"赵夷午①来言出兵事。江西今日来电,十三日已宣布与中央断绝关系矣。"(《日记》)

7月16日至军务司。阅三十一团兵,演说十分钟,兵气肃穆。(《日记》)

7月17日看电文,"赣、鄂互称得利,不知利果谁属。鄂乃通电,欲各省日报平安,如前清辛亥八月间事,依样葫芦,思之可笑。"(《日记》)

7月19日见美国舰长,"颇多忠告之言"。同程潜,见冈本武三,"言多怂恿,知其居心不同美人也。"(《日记》)

7月21日开政务会议,凡四十余人。"演说者十数,拍掌欢呼,兴高采烈,然以赵炎午、余岸棱两人言为稳健。"(《日记》)

7月22日为日本大河平领事、冈本武三领事作饯,邀伏村舰长、根津翻译、村山正隆作陪。七月二十三日先生不胜感叹,谓:"此行非吾所主张,然自念牺牲此身以卫湖南,家人何辜,而必尽殉之,不如听其自由较为心安理得。"(《日记》)

7月25日宣布与袁政府断绝关系。自称讨袁军总司令。(《日记》)

7月26日计划出征。闻湖口失守。作书复陈梅生。(《日记》)

7月27日见"诸人以湖口失守,大放厥词,然而无救危亡也。"(《日记》)

7月30日见邮政司颜明庆,"所言皆反对日本人意"。(《日记》)

---

① 赵恒惕(1880年~1971年)字夷午,号炎午,湖南衡山人。

7月31日，有感“近日署中纷纷请退职，可笑之至。贪财，怕死，二者必居其一也”。先生总结所撰日记，谓：“右日记一卷，起民国二年元日至七月卅一日，凡七阅月，二百又二日。所记皆起居、晋接之常，风雨寒燠之节。每日大同，了无足纪，盖簿书填委，宾客杂沓，凌晨即起，夜分不休。自辛亥九月以来，几于习惯成自然矣。劳神疲神，以事敷衍，于民于国，两不相关。以今视昔，已觉措施之好笑，更数岁者。维持经画之苦既不可得见，惟余从脞废驰之状，以供人嗤点，不必远征；翻此册已可知也。既无求阙省身力学之勤，复异越缦读书稽古之志，而日于夜阑人倦，自具供招。年来志事，盖可见矣。书此册适竟，正值军书旁午时，外观家园，内览身世，不禁慨然，因书如右。癸丑六月廿十九日四更，无畏自记。”(《日记》)

8月2日闻沪战状颇焦心。(《日记》)

8月4日闻克强有去耗，决遣易象往宁、沪。谓：“今日颇不怡，闻下游消息，不意为竖子所误也。”(《日记》)

8月5日黄兴副官黄孟养来晤。“言克强实于廿九日去宁，前敌未败，左右无敌，忽焉褰裳，可怪之至。”“诸人议宁事者纷纷，殊无归宿。”“得港生书，言湘人请兵攻湘事，又桂将攻湘事，吾乃陷四面敌阵，可笑。”(《日记》)

8月6日见皖代表段光谦、赣人李容恢、吴舜卿、杨应麟、曾宪谟诸人。得粤电，“知陈炯明又逃，唉，竖子也！”面临危局，殊无上策，先生感到“信知吾党之无人也。然吾遂与此辈缘，又所谓倒绷孩儿也”。(《日记》)

8月8日“葛应龙言江南黄克强事”。(《日记》)

8月10日至龙研仙家久谈时事，“慨叹不已”。(《日记》)

8月11日同汪九、王三谈甚久，先生感叹“牺牲多矣”。(《日记》)

8月12日湘澄、益斋、耀材等“来言取消独立事”。(《日记》)

8月13日发布湖南取消独立布告。……先生感叹到:“据事直书,不稍躲闪,以自异程、孙,然愧朱瑞多矣。一已不见信用于人事小,保全湘民不受蹂弥事大,所自慰耳。”又:“张子武遣吴营长携书来,意诚挚可感,所见正与吾同也”。(《日记》)

8月14日“撰致袁世凯电至二时三十分,乃睡。”(《日记》)

8月15日“得鄂电,自省乃为降将,实深耻之。又得南昌急电,心殊怦怦,久之始决,盖个人利害不敌全省祸福也。今日谣云‘不逞者,将于十二时举事’,此亦意中。激烈者愤事中止思破坏,狡黠者欲杀主谋诸人以邀功,不得志者将倡乱以自咨,皆是也。”(《日记》)

8月16日“草电致袁、黎。复黎昨电,颇得意,胜致袁电也。”(《日记》)

8月17日见程璩章、黄培燮,“皆援赣归者,言之愤愧,而无如何”。闻道腴被拘九江,“作书寄黎督解之”。(《日记》)

8月21日见久原仲东,闻“克强乃改名今村常藏,赴神户矣。”(《日记》)

8月23日家人运行李往沪。(《日记》)

8月24日“闻赣招湘兵,领械即溃,沿途大掠,不能援赣而转以祸赣,且将祸湘,闻之愤恨不已。”(《日记》)

8月25日就湘中局势及解决办法致熊希龄电。……是日,先生记述道:“拟电与秉三甚长。”(《日记》)

8月27日夏尚声来,先生谓其:“江西败将也,甚忾慨”。……(《日记》)

8月29日晤英领事,“见之桓楼,其人生长中国,语言甚工,久之去,意在议亚细亚设油池地也”。“闻郭人漳至鄂奉令缓入湘,乃大慰。又得黎电,知来意甚坚,复大忧。”先生感叹曰:“日来喜惧之情类如此,真非人境,吾何为而至此者,思之

惘然。”(《日记》)

8月30日因“连日不得沪书,甚念,乃电问之。独坐听风声,忽多秋思,取苏诗读甚多,至十时遂睡”。(《日记》)

复读并析分之谭氏,在“二次革命”期间,谭延闿对“袁氏专恣,褫公上将衔,公不屑介意”的态度,大体符合谭氏致徐世昌密电所言:“湖南宣布独立,水到渠成,延闿不任其咎;湖南取消独立,瓜落蒂熟,延闿不居其功”。[①] 不过,针对谭延闿这一说法,鉴于政治立场和史学观点的不同,过去人们运用档案史料对谭氏评价也因此不同。例如,在大陆,周震鳞、陶菊隐(1898年~1989年,湖南长沙人)等人认为,这是谭延闿“事前曾经打密电取得黎元洪的谅解,事后又不出兵援助讨袁军”[②]的“两面态度”[③]。学者如张玉法,则把这一切看成是谭延闿“有为有守,知进知退”的人格风范,“二次革命,身为国民党员,他不能不响应。但私下实不愿意以武力解决问题。故当革命大势已去,即毅然取消独立,并辞去都督职位,不像其他独立各省,战至溃不成军,才落荒而逃。在这种情形下,他在湖南的政治资源没有用尽,所以他在湖南,能够几落几起,曾有第二次、第三次任都督”。[④]

刘建强亦根据这一段史料,发表《论“二次革命”中的谭延闿》一文,既指出“湖南独立迟缓而取消迅速。自与谭延闿态度消极有关,但更主要的是缘于当时的客观情况”,又认为“谭延闿在‘二次革命’中有许多表现堪称积极,可圈可点”。[⑤] 在这里,建强教授以谭延闿“发兵胜

① 《湖南近百年大事纪述》(长沙,1959年)。转引自张朋园:《湖南现代化的早期进展(1860—1916)》,岳麓书社2002年版,第143页。

② 陶菊隐:《记谭延闿》,载中国人民政治协商会议上海市委员会文史资料工作委员会编:《文史资料选辑》(第5辑),上海人民出版社1979年版,第94页。

③ 周震鳞:《谭延闿统治湖南始末》,载《湖南文史资料选辑》(第2辑),湖南人民出版社1981年版,第6页。

④ 张玉法:《近代变局中的历史人物》,九州出版社2013年版,第236页。

⑤ 参见刘建强编著:《谭延闿文集·论稿》(下),湘潭大学出版社2014年版,第675~680页。

券难操,不发兵则义所不许”两难立论出发,辅之以《谭延闿日记》的记叙,纠正了以往论者有失公允地批评谭延闿“敷衍暧昧,耍弄两面手腕”的否定态度,进而指出,“谭延闿在‘二次革命’失败以后,公开担当责任,不推卸。不诿过,俨然‘士可杀不可辱’的书生本色,这倒是难能可贵的”。①

综上所述,在这部《谭延闿年谱长编》中,大量辑录纯粹的私家撰述之《谭延闿日记》内容,虽然本身并没有带来新的事实资料,但却广泛尝试与“正史”档案材料相互佐证,如此编撰成书,必将有裨于对近代中国政治、社会风尚演变的了解和研究,也有助于对谭延闿本人作出恰如其分的评价。

二

次说《谭延闿文集》。在《谭延闿年谱长编》的编著中,刘建强教授非常留心与谱主有关资料,并非专为《谭延闿日记》内容进行整理,而是将谭延闿 1905 年至 1930 年撰写的内容丰富、真实可信的文字资料,涵盖奏折、咨呈、条陈、政论、专著、演说、谈话、函电、启事、题词、祝辞、祭文等,以年代为纲,按时间先后顺序,予以编排辑录。在笔者看来,这是促进档案史料运用的新方法,一种既体现谱主经历的连续性,又可以以此为线索,让读者看见谭延闿和他的同时代的人。

李肖聃(1881 年～1953 年,湖南长沙人)在其《谭延闿别传》中说,谭氏“诗有集流传人间,文则跋龙腴溪绂瑞所藏《湘贤遗墨》,简洁有致。”②后来又在甲申年(1944 年)著述的《星庐笔记》中,曾如是说:“武陵陈锐③刻《抱碧轩友朋函札》中,有谭(延闿)之尺牍。核其年,方十六耳。

① 参见刘建强编著:《谭延闿文集·论稿》(下),湘潭大学出版社 2014 年版,第 681 页。

② 李肖聃撰、喻岳衡校点:《李肖聃集》,岳麓书社 2008 年版,179～180 页。李肖聃此处所指的谭延闿文,笔者疑是指《题龙萸溪所藏先友手札》,写作时间是“壬戌十月十二日,灯下”,正式发表于《学海》1943 年第 7 期。另参见刘建强编著:《谭延闿年谱长编》,上海交通大学出版社 2021 年版,第 1369～1373 页。

③ 陈锐(1859 年～1922 年),字伯弢,一字伯涛,号褏(bào)碧,湖南武陵县(今常德市鼎城区)石公桥人。尝学诗于邓弥之王壬秋,雅好为词,追摹二晏周柳。

其天才绝高,故年未弱冠。即举优贡。使其不奔于宦途。而殚精于学问,其诣岂可量哉?遇世多故,遂令至此,仅得流声于墨藻。擅韵于诗章,谅非素志矣"①。此段评论,言谭氏能文,应不虚也。民国二十年(1931年)七月,《谭延闿手写诗册》影印出版,李肖聃阅后说,"册中佳句甚多"。这些佳句,在《谭延闿年谱长编》中,大都可以通过谭氏日记线索找到,这样就丰富了我们对其诗歌创作背景的了解,便于从更多的侧面来理解谭延闿。

例如,《过旧居》云:

小极偶然思旧事,孤行何意(间觅)得精庐。
房中久闷(罢)离鸾奏,厅事新为旋马除。
到眼楼台非故有,冥(伤)心环佩想来初。
天台再至真迷路,为问胡麻忆也无?

《三月三日作》云:

三十年前今日事,一时和泪到心头。
洞房帘箔春如旧(故),华屋山丘恨未休。
老去也知欢意尽,宵分无复梦痕留。
朱颜绿发谁长在,且向人间恣独游。

《宿旧闰有感》云:

房栊犹是当时旧,事往人亡剧可哀。
闵默自伤年荏苒,殷勤还似影徘徊。
明灯笑语情如昨,寒雨凄冷梦不来。
归旐(施)今宵溯湘水,知余欹枕坏城隈。

① 李肖聃撰、喻岳衡校点:《李肖聃集》,岳麓书社2008年版,第178~180页。

在《谭延闿年谱长编》的第 1228、1003、674 页,可知上述三首诗的写作时间和大致经过。《过旧居》作于 1927 年 2 月 16 日,此处旧居是指,在江西南昌的"顺直会馆,旧日八旗会馆,今七师师部"。《三月三日作》《宿旧闰有感》分别写于 1925 年和 1920 年。1918 年 6 月,谭延闿夫人方榕卿在上海病逝,年仅 36 岁。弥留之际,她留下遗言:请人转告夫君,希望自己死后他不要再找老婆了,专心养育他俩的孩子们。当时,谭延闿也不过只有 38 岁,正是人一生中最为年富力强之时,但他一直谨记妻子临终前的遗言。此后的每年三月初三,也就是与妻子的结婚纪念日那天,谭延闿都要写一首诗来悼念亡妻,后来又将历年的诗作精心编成一本《悼亡集》刊行于世。故李肖聃说,"以上各篇多追悼其配许夫人之诗,伉俪之情,形于歌咏,固性情深厚人矣"。[①] 不过,必须指出的是,可能辑录资料是从谭氏手札影印而来,辨识字迹或有不及当年读者(李肖聃)的情形,因此,笔者认为,在《谭延闿年谱长编》辑录的这三首诗中,以下括号内的 6 个字值得商榷,它们分别是:何意(间觅),闷(罢),冥(伤),旧(故),旐(施)。

科举时代,状元最为世俗所艳羡,所谓大魁天下也。谭延闿 7 岁开蒙,14 岁考中秀才,18 岁学使江标,举为丁酉科优贡。19 岁在广州"从南海人丁伯厚课时艺"。21 岁回长沙"从主讲城南书院的刘采九学时文",两年后中举。此时湖南学风大变,与江标在湖南以校经书院为基地,在那里设实学会,以新学考士,有莫大关系。1904 年,24 岁的谭延闿赴开封参加清代最后一次科举,得中甲辰科会元,"朝考列一等第一名",名重湖南。《谭延闿年谱长编》关于"课时艺"和"学时文"二段记叙虽简,但很重要。清季从改科考到废科举前十余年,取士标准已经鼓励新旧学兼通,1898 年府学考试试题已考策论,题目内容也与时政密切相关。而谭延闿能在广州和长沙二地,"课时艺"和"学时文"准备举业,说明谭家消息灵通,早与主流信息渠道同步。谭延闿也赶上了"通

① 李肖聃撰、喻岳衡校点:《李肖聃集》,岳麓书社 2008 年版,第 353 页。

洋务，晓西学"趋新大潮，他日后以高名取，可知实以"新学"中式。这一点，从《谭延闿年谱长编》悉数记载的科举试题和答卷①中，亦可看出。据说，甲辰科考试已改为"策论"，不用誊录。从笔迹就很容易地认出谭延闿的考卷，主考官张百熙在改卷时，"建议录取第一名"，于是，谭延闿成为甲辰会试第一名，俗称"会元"。但是这一传说，并不影响这位中国科举史上最后一位会元的文笔风采。例如，曹孟其就曾如是说"谭延闿会试之文，证据古今，议论条达，宜其冠冕多士"。②《中华民国名人传》的作者，亦认为谭氏"有文名，擅书法"，甚至认为，谭延闿在会试第五题中"大唱复仇之义"，"斯时已具有革命思想矣"。③

这部《谭延闿年谱长编》有一大特色，就是编著者十分留心谱主的文集收集，并在辑录时注明出处，这既是史家应有之德性，又于后世方

① 资料显示，那一年甲辰恩科会试顺应时势，废除八股，改考史论五道、时务策五道、经义三道。查谭氏答卷，缺时务策第五题：美国禁止华工，久成苛例，今届十年期满，亟宜援引公法，驳正原约，以期保护侨民策。以下是殿试试题：一、"世局日变，任事需才，学堂，警察，交涉，工艺诸政，皆非不学之人所能董理。将欲任以繁剧，必先扩其见闻，陶成之责，是在长官。顾各省设馆课吏，多属具文，上以诚求，下以伪应。宜筹良法，以振策之"。二、"汉唐以来兵制，以今日情势证之欤"。三、"古之理财，与各国之预算决算有异同否"。四、"士习之邪正，视乎教育之得失。古者司徒修明礼教，以选士，俊士，造士为任官之法。汉重明经，复设孝廉贤良诸科，其时贾董之徒最称渊茂。东汉之士以节义相高，论者或病其清议标榜，果定评欤。唐初文学最盛，中叶以后，干进者至有求知己与温卷之名，隆替盛衰之故，试探其原。……今欲使四海之内，邪忒不兴，正学日著，其道何之从？"《谭延闿年谱长编》第46页，据谭氏日记有如下记叙：7月4日入保和殿参加殿试。先生记述道："寅正起，雨甚，……冒雨入至中左门，凡会试名次属单数者左入，反是入中右门。湘人王仲蕃在左。辰正点名入，例当随读卷大臣谢恩及跪接题纸，以雨故免。题问察吏、强兵、理财、选士，皆极庸腐，稍整齐之，已正始写，至未正已毕。五半开，书甚劣，又前后大小不匀，甚懊恼，徘徊不愿复书，仅乃完卷，已申正矣。"先生感叹到"吾尝谓殿试犹强盗之斩首，女子之破瓜，皆一而不能再，虽误无可悔今日之事是已。"

② 曹孟其(1883年～1949年)，教育家。原名惠，字孟其，长沙人，曾任湖南都督府秘书、国民革命军前敌总指挥部秘书。后投入慈善教育事业，创湖南省孤儿院，任院长。参见李肖聃撰、喻岳衡校点：《李肖聃集》，岳麓书社2008年版，第519页

③ 贾逸君编：《民国名人传》(原名《中华民国名人传》，北平文化学社1937年刊行)，岳麓书社1993年版，第83页。

家之研究大有助益。文集资料主要来自两个方面,一是当时湖南和全国各大报刊争相登载的通电文稿。这些刊物主要有《时报》、《长沙日报》、《申报》、《民立报》、《民国日报》、《顺天时报》、《晨报》、《时事新报》、湖南《大公报》、湖南《国民日报》、《政治周报》、《政府公报》、《国民政府公报》等。二是后人收集整理档案文献,诸如《湖南文史资料选辑》、《湘路文电辑要》、《湘路危言》、《长沙抢米风潮资料汇编》、《汉冶萍公司档案史料选编》、《湖南矿业总会档案》、《革命文牍类编》、《黎副总统(元洪)政书(卷1～12)》、《熊希龄先生遗稿(1～3电稿)》、《熊希龄先生遗稿4》、《袁大总统书牍汇编》、《孙中山藏档选编》(辛亥革命前后)、《中华民国史档案资料汇编》、《广州国民政府档案》、《中华民国重要史料初编——对日抗战时期》、《南京临时政府遗存珍档(1～8)》、《近代史资料》、《北洋政府陆军部档案》、《湖南文献汇编》、《国民政府档案》、《国民政府行政院档案》、《国民政府工商部档案》等。在上述资料中,谭延闿撰写或签署的通电文稿最多,也最值得研究。

从清末粤汉铁路筹款到三次督湘,从追随孙中山到参加北伐事业,回望谭延闿在民国年代参与的各类大事件,皆离不开"通电"。[①] 笔者认为,这部《谭延闿年谱长编》的另一个重要特色,就是按时间顺序将谭氏各个时期的通电电文尽可能地予以辑录。这样,我们或可获得一个"庸庸有度"的谭延闿形象。袁世凯当临时大总统,他第一个通电全国,表示拥护;孙中山发动讨袁的"二次革命",他既按兵不动,又宣布"湖南独立示谕";讨袁失败,他不仅立即"取消独立布告",而且"为阻郭(人漳)入湘"多次致电中央,以示反对;黄兴、蔡锷去世,他通电倡议国葬;

① 通电通常由明码电报拍发,或是发给多个接收人,以众多的受众为目标,或是被刊登在报纸上广为人知。如果"通电全国",等于是要把犀利的电文,一口气发送给全国各大报馆机构以及全国重要政治人物。因此,电文内容必须十分考究。辛亥革命后,"通电"往往是民国精英们人物间的暗战博弈,随后又成为"二次革命"、"护国运动"和护法战争的"杀敌利器"。再往后,公开的通电,就是表演,给媒体和舆论看的表演。把其中学问用到极致的人,典型者莫过于吴佩孚。当代许多学者更有共识:通电是"公共的","不读通电,则民国无史矣"。

重新加入国民党后，他发出“奉命回湘声讨赵恒惕电”，请缨北伐……依据这些按年代和事件顺序而出现的电文，再参考有关材料，不难了解，从辛亥年到南京国府行政院长的十余年，谭延闿可谓是左冲右突，起伏不定，在那个风云变幻，时局板荡之际，他斡旋于各政治派别之间，从不获咎于人。他与人为善，休休有容，似乎哪个政党或派别都特别买他的面子，他成为各派系之间的缓冲地带，对各个阵营来说，他就是不可或缺的“融和剂”，所以，被时人称为“药中甘草”。以上这些，看着似乎负面满满，处世圆滑，其实，在那个“你方唱罢我登场”的乱世，这也体现了他为官为政的智慧。至少，保障了治下免受兵燹之苦，也使他成为各方都争取的对象，在全国势力的平衡中，湖南成为一个举足轻重的地方。

三

再说谭延闿的人际关系。研究历史人物的人际关系，最重要的资料有两种：一为日记，一为书信。在《谭延闿年谱长编》中，大量辑录了这两种均以手札形式留传于世的资料。其中，《谭延闿日记》由中华书局于2019年影印出版，其他大量手札信息，主要根据周秋光主编的《谭延闿集》而采辑。除一些收藏家或有提及的大量碑贴诗词集字集句联以及书信手札仍须征集外，《谭延闿年谱长编》所载，均来自最接近作品原貌的资料，故值此一观。例如，简叔乾（1884年～1961年）系谭延闿幕僚，谭氏与之有大量讨论诗词创造的通信，这些通信手札曾经以《谭延闿书燕京旧闻册》为书名，于1927年2月由中华书局出版并发行。①又如，谭延闿的作品《庐山诗卷》。《庐山诗卷》是谭氏1926年12月和1927年7月两次于庐山所作，共计25首，在《谭延闿年谱长编》中，均可以找到线索。

谭延闿早年也有青云之志，他的日记，与大多数传统中国读书人的

① 周秋光根据《谭延闿手札》将许多封谭延闿与简叔乾（简惕园1884年～1961年）的通信，在其《谭延闿集》中，误写为“致罗惕园函”。刘建强则在《谭延闿文集·论稿》引用时也没有更正，以至于《谭延闿年谱长编》中，仍沿用之。这里仅列《谭延闿年谱长编》书中部分出现讹误的页码，如第1049、1058、1070页，有待编著者日后更正。

日记一样,是有意写给人看的,故记载的内容和表述的观念,都不免有故意为之的痕迹。中岁以后,日记给人看的可能性日减,直抒胸臆的成分日增。更重要的是,游园、听戏、美食、临帖等余事之外,风流人物不断出场,实则饱含丰富的史学材料,值得细品和挖掘。与之相比,谭延闿手札往往是写给亲人或者是朋友的书信。在这本《谭延闿年谱长编》中,读者几乎随处都可以发现,谭延闿总是以题诗拟对作书为幸事,勤勉有加,孜孜不倦,赠人笔墨无数。

谭延闿的一生,与时偕行,转折颇多,不同阶段,有不同的人际关系。接下来,依《谭延闿年谱长编》,简要列举。

初以学董理明德校务,就开始与"坚苦真诚"的明德学堂人物如龙璋、龙绂瑞、胡元倓等认识,并知晓明德教员中的黄兴、吴绿贞、张断、周震鳞等革命派人士,抱同情的态度允经止学堂举行华兴会成立大会,与会者近百人。后以翰林庶吉士在湘举办新学,任长沙中路师范学堂(今湖南第一师范学校)监督,先后创办第一女子学堂,湖南中路公学,公立中等学堂,与张鹤龄、俞明颐、王先谦、俞蕃同、陆鸿逵、朱剑凡、俞浩庆、陈炳焕等故交,亦师亦友,公私两宜。

1906 年,清廷预备立宪,谭延闿积极响应,于次年(1907 年)在长沙与杨度、刘人熙、廖名缙、梁焕奎、范旭东、徐佛苏等多人组织成立湖南政治公会,率领湘省绅士上书朝廷请开议院和国会。又筹设湖南省谘议局,并选为议长,曾熙为副议长,重要成员有陈炳焕、刘润珩、罗杰、冯锡仁、易宗夔、汤鲁璠、唐右桢等。期间多次与曾熙等联名具呈岑春蓂,继而与王先谦联名粤汉铁路事宜,并为湘省铁路事又被举为代表入京,过武昌时,见湖广总督陈夔龙,到京城后,与张之洞交涉。期间还专程去奉天(沈阳),见过徐世昌。1909 年 5 月 31 日,熊希龄致电谭延闿介绍彭允彝、欧阳骏声、刘彦等。

1911 年 5 月至 10 月,谭延闿在北京《帝国报馆》和松筠庵等处活动,辛亥北行日记多有记载:"偕汝霖访枚长","同汝霖赴松筠庵","始识刘崇佑","见陈介石,浙江议长也","宁调元来,偕步至帝国报馆","雷奋、孟昭长(常)互相辩论","汤、梁诸人开审查会","是日并见杨廷栋”,“出至宪友会,见孙洪伊,乃赵曼仙招”,“赴中央教育会……,张元济任主席”,“至湖南馆开会,……最名者黄次如,龚枚初”。

武昌军兴,黎元洪出督鄂军,湖南响应。新军队长焦达峰、陈作新杀巡防统领黄忠浩,身任正副都督,立宪派不服,拟发动抗争,谭延闿力劝以大局为重。嗣立宪派人唐乾出面,主张军民分治,以延闿为民政部长,各司司长、次长有龙璋、左学谦、陈支玮、周可均、陈润霖、何衢、洪荣圻、刘武、仇毅、粟战时、陈安良、易宗羲等。未几,同盟会人谭人凤、曾杰等见军政部,参议院相继成立,大削都督之权。待湖南省都督焦达峰被杀,谭延闿继任都督,与之相关者有陈树藩(炳焕)、梅馨等。

从正式都督湖南到1920年第三次督湘失败以及沪上居住期间,谭延闿与之往来的人物,包括通电往来人物增多,择其重要者有老朋友黎元洪,同年张其煌,好友姜济寰(咏洪),以及谭人凤、陈其美、蔡锷、梁启超、李烈钧、唐绍仪、黄钺、赵风昌、宋教仁、杨昌济、杨德邻、程颂云(程潜)、赵恒惕、唐生智、陆荣廷、熊克武、张溥泉(继)、吴稚辉、蔡元培、章行严(士钊)、章太炎、石陶钧(醉六)、皮宗石、黄士衡、宾步程等。

1922年重新加入国民党后,谭延闿追随孙中山,并开始与共产党人交往,包括林祖涵(伯渠)、瞿秋白、徐特立、李富春、李六如、毛泽东、恽代英、彭泽民、董必武、李隆郅(立三)、方维夏、肖劲光、夏曦等。随后又与汪精卫合作,与蒋介石结盟,这一期间交往人物中,主要的胡汉民(展堂)、杨庶堪(沧白)、江孔殷(少泉)、仇鳌(亦山)、周震鳞、朱执信、古应芬、陈炯明、廖仲凯、何香凝、谭平山、邓演达、宋子文、宋美龄、傅秉常、孙哲生(科)、陈公博、李济深、李宗仁、徐谦、陈友仁、吴铁城、杨希闵、刘震寰、朱培德、何健、鲁涤平、李石曾等。

李肖聃曾说,“谭起世家,以翰林参军事。都督湖南,司令广州,主席国府,军府武人戢戢听其使令。谭亦广纳众流,……而相与安之。而故交老人,若汪诒书、徐崇立、陈毓睿、黎承礼、吕苾畴辈,皆依之以生”。①

---

① 李肖聃撰、喻岳衡校点:《李肖聃集》,岳麓书社2008年版,第519页。

上述曾与谭延闿多有交往的晚清民初人物,大致可分官界、政界、学界和益友四个方面,无论他们与谭延闿交往是短暂的,还是私谊是长久的,无论他们多么形形色色,各有各的故事,但他们都与谭延闿一样,同处一个正呈现一种中西杂陈、新旧并存的过渡现象的社会。因此,当我们去阅读《谭延闿年谱长编》,扑面而来的是谭延闿与他同时代人的交往,随时可见的其中人事之概略与大要,大之为晚清及民国史事拾遗补阙,小之亦可资美食及书画绮闻雅趣。他们中,有广闻能文之士,或曾为大府僚佐,参与密切;或交游广泛,熟知风云诡谲;或徜徉市井,采风听歌,洞晓民风;他们中,有故旧同门同乡,或革命有功勋,或立宪有人望,或失旧职伴食谭氏,有的实心任事,有的反戈一击,有的不避劳怨;他们中,或传统或现代,或激进或保守,或为政或为学,抑或两种趋时态度集于一身,皆让人印象深刻,留恋不止。

那是一个激烈变动大时代,就像有一中一西两辆对驶而过的火车经过,而谭延闿正处在两列火车对驶的交会区中。在这个交会区,产生了纷杂万状的思想变化,或如陶菊隐所说,"综观谭(延闿)的一生,由一个文人成为地方军阀。由君主立宪派变为国民党元老,忽'左'忽'右',忽汪忽蒋,堪称极尽翻云覆雨之能事"。① 抛开陶先生写作此文时可能有的特定话语不论,仅从思想矛盾与冲突来看,谭延闿仍属于他那个时代的交会区。随着时代脉络中的历史人物的地位不同,两列火车对驶的交会区域也会不断转换,历史人物思想复杂性的意义也随之转换。在这里,我想指出的是,通过建立谭延闿与他同时代的人际交往谱系,使我们在回头重新审视谭延闿思想轨迹时,或许又有了一些新的理解。因此,"从不同的方面或者视角来观察已知事实",正是刘建强教授编著的这本《谭延闿年谱长编》带给读者的阅读体验。除此之外,本文基于《谭延闿年谱长编》的观察还包括以下几个方面。

第一,《谭延闿年谱长编》是研究谭延闿以及相关人物和历史的最

---

① 陶菊隐:《记谭延闿》,载中国人民政治协商会议上海市委员会文史资料工作委员会编:《文史资料选辑》第5辑,上海人民出版社1979年版,第116页。

基本、最重要的史料。该书最大的优点是辑录的史料真实。历史人物的研究史料倘若“失真”“失实”,必然会导致对历史人物及相关历史研究的“失误”。古今无绝对的完人,有其长亦有其短。他人的或毁或誉,是否公道,自为另一问题。这部《谭延闿年谱长编》,大量谭氏日记和文集的辑录铺陈,或许是对谱主生平的全面记录。在本文作者看来,按时间先后顺序予以编排辑录,用更加流行的私家撰述,如日记书信中的内容与档案史料(文集)互相佐证,这正是尝试档案史料运用的一个新方法。不仅如此,细心的读者还可以发现,在这部《谭延闿年谱长编》中,编著者刻意使用《谭延闿日记》,记叙了一个常在不意间流露出书墨快意人生的谭延闿,其中牵涉其亲朋故交、军政同僚,多及当世名流。且《谭延闿日记》文字内容有其真情实感,遣词用典恰切。所记政局动荡,北洋裂变,督湘省治,国府行政,所谈京朝故事,沪上戏剧,诗词书法,美食甘饴皆成笔趣,正可补“正史”档案材料之不足。

第二,历史人物的研究不比别的,要更多的人能看,研究才有价值。作为国内顶尖研究谭延闿的学者,在《谭延闿年谱长编》中,一个可以观的谭延闿形象跃然纸上,离不开编著者理性客观地记录。这种总是运用客观的档案史料去佐证来自日记、笔记、自传、自述等主观史料的努力,必将有助于读者用最精细的理解力,获得对珍贵的第一手资料的愉悦体验和高超运用。谭延闿以世家子早居馆阁,以翰林参军事,以湖南议长参与革命,丰功伟绩,嘉言懿行,固然要尽量收入,他的缺失,与时人的批评,亦不遗漏,更不为之讳饰,即令是关于他的私人生活。他我行我素,动辄与人方便,在他是直道而行,在人则目为“圆滑”。他虽以诚待人,仍往往受人反噬。他之所以三次督湘,终不得安于湘省之位,不能久任国府主席,排挤倾轧构陷他的,除了他的侍从部下,曾经受过他的德惠的程潜、赵恒惕外,尚大有人在,此为他不能施展怀抱的重大原因。当年,“长沙姜济寰泳洪……常称谭延闿‘天远已无山可隔,潮来真见海横流’之句,以为奇绝,并举古诗之类此者相况,延闿大惊。”[①]在

① 参见李肖聃撰、喻岳衡校点:《李肖聃集》,岳麓书社 2008 年版,第 561 页。

作者看来,奇绝的是有了这部《谭延闿年谱长编》,之后于谭延闿研究,或许真的可以做到"天远已无山可隔,潮来真见海横流"。

第三,自来成功者之纪载,必流于文饰。而失败者之纪载,又每至淹没无传。这一现象,鲁迅也有一说法,大意是一个朝代越长,好人越多,朝代越短,奸雄越多。原因也是文饰。以此观之,由于谭延闿去世较早的缘故,以及时局的分化和分裂的原因,于是在一些重要的问题节点上,一些与谭延闿同时代的人,他们在追忆谭延闿或讲述有关谭延闿的事件经过时,剪裁去取掩饰皆有,给人留下的刻板印象相对较多,渐渐良史亦有不当的地方,受到了限制。加之,的确有许多历史人物的史料,不是秉笔之人所能亲眼看到的。这也是读者在阅读《谭延闿年谱长编》时,需要小心计及的地方。这部《谭延闿年谱长编》,意图建立《谭延闿日记》与《谭延闿文集》的各种各样的联系,预示着未来档案史料运用有了一种可能,诸如通过将纯粹外部的档案史料变成真正属于某历史人物和事件研究的核心材料。或许也只有这样,一种纯粹外部财富才可能变成真正属于我们自己的财富。

综上,《谭延闿年谱长编》,所记动关政史资料,治国闻者,所宜览观。与后世之氏所记共览,可见大凡矣。特作此文,以为推荐。

关于法史学学科定位的几点思考

高仰光*

[**摘要**]部门法学者常常将法史学“作为一种方法”。纵然这种观念为法史学立足于法学的内部提供了部分正当性，但是忽略了法史学的“自在性”，导致了法史学研究的“工具化”倾向。就“自在性”而言，法史学与法哲学存在一定的相似之处；而在此基础之上，法史学研究又可以进一步划分为若干类型，即法律文化比较、历史法学、历史社会学和古典学研究，它们在关注的问题和研究的进路方面存在诸多不同。法史学者应当对这些类型的产生背景有所了解，而后才能更准确地理解法史学的“自在性”。

[**关键词**]法史学；方法论学科；自在性；类型化

一、法史学与“方法论学科”

谈方法很重要。往大里说，一个新时代有异于前一个旧时代的精神革命往往就是从谈方法开始的。① 往小里说，谈方法有助于一个学科提升其认识论的深度，培育提出关键议题的能力，并使“可思性”由内向外萌发。然而，过度谈方法却并不健康。所谓的“过度”，是指把关于方法论的讨论摆在首要位置，用以取代对于具体议题的讨论。易言之，就是在脱离研究对象的前提之下抽象地、泛泛地讨论方法，甚至用特定的方法论来划定学科的边界，即通过“采用了何种方法”来判断某一项研究是不是属于这个学科。过度谈方法的危害主要在于它可能导致一个学科由原本目的明确的研究沦为一种“作为工具和手段”的研究，即转

---

* 高仰光，中国人民大学法学院副教授。

① 例如，英国的弗兰西斯·培根于1620年出版的《新工具》、法国的勒内·笛卡尔在1637年出版《谈谈方法》以及意大利的维柯于1725年出版的《新科学》都是具有划时代意义的伟大作品，它们的相似之处在于通过“谈方法”撼动经院式的认识论基础，树立以科学哲学为中心的新的价值观。

变为一个“方法论学科”。那么,什么是“方法论学科”呢?让我们先来看一看与法史学关系密切的知识领域。

(一)比较法学

毋庸置疑,比较法学是一个典型的“方法论学科”。多年以来萦绕于人们耳畔的“比较法学究竟是一种方法还是一个学科”的讨论终究未能得出一个确定的结论。原因在于,这根本就是一个伪问题,因为把“方法”与“学科”置于“要么……要么……”的相互对立的语境之下的做法本身就存在认识论上的谬误:两个不处在同一层面之上的事物不可能产生非此即彼的关系。比较法学最不应当陷入这样一个在可比性上存疑的伪问题的讨论之中。

须看到,比较法学在其诞生之初曾经背负着为人类建立统一的实证法体系的宏大目标,这使它获得了独立学科的地位。① 实际上,这个时代的比较法学更像是一个前景远大的、有待于实现的社会工程。然而,随着这个宏愿的落空,比较法学变成了一个观察全球化条件之下的法律差异的重要视角。国家主义的强化导致比较法学的进一步衰落,在冷战时代,它自身已被局限为一种辅助(ancillary)功能。② 在现有的学科建制之下,比较法学是一个以其在方法论上的特殊性而成立的学科。如果脱离比较的方法,那么这个学科的存在基础也就不复存在了。然而,比较的方法与比较法学科之间的逻辑关联是必要但非充分的:首先,人们无法承认一个“不进行比较的比较法学”,就像不能承认一个不能发声的喇叭是喇叭一样;其次,并非只要使用了比较的方法就一定专属于比较法学的范畴,就好像并非任何一个能够发声的物体都是喇叭一样。

我们可以看到,部门法研究常常针对不同区域国别的规范、制度、思想、文化、概念与术语进行比较,从研究对象的角度来看,这些研究当

① 参见[德]赖曼、[德]齐默尔曼:《牛津比较法手册》,高鸿钧、韩世远等译,北京大学出版社2019年版,第44~45页。

② 参见[德]赖曼、[德]齐默尔曼:《牛津比较法手册》,高鸿钧、韩世远等译,北京大学出版社2019年版,第49页。

然“首要地”属于相应部门法的领域;当然,由于较多地采用了比较的方法,那么这种研究也可以被“附带地”视为一种比较法学的研究。不难发现,比较法学似乎并不拥有排他性的研究领域。如果将比较的方法与具体的研究对象(或语境)相剥离,比较法学立即就变成了一座虚浮无根的“空中楼阁”。① 过度依赖方法导致“作为一个学科”的比较法学处于相当尴尬的境地:除了“何为比较”“如何比较”等多少带有一些神秘色彩的话题之外,②它几乎无法提出一个有助于推动自身理论发展的、具有学科专属性的关键议题,而不得不“附带地”潜藏于部门法议题的身后。与此同时,比较法学也不能就“什么是法”这一核心问题给出一个专属于本学科的答案。综上,比较法学的定位便只能是一个“作为工具和手段”的辅助性学科,也就是“方法论学科”。

有趣的是,人们常常把法史学与比较法学相提并论,原因在于,人们认为二者在功能上具有高度的相似性:比较法学是横向的、跨越空间的比较,法史学则是纵向的、跨越时间的比较;它们存在的意义都是为了现行法的自我塑造与发展提供外部的参考。③ 因此,作为法学与史学的交叉学科,法史学的意义在于“将历史作为一种方法”并且服务于“现行法的当下目的”。虽然说这并非毫无道理可言,但是这一见解的确抹煞了法史学在本体论上的重要价值。在某种程度上,片面强调将历史作为一种方法,也就是所谓的“历史工具论”,恰恰是一种“反历史”的表现。因此,法史学最不应当赞同这样一个与史学的内在品性④相违背

① 与比较法学类似,将规范解释的一般方法从具体应用场景中剥离开来之后形成的所谓“一般法教义学”或“一般法律论证理论”也饱受同等的诘难与批评,尽管它们从未以独立的学科自喻。

② 这些纯粹关于比较方法的探讨已经远离了法学的特质,而是更接近于认识论的哲学以及认知思维的科学。

③ 例如,法国学者卡博尔尼将比较法学连同法史学一并划分到“古典边缘学科”,与社会学、人类学、心理学、语言学以及法经济学等“新兴”的边缘学科相对。参见[德]赖曼、[德]齐默尔曼:《牛津比较法手册》,高鸿钧、韩世远等译,北京大学出版社2019年版,第50页。

④ 这里的“内在品性”主要是指史学的自在性。

的主张。

(二)法社会学

如果说还存在另外一种类型的“方法论学科”,那么法社会学就是其中最为显赫的代表。尽管从学科建制的意义上来说,法社会学并不算是一个独立的学科,但是它有着强烈的自我省察,以及相当清晰的领地意识。概言之,法社会学以一种“经验实证”的社会学研究方法为自身划定边界,并以社会中的“法的实效”来看待“什么是法”这一核心问题。[①]

不过,“以方法自立”的特征并没有呈现在法社会学的表面,因为它从一开始就为自身设定了一个明确的、独一无二的研究对象,即“社会中的法”(或法与社会的关系)。然而,针对这一研究对象,唯有通过经验实证的社会学研究方法切入讨论才能被法社会学所认可。也就是说,对于法社会学而言,只有可以被观察和描述的对象,即社会中的“事实”(fact),才是“可讨论的”。[②] 因此,“社会中的法”其实是依附于社会学研究方法而存在的,其自身并不具有自在性。进一步来说,社会学视野之中的“社会”本来就是观念的“构筑物”,是一个必须基于经验实证的社会学方法才能成就的概念;如果舍弃该方法,抽象地给出一个关于“社会”的先验的定义,并以其为出发点来构建社会理论的逻辑体系,那么社会学就免不了坠入让它最为厌弃的形而上学的陷阱。因此,“社会中的法”看似是一个独立的研究对象,实则它的存在仍然依赖于特定的研究方法。

法社会学可能会因为研究方法上的分歧而陷于内部分裂的局面。那些同样把“社会中的法”作为研究对象,却主要不是依赖经验实证的方法的研究,逐渐成为法社会学阵营之中较为另类和特异的存在。此种非经验实证的法社会学将自己称为“社会学法理学”或“社会理论法

① 参见[德]托马斯·莱塞尔:《法社会学导论》(第6版),高旭军等译,上海人民出版社2014年版,第6~9页。

② 法社会学可以被看作一个与以规范解释的方法为中心的狭义法学(法规范学)相对立的“法事实学”。

学”,以便与一般意义上的经验实证的法社会学相区别。但是,特异的法社会学面临一个亟待解释的问题,既然作为研究对象的“社会中的法”并不依赖经验实证的方法,那么它从哪里来?特异的法社会学身陷这样的困局,一方面,它试图把“社会”理解为“自在的”而非“人为构筑的”,以免除自证之苦;另一方面,它必须防止被扣上一顶形而上学的“帽子”,因而在理解诸如“社会”这种一般性概念的时候,特异的法社会学又要时刻抵制“抽象、先验”的诱惑,这导致它在方法论上处于一种介乎于经验实证与形而上学之间的特殊状态。尽管特异的法社会学已经尽其努力,但是这一研究进路还是难免被讽刺为通过塑造“社会神”实现其理论抱负的一种内容可变的“实用自然法”。① 因此,无论在何种意义上,法社会学都不可能割断其研究对象与特定研究方法之间的关联。

与比较法学相比,法社会学体现出较为明显的自主性:它不仅拥有专属于本学科的关于“什么是法”这一问题的看法,而且理论抱负十分明确,即通过把“法”更为宽泛地放在“社会”之中来弥补实证主义法学的缺憾,为自诩为“纯粹形式”的狭义法学注入更多实质性的内涵。不仅如此,从表面上来看,法社会学似乎并未强烈地依附于理论法学与部门法学既有的研究。但是,鉴于法社会学总是以一种“方法论反思”的姿态存在于现代法学的各个论域,因而它也不可避免地体现出一定的“附带性”。可以说,如果没有实证法学在各个论域既已提出的行之有效的主张,法社会学也就失去了讽刺和挖苦的对象。站在狭义法学的立场上看,法社会学也并不具有独立提出“法学问题”的能力,或者说,它所能独立提出的关键议题都不是“法学”的,而毋宁说是“社会学”的,这意味着法社会学只是社会学以其独特的方法论殖民于法学的一块田地而已。

---

① 参见邓正来为庞德的《法律史解释》所撰写的题为《社会学法理学中的“社会”神》的跋。[美]罗斯科·庞德:《法律史解释》,邓正来译,商务印书馆 2013 年版,第 294 页。

可以看到,这种兄弟学科将自身的方法论殖民于法学的例子还有很多个,其中之一便是法经济学,只不过法经济学比法社会学的应用场景要狭窄得多,这或许与现代经济学自身较强的封闭性有关。还有一个小型的"殖民者"是法人类学,它同样是将一个独立学科发展出来的独特方法论移植到法学之中,用以审视人类生活之中"涉及法律"的各种现象。我们不妨把它们称为"作为有助于观察法律的方法"的经济学或者人类学。当然,在这些体现方法论殖民特征的独立的研究领域之中,法社会学的声势最为壮大,它对于狭义法学产生的冲击也最为显著。

在一些学者看来,法史学与法社会学在学科性质上颇为类似,因为它们都站在外部视角观察法律,都试图建立非法学的话语体系,并以此为出发点对于现实中的法律加以解释或批判。莱塞尔甚至认为,法社会学与法史学的研究对象都是共同的,即"从法律角度分析社会化后所有人类生活的最普遍的特性",它们二者的区别只在于前者关注的是典型的、可重复的、一般性的人类社会行为,而后者则局限于一次性的、不可逆转的、不可一般化的观察过程。① 因此,尽管与法社会学相比显得更加老派,法史学也完全可以充当"方法论的殖民者",通过"将历史作为一种方法"来实现史学思维对于法学的影响。

然而,如果说法社会学是以经验实证的社会调查方法作为其标准的方法论,法经济学是以成本收益的量化计算作为其标准的方法论,那么对于法史学来说,什么才是标准的方法论呢?如果像年鉴学派所主张的那样,史学本身就可以是来自不同社会科学乃至自然科学的形形色色的方法论的试炼场,②那么法史学在观察"历史中的法"的时候就不可能像法社会学观察"社会中的法"那样仅凭借唯一确定的方法来达到唯一确定的目的。那么,如果说"社会中的法"是依赖于经验实证的方法论而存在,"历史中的法"与史学的方法论之间又保持着怎样的关

---

① 参见[德]托马斯·莱塞尔:《法社会学导论》(第6版),高旭军等译,上海人民出版社2014年版,第11页。

② 参见[英]彼得·伯克:《法国史学革命》,北京大学出版社2006年版,第1~6页。

联呢？笔者的观点是，“历史中的法”不依赖于任何方法论的存在而存在，因为历史本身具有自在性。

二、法史学的自在性

法史学既不是像比较法学那样的单纯地充当法学研究工具的“方法论学科”，也不像法社会学、法经济学那样，将兄弟学科的方法运用于法学领域，并借此对于狭义法学展开反思和批判的“方法论殖民”的学科，而是一个有独立研究对象和自主研究目的的学术领域。法史学是一个自在的学科，这是由历史以及史学的自在性所决定的。由于自在性的缘故，法史学在学科性质上与法哲学更加相近。

（一）史学本身的自在性

纵向地来看，自近代以来，包括政治学、经济学、法学、社会学在内的几乎所有的社会科学的分支学科都是从处于混沌状态的道德哲学之中渐次分离出来的，而史学则是孕育它们的共同的母体或土壤。因此，史学当然是自在的。可以认为，政治学、经济学、法学、社会学在它们最初形成的时期都仅仅作为一种“历史解释的方法”而存在的，它们均是近代知识体系分化的产物，因而“政治”“经济”“法律”“社会”这些领域均不同程度地有着人为建构的特征。这些社会学科的早期形态都是专门史，即政治史、经济史、法律史和社会史，这些与史学相关的新学科的出现为当时的人们认识制度的变迁发挥了极为重要的作用，并且为当时的人们建构其观念中的未来的社会秩序提供了极为重要的参照。这意味着，历史从来就不拘泥于单一的维度和方法，而是各个维度、各种方法得以施用的统一的场域。

横向地来看，法史学有着关于“什么是法”这一核心问题的独立见解，即主张“法”总是处于变动之中的，这样的观念构成法史学与各种类型的自然法、法社会学与实证主义法学的最为显著的差别。在法史学的论域之中，无论是从形而上学的、经验实证的、规范实证的视角出发，还是从别的视角出发，关于“法”的界定都可以被接受、被容纳；也就是说，法史学并不通过与某一个既存的立场或视角针锋相对而自证其存在的意义。其实,这种向前的、动态的、把注意力放在“变迁”“演进”之上的思维方式根本也算不上是一种确定的方法,这与我们不可能把自己的“成长”视为一种方法是一样的。

须看到,尽管我们能够从历史哲学与史学理论中寻得纷繁复杂的方法论主张,但是它们都不具备诸如社会学方法、经济学方法或人类学方法那样以应对现实问题为目的的方法论特征,而是一些关于如何看待过去与现在之间的关系,以及如何看待时间变动的意义的思辨性的主张,或是如何更有效地将过去发生的状况准确地呈现出来的纯粹技术性的建议。多元的方法论主张内植于史学,这使“谈方法”在史学的论域中具有必要性,因为如果讨论者们不能在方法上取得共识,那么围绕同一个话题的讨论就会向着各说各话的局面发展。反观之,像比较法学这样的真正意义上的方法论学科则根本不需要“谈方法”,因为方法只有固定一种,方法论的单一性使其没有方法选择的余地,讨论者们需要考虑的仅仅是如何才能更好地将该方法运用于具体的应用场景。

此外,作为孕育各种学科、思想和方法的母体,史学并不具有“殖民”于各个学科的可能。正如没有哪一个人会根据少时的“回忆”指引他正在历经的当下,史学也不可能“作为一种方法”而对于那些基于现实需求分化出来的近代学科加以实质上的指引。与此相反,历史总是以一种被动的姿态充当这些近代学科审视和解释的对象,使这些学科在审视和解释的过程中充分地发展它们自己。

事实上,与现实需求保持距离恰恰是近代以来的史学自证为“实证科学”的一个重要原因,假使史学真的变得积极、能动起来,凭借某种“法先王”的信念强迫将过去的经验作用于现实的秩序,随之而至的便只能是史学与法学的双重破产。应当看到,试图以“古为今用”的理念为史学赋予方法论上的积极意义其实是一种庸俗化的形而上学。这种理念仅停留于一种“看似很有道理”的层面,却使史学充其量只能在为现实进行正当化辩护的场合充当一种“乏味的修辞”。事实上,史学如果降低身段到这般地步,即只专注于为现实充当脚注,被现实牵着鼻子走,也就不再有任何自在性可言了。

（二）法史学与法哲学

法史学是一个具有自在性的学科，这是它与法哲学的相似之处。法哲学是关于“法是什么”这个问题的最深层次的思考，是所有形而上的、经验实证的、规范实证的以及此外其他所有可能的法观念的总体。法哲学不是任何“为了法”而存在的东西，而是因为“法”的存在而自然存在的东西；或者说，它所要揭示的根本就是法的存在本身。

法史学的自在性同样源于法的存在本身，就像每一个人都有他自己的小时候一样，人类的法律也经历过从无到有的变化，以及由简单变得复杂的过程；对于一个人来说，他所经历的所有的过往都共时地存在于当下的生活，因而任何国家的现行法也并非专属于当下，而是该国乃至人类所有法律记忆的叠加。当然，与法哲学相比，法史学的自在性更多地建立在具体的、物质的层面，而非抽象的、精神的层面。可以认为，法史学和法哲学的相似之处就在于它们都是以“法的存在”作为终极关注对象的自然而然的学科，也就是说它们并不依赖于比较法学、法社会学、法经济学、法人类学的存在而存在。事实上，任何成熟的近代学科，当然也包括法学，都必须认真地审视自身存在的哲学和历史基础。

须看到，现代法学从整体上成就于“去经验化”以及“去价值化”的思想实践，它尊奉实证主义的思想传统，在大多数语境之下仅仅把“法”视为一种纯粹的形式。形式当然是没有历史可言的，也是没有价值可言的；如果把历史和价值纳入“法”的概念，那么形式就不再是纯粹了，合法性（legality）将还原为正当性（legitimacy），“诸神的战争”将被重新唤起，“法”的统一性和确定性也将不复存在。换言之，只有当“法”是纯粹形式的，才能是中立的。这意味着，法史学和法哲学无法避免同时被一个具有“自我追溯”与“无限递归”的特征的现代法学的巨大身影遮蔽在身后。

因此，现代法学必须首先树立起对于历史的虚无主义的态度，以及对于价值的相对主义的态度，才有可能顺利切入现代法学知识体系的内部；在这一前提之下，现代法学可以借助比较法学或法社会学等“方法论学科”或直接或间接地找到现代法学在各个应用场景产生的所有问题的确定的答案。相比之下,法史学或法哲学不能发挥类似的功能,它们不仅提供不了确定的答案,反而会针对确定的答案提出质疑。

因此,法史学或法哲学只能扮演外在的、消极的角色,它们明确告知人们现代法学于当下展现出来的状态并不是“法的存在”的唯一可能,除此之外,它们便只能在自身领域之内发挥知识积累的功能。与比较法学、法社会学等“方法论学科”相比,法史学与法哲学更难融入现代法学的具体应用场景,它们旨在提出问题而非解答问题,因而对于现代法学的贡献是较少的,其存在感也是较低的。当然,法史学与法哲学并不会因此而消亡,因为它们具有自在性。只要法学没有消失,关于“法”的历史探究和哲学思考就不会终止。

三、法史学曾经的几种类型

法史学自18世纪被开辟为一个独立的研究领域,其边界至19世纪变得清晰起来,最终形成了一个以“历史中的法”作为研究对象的专门学科。不过,鉴于其秉承的研究宗旨——在不同国别及不同流派的学者之间——存在较大的差异,法史学可能内植不同的理论抱负,服务于不同的现实目的,进而呈现不同的类型:一是以孟德斯鸠为代表的,以法律文化比较为目的的法律史研究;二是以萨维尼为代表的,其目的在于搭建私法概念体系的法律史研究;三是以梅因为代表的一种近似于历史社会学的法律史研究;四是以蒙森为代表的几乎纯粹处于法学外部的古典学研究。

(一)法律文化比较

孟德斯鸠在1748年出版的《论法的精神》通常不被当成一部法史学的著作,而是一部强烈地体现启蒙主义精神的哲理性的作品。但是就这本书的内容来说,关于古代政治制度和法律制度的描述和评价无处不在。鉴于这本书主张通过判断制度优劣来预见大国兴衰,因而它也是第一部系统讨论“历史中的法”的学术作品。某种程度上,孟德斯鸠依然延续着近代早期人文主义者表露其思想的传统技能,试图通过历史写作来说明当下政治的利弊得失。在这一方面,15世纪的马基雅维利和圭恰迪尼是当之无愧的先师。其中马基雅维利笔下的《论李维》《佛罗伦萨史》在表面上显现为史论的面貌，骨子里却是不折不扣的政论文章；而圭恰迪尼则因为撰写了著名的《意大利史》而被兰克列为“近代史家”的序列，①但是这部作品同样被研究政治哲学的学者们高度关注，因为其字里行间流露出一种被他自己概括为“国家理由”（Ragione di Stato）的前所未见的思想观念。

与同时代的大多数知识分子一样，孟德斯鸠并未跳出人文主义的写作传统，他本人也并不是作为某一个相对封闭的学术领域的专家而存在的。早在《论法的精神》一书问世之前，孟德斯鸠曾匿名出版《罗马盛衰原因论》（1734年）。这是一部篇幅短小的政论文章，其目的在于揭示君主政体之恶，②而《论法的精神》则是对该书写作范围的进一步扩张，试图将同一主旨的讨论延伸到更广阔的时空，尤其是将陌生的东方帝国纳入既有的制度比较，以便论证“专制因为阻碍自由而必将导致衰败”的这一道理是“放之四海而皆准”的。且无论孟德斯鸠这一系列作品希望彰显的哲理性内涵，他将法律作为人类文明的“核心议题”，并在此基础上展开跨时空的、跨文化区域的比较，这一做法同时为法史学和比较法学开拓了发展的空间。当然，孟德斯鸠在援引历史材料方面存在先天不足，此外，为了迎合批判现实的需要，他在史料解读方面也不免信口开河；③不过，在后世学者看来，孟德斯鸠的这些缺陷反而为以“历史中的法”为观察对象的科学研究提供了自我完善的机缘。历史中的法究竟是怎样的？这开始成为一个吸引越来越多的关注的重要问题。

---

① 兰克并未把马基雅维利当成严格意义上的史学家，这或许是因为马基雅维利在其言语表达中对于现实的关注过于露骨。参见［德］利奥波德·冯·兰克：《近代史家批判》，孙立新译，北京大学出版社2016年版，第iii页。

② “因此，我们与其把《罗马盛衰原因论》看作一本历史著作，毋宁把它看作一本政治论著更为切合该书的性质和作者的原意。”参见［法］孟德斯鸠：《罗马盛衰原因论》，婉玲译，商务印书馆1962年版，“出版说明”第1页。

③ 参见［美］朱迪·斯克拉：《孟德斯鸠》，李连江译，中国政法大学出版社2018年版，第165页。

(二)历史法学

说到法史学,我们通常在第一时间就想起19世纪德意志的历史法学派,特别是其代表人物萨维尼。我们甚至已经形成了一种错觉,那就是把历史法学派等同于现代学科意义上的法史学。须看到,历史法学是在批判17～18世纪古典自然法观念的基础之上孕育而生的新思潮,它为了反对形而上学而选择诉诸经验;但是与此同时,历史法学却并不忠实于经验本身,也并不拘泥于具体的语境,而是根据现实的需要,对古代法律的素材进行抽取和提纯,将其中的内容浓缩、改造成为一个个抽象的概念,进而搭建起外部严整、内在和谐的规范体系。某种程度上,历史法学的理论抱负与它所反对的自然法并没有本质的区别,但它建立在一个全新的认识论基础之上,把关于人性的空泛讨论转换为对于历史素材的剪切和加工,并由此获得了"脚踏实地"的历史评价。可以说,历史法学在欧洲法学史上第二次完成了"以史代经"的转换,这一过程或多或少类似于近代早期人文主义法学对于"经院哲学"笼罩之下的注释法学传统的反叛。

尽管历史法学再一次将法学与史学的研究紧密地关联在了一起,但是历史法学所关注的对象与其说是"历史中的法",毋宁说仍是"现实中的法",尤其是作用于现实的"应然的法"。萨维尼在1840年至1849年之间出版的《当代罗马法体系》非常鲜明地体现了这种运用历史塑造现实的主张。因此,庞德把自然法学与1875年之前的历史法学归并在法律的"伦理解释"的分类中,并认为萨维尼时代的历史法学是古典自然法的一种变形和延续,是颇有见地的。① 历史法学对于现代法学的贡献无疑是巨大的,因为它借助古代法律的素材第一次发展出了现代的"教义化"的法学方法论,但是它对于史学的发展几乎没有产生实质影响,因为历史法学奉行一种为了迎合现实而穿凿附会的工具性的历史哲学——这或许可以被贴上一个类似于"辉格史学"的标签——并不符

① 庞德认为1875年之后的历史法学开始转向"政治解释"。参见[美]罗斯科·庞德:《法律史解释》,邓正来译,商务印书馆2013年版,第51页。

合现代史学将自身定位于一门“科学”的基本立场。早期历史法学的代表人物大都不是真正意义上的史学家。

我们应当看到,历史法学对于德国现代法的理论与实践产生了塑成性的影响,但是它在19世纪末的迅速衰败似乎昭示了其命运的偶然性与局限性。历史法学在德国营造出一种独特的、栖居于法教义学之下的法律史,或者说内化于狭义法学的法律史。事实上,这种意义上的法律史研究在德意志之外的地区几乎派不上用场,而在德意志第二帝国建立之后也就因为实证法体系的形成迅速失去了用武之地。历史法学所提出的“回到历史”去寻找法规范的主张显然难以适用于大规模移植德国法的东亚国家,因为“欧洲的历史”恐怕很难像“人类的自然”那样易于满足法律对于普遍主义的需求。

(三)历史社会学

作为19世纪公认的法史学家,亨利·梅因从来都没有德意志历史法学那种利用历史素材搭建规范体系的宏愿,这与英国法对于体系性一贯缺乏热情有关,也与梅因观察法律史的初衷有关:他更关心的是“法律演进”这件事,即希望通过观察“历史中的法”寻找法律发展的一般规律,并且希望寻找不同文化区域的法律之间的“共相”。梅因是社会领域的达尔文主义者,或可以说是现今被称为“历史社会学”的研究领域的早期开拓者。

梅因的成名之作《古代法》(1861年)其实与西美尔的《宗教社会学》一类的论著在性质上更为接近,只不过西美尔选择观察的对象是作为社会子领域的宗教,而梅因选择观察的对象是作为社会子领域的法律。毋庸讳言,梅因同样奉行一种工具性的历史哲学,因为他也希望从法律史的研究之中得出一系列能够用于解释和引导现实的理论命题,只不过他的方法不是从某些抽象概念出发的“演绎”,而是对于丰富杂多的经验的“归纳”。

梅因与以萨维尼为代表的历史法学显然并不处于同一个频道之上,严格意义上来说,他并不能算是一个法学家。不仅如此,与同样关注古代社会与古代法律的法国学者库朗热相比,梅因做研究的路数也并不是史学的,而是更接近于社会学。因此,梅因也并不能算是一个史学家。尽管梅因在法学和史学这两个领域都称不上专家,但是他将法律与历史紧密地结合起来,开创了一种关于法史学研究的新范式,即把"历史中的法"作为一个观察社会变迁的重要窗口,通过归纳出一般性的理论来解释和引导社会现实。而与百年之前的孟德斯鸠相比,梅因没有在研究成果之中裹挟那么鲜明的政治倾向,他运用的研究方法更为科学,并且其研究宗旨也是学术的,而非对于某种时代精神的宣扬。跨越时空的文化比较在梅因这里转化为寻求法律变迁的一般规律的有效方法。

作为一个重要的先例,梅因关于法律史的研究影响到后来两条思想脉络的发展,一是以马林诺夫斯基为代表的将人类学方法引入法律变迁研究的一支思想脉络。二是以马克斯·韦伯为代表的将历史社会学的讨论从法律拓展到更为开阔的领域的一支思想脉络。当然,在现代学科建制之下,我们并不会把他们单纯地看作法史学的研究者。

(四)古典学

对于大多数法史学的研究者来说,特奥多尔·蒙森可能是一个相当陌生的名字,因为后人更倾向于把他当作一位纯粹的史学家,或古典学的研究者,而非法律史的研究者,这正与萨维尼的学生雅各布·格林在撰写并发表了颇多关于法律史的作品之后却被贴上了民俗学家、语言学家的标签如出一辙。蒙森出身于法学专业,其学术创作深受历史法学派的影响,他撰写的《罗马国家法》(1888年)和《罗马刑法》(1899年)都带有历史法学的印记,而这两部关于罗马公法的著作也是典型的法史学作品。①

然而,蒙森的治学理念与同时代那些散发着强烈的"法学气质"的历史法学派的学者(如基尔克)存在本质上的不同,因为他在自己的研究之中绝不带有过多的对于现行法的关怀。蒙森最为关心的,并且唯

① "罗马国家法"这一术语就是蒙森根据19世纪德国公法学之中的流行词汇"国家学"(Staatslehre)对于古典学中既有的概念"罗马政制"所做的改造。这个例子说明蒙森是一个具备法学思维的历史学家。

一关心的，便只有“历史真实中的罗马法是什么”这个问题。为了解答这个问题，除罗马公法之外，蒙森还在铭文学、钱币学、罗马编年史和罗马通史方面做了诸多深入的研究。可以说，蒙森对于罗马法的兴趣从没超出过学术研究本身。不仅如此，蒙森在其晚年的学术创作之中十分厌恶那种借助历史抒发个人政治见解的孟德斯鸠式的做法，而是相当坚决地转向了兰克式的科学实证的历史写作方法，这导致他晚年撰写的著作十分枯燥无味，看起来更像是为专业人员提供研究辅助的辞书和字典。不过，蒙森最大的贡献也正在于此，因为他几乎以一己之力把人们对于罗马公法的认识安置在文献或实物证据的基础之上了。蒙森奉行的实证主义史观深刻地影响到20世纪德国的法史学者，这导致很多法史学者自身都是很好的古典学研究者，弗朗茨·维亚克尔便是这其中较为杰出的代表。①

四、简单的结论

以上是对法史学曾经的几个类型的不完全列举。我们很难断言其中哪一个类型才是真正“正宗”的法史学，以及哪一个类型比其他的类型更为优越、更为先进。我们也无法断言，哪一种立场和方法只能为法史学所专有，哪一种立场和方法绝对不能为法史学所享有，以及这些立场和方法一定能或一定不能混搭。这些问题根本没有答案，讨论这些问题也没有意义。

我们可以断言的是，法史学是以“历史中的法”作为研究对象的学科，这也是法史学作为一个独立学科的自主性的唯一来源。我们还可以断言，对于法史学而言，脱离研究对象抽象地谈论立场和方法本身没有太大的价值。当我们本着求知的学术态度认真地审视“历史中的法”的时候，具体站在什么立场之上以及采用何种方法推进我们的研究，都

① 《近代私法史》是弗朗茨·维亚克尔以其法学家身份完成的法律史著作，而他本人还撰写过诸多考据性的、带有较为纯粹的史学气质的法律史作品，例如，1960年出版的《古典法学家之文本分层研究》，就几乎没有对于现行法的关怀。参见［英］罗伯茨、［英］T. C. 斯基特：《册子本起源考》，高峰枫译，北京大学出版社2015年版，第3页。

是因人而异的,也就是因研究者的兴趣和能力而异的,同时也都是因研究对象的个别状况和潜在的学术史语境而异的。当然,这并不意味着所有的立场和方法都可以适用于同一项研究并发挥同等的效用。事实上,如何选定一个值得研究的具体问题,如何判断立场是否正确,如何选择适切的方法,本身就是研究者的知识积累、学术洞见、思维深度和表达能力的综合体现。最后需要强调的是,对于法史学来说,谈方法当然很重要,但方法终须跟着问题走、跟着材料走、跟着具体的研究对象走,而绝不应是孤悬于事外的议题。

专题论文

《国法大全》形成的十大基本动因

冯曙霞*

[**摘要**]《国法大全》是一部具有世界意义的辉煌法典,是延绵千余载罗马法集大成的巅峰之作,是罗马人对人类法律文明最卓越的历史贡献,也是公元6世纪东罗马皇帝查士丁尼统治时期政治、经济、文化等所致的历史必然。时至今日,其还以强大的魅力普遍地影响着世界,以此为基础而形成的大陆法系被誉为"执世界五大法系之牛耳"的一大"活的法系"。那么,《国法大全》究竟是如何诞生的?又是什么成就了这样一部鸿篇巨作?无疑仍然是值得我们今天学习探讨的一个重要而有价值的问题。

[**关键词**]国法大全;形成;动因

引 言

《国法大全》是人类社会的文化瑰宝,是延绵千余载罗马法的集大成者和最高成就,《国法大全》的横空出世,从公元528年2月查士丁尼下令编纂其开篇之作的《查士丁尼法典》开始,到《国法大全》的精华基础之作——《学说汇纂》和《法学阶梯》于公元533年年底的编成颁行,只用了不足6年的时间。后来《国法大全》的收官之作,《查士丁尼新律》的汇编问世,标志着《国法大全》的编纂大功告成,后世学者所称的罗马法主要指查士丁尼的《国法大全》。所有这些,"不仅是罗马法学之树结成的果实得以收获、罗马法律得以传至后世的一个关键性步骤,也是古代法律发展史上的一大壮举。"①后来,"随着罗马帝国的灭亡,罗马法失去了国家法律效力。然而,它作为人类重要文化遗产之一,仍然

---

* 冯曙霞,河南财经政法大学教授。

① 何勤华:《法律文化史论》,法律出版社1998年版,第61~62页。

以其强大的魅力,影响着世界法制史发展的进程。”[①]

到了19世纪,无论是1804年的《法国民法典》,还是1896年的《德国民法典》,皆以《国法大全》为蓝本制成。以此为基础,“俨然形成一种执世界五大法系牛耳的罗马法系,”[②]即大陆法系,或民法法系。进入20世纪,清末变法修律以来罗马法传入中国,从1911年中国历史上第一部民法典《大清民律草案》,到1931年南京国民政府的《中华民国民法》,直至中国改革开放以来1986年的《中华人民共和国民法通则》、2020年的《中华人民共和国民法典》,苏联1922年的《苏俄民法典》,以及世界上其他不少国家和地区的民事立法,仍然借鉴了《国法大全》的概念、术语、制度和原则。因为罗马法是“商品生产者社会的第一个世界性法律”[③],“以致一切后来的法律都不能对它作任何实质性的修改”。[④]《国法大全》不但汇集了罗马法的精华,代表着罗马法发展的最高成就,而且对后世的法律及法学等,具有历史性和世界性的影响和意义。

然而,至于作为罗马人造就的罗马法制史上最壮丽的丰碑《国法大全》是如何诞生的?学界从宏观上予以探讨的研究还不多见。总的来说,《国法大全》既是当时社会现实的迫切所需,又是罗马法的长期积累,以及当时杰出人物的发起、推动等因素所致的历史必然。那么,如何对这一问题进行研究?研究这一问题有何现实意义?正如伟大的无产阶级革命导师列宁所说:“最可靠、最必要、最重要的就是不要忘记基本的历史联系,考察每一个问题都要看某种现象在历史上是怎样产生的,发展中经过了哪些主要阶段,并根据它的这种发展考察这一事物现

① 林榕年:《罗马法的接受和影响》,载杨振山、[意]桑德罗·斯奇巴尼主编:《罗马法·中国法与民法法典化》,中国政法大学出版社1972年版,第62页。

② 陈朝壁:《罗马法的历史地位和借鉴作用》,载《厦门大学学报(哲学社会科学版)》1979年第5期。

③ 《马克思恩格斯选集》(第4卷),人民出版社1995年版,第248页。

④ 《马克思恩格斯全集》(第21卷),人民出版社1972年版,第454页。

在是怎样的。”[①]的确,《国法大全》的形成并非一日之功,而是罗马法一千余年不断发展的总结和结晶。所以,为了更好地理解把握《国法大全》形成的基本动因及现代价值,必须到罗马法的历史长河中追寻其真正的历史答案。

《国法大全》形成的基本动因

(一)政治统治的治理所需

法律从来就是国家统治的重要工具,对于国家的治理不可或缺,罗马法自身发展为完备的《国法大全》,《国法大全》的制定,正是东罗马帝国皇帝查士丁尼登基以后,看到奴隶制命运岌岌可危,一方面发动对西方的战争,以图重振罗马帝国的声威;另一方面对罗马法进行系统的整理和编纂,以维系其政权的稳定统治。作为集罗马法之大成的巅峰之作《国法大全》,正是随着古罗马社会阶级和国家政权统治的产生和发展,历经千余年而最终成为罗马法最高成就的代表而横空出世的。

传说公元前 8 世纪,罗慕路斯初建罗马城并为第一个王,开始了罗马的王政时期(公元前 8 世纪 ~ 前 6 世纪),当时的社会管理组织有“库里亚”会议、氏族长老组成的元老院和王,而调整人们行为规则的是长期以来形成的大家共同遵守的习惯。到公元前 6 世纪,罗马第六位王塞尔维乌斯·图利乌斯进行改革,按照公民财产的多少将罗马公民分成 5 个等级,并以新建立的地域部落代替原始的氏族部落,这次改革是一场深刻的政治革命,是罗马原始公社制瓦解、奴隶制国家形成的标志。这一时期古罗马主要适用古老的氏族习惯和社会通行的各种惯例,至王政后期国家最后形成时,逐渐演变为习惯法。

随着罗马国家的形成,为适应奴隶制阶级统治的需要,保护奴隶主阶级利益的法律应运而生,并且随着历史的变迁经历了相应的发展演变过程。共和国前期(公元前 6 世纪 ~ 前 3 世纪),随着奴隶制经济的发展、阶级矛盾的激化以及平民与贵族斗争的展开,那种由贵族垄断立

① 《列宁选集》(第 4 卷),人民出版社 1995 年版,第 26 页。

法与司法权力、任意解释习惯法的局面再也维持不下去了,制定颁布成文法已成历史的必然。因此,为了维护当时统治的需要,统治者成立十人立法委员会到希腊考察梭伦立法并搜集其他法律资料,后于公元前 451 年制定法律十表,公布于罗马广场。但是平民仍然不满,统治者又制定两表作为补充,合称《十二表法》。这一立法是对罗马早期习惯法的总结,反映了当时罗马的社会现实,是平民斗争的胜利成果,成为罗马法发展史上的第一个里程碑。

到了共和国后期(公元前 3 世纪 ~ 前 1 世纪),对外征服战争的胜利使罗马帝国的版图日益扩大,致使罗马成为横跨欧、亚、非的奴隶制大帝国。"随着罗马世界帝国政治统治地位的确立,'武力 + 法治'成为罗马历代统治者治理国家巩固统一的两个重要手段,罗马法的成长与发展显著加快,最终发展至完善阶段。"①因为,在庞大的帝国之中,统治者和被统治者、征服者和被征服者、奴隶主和奴隶、罗马公民和非罗马公民等阶级矛盾和民族矛盾异常尖锐,错综复杂,严重影响了罗马政权的统治。同时,也由于经济生活的日益发展和复杂化,使罗马国家固有的法律,也即墨守成规的市民法已经无法满足当时形势的需要。公元前 367 年,罗马设置内事最高裁判官,通过审判实践和颁布告示,补充和修改了市民法。到共和国末期,经过长期积累,这种告示又形成了体现"公平合理"原则又不拘泥于形式、更具灵活性的"最高裁判官法"。

随着外来自由民的不断增多,仅适用于罗马公民的市民法显然无法满足当时新出现的法律关系和外来人等的需要,为此,又形成了"各民族共有"的法律万民法。与市民法相比,万民法的内容、形式更加符合统治阶级的需要。从公元 3 世纪开始,罗马帝国日趋衰落,伴随着奴隶制经济危机而来的是政治危机,许多行省相继爆发奴隶起义,又遭到外族入侵的威胁,鉴于奴隶制社会日趋瓦解的局面,统治者迫切要求将反映本阶级意志的现行法律用特定的形式巩固下来,以便维护摇摇欲坠的帝国统治。为此,罗马帝国后期进行了法典汇编工作。最初,由个

① 叶秋华:《外国法制史论》,中国法制出版社 2000 年版,第 205 页。

别法学家编纂皇帝的敕令,后至狄奥多西二世时(403 年～455 年在位),又颁布了第一部官方的罗马皇帝敕令汇编《狄奥多西法典》。到东罗马皇帝查士丁尼登基以后,国内矛盾仍异常激烈,尤其是公元 532 年的尼卡暴乱,暴徒一度焚烧君士坦丁堡并试图废黜查士丁尼皇帝。因此,以国家统治的重要工具法律维护其政权统治显得尤为必要,十分迫切。

查士丁尼在位期间(527 年～565 年),为了强化君主专制统治,规范社会各阶层的行为,查士丁尼意识到确立完善的法律体系、编纂法典对于完善国家体制、缓和社会矛盾、巩固皇权地位尤为重要。因此,他顺应时势的需要,主持编纂了《国法大全》这一鸿篇巨制,这一法典既是维系和稳定帝国统治的工具,需要政权统治作后盾和保障,也是罗马人对人类法律文明最卓越的历史贡献。

(二)社会经济的迅速发展

罗马法之所以成为高度发达的奴隶制法,是与当时罗马社会的经济状况密切联系的。因为,经济基础决定上层建筑,罗马法作为人类社会早期市场经济的经典法律,既是社会经济迅速发展的反映和产物,也随着市场经济的需要而产生和发展。同时,也适应了市场经济的需要,促进了市场经济的发展。因此,罗马法被恩格斯誉为“商品生产者社会的第一个世界性法律”。[①] 它确定了简单商品所有者的一切本质的法律关系,如买主和卖主、债权人和债务人、契约、债务等。“无可置疑,罗马国家奴隶制商品经济的高度发展,正是促成其法律与法学发达完善的最根本原因。”[②]更为具体的来说,有商品的生产、交换和消费,就要有贸易和市场,有贸易市场,就需要有维护市场贸易秩序的法律,罗马法就是随着市场贸易的不断发展扩大而逐步成熟完备的,《国法大全》即为罗马法的典型代表集大成之作。

罗马共和国前期(公元前 6 世纪～前 3 世纪),罗马农业经济占主

① 《马克思恩格斯选集》(第 4 卷),人民出版社 1995 年版,第 248 页。

② 叶秋华:《外国法制史论》,中国法制出版社 2000 年版,第 229 页。

导地位,手工业、商业也相对发展。因此,出现了集市贸易,这时的法律同城邦狭小、经济生活简朴相适应,法律已重视财产的转移和财产的归属权利。如著名的《十二铜表法》包括传唤、审理、执行、家长权、继承、监护、所有权、占有等诸法合体的内容中,明确调整的绝大部分属民事财产经济方面的关系。正如我国研究罗马法的大家周枏先生所说:"《十二铜表法》不是在某一个早晨创造出来的,它是古罗马早期习惯法的结晶,是历史发展的产物,是受压迫的平民经过无数次斗争的胜利成果,反映了当时的社会经济现实。"①

到了共和国后期(公元前3世纪~前1世纪),罗马对外的征服使国家的版图日益扩大,最终成为地跨欧、亚、非的大帝国。随着奴隶制经济的发展,商人阶层和商业城市的出现,众多手工业部门的形成,市场范围的扩大,多样化的贸易关系等,这些都促使市民法的进一步补充完善。后来,随着海上贸易的发展,罗马人同其他民族的商业往来不断增多,罗马市民法无法适应社会经济发展的需要。因为,市民法只对罗马公民赋予法律权利并予以法律保护,其内容主要是行政管理、国家机关及一部分诉讼程序的问题,财产方面的内容不多。所以,为解决异邦人和被征服地区人内部以及与罗马居民之间的权利义务关系,公元前242年,罗马又设立外事最高裁判官,专门处理这类情况的案件。内事裁判官和外事裁判官处理的案件,大量属于财产经济方面的纠纷。为此,产生了能够处理多种经济纠纷的程式诉讼制度,形成了实用、简明、方便、灵活的万民法。万民法的内容绝大部分属于调整财产关系的规定,特别注重所有权关系和债的关系的调整。"万民法产生的社会经济基础是罗马奴隶制商品经济的繁荣,而罗马经济的繁荣是以国际贸易为中心的。在贸易往来中,双方合意与诚实信用是决定性的因素。因此,契约关系是商品经济条件下最基本的法律关系,契约的本质属性要求契约主体之间处于一种平等的地位。"②万民法正是体现这种平等的

① 周枏:《罗马法原论》(上),商务印书馆1994年版,第43页。

② 郭成伟:《外国法系精神》,中国政法大学出版社2001年版,第249页。

法律关系的调整规范,而且万民法比市民法更加灵活,更加适应罗马奴隶制经济的发展和统治阶级的利益,两者逐渐接近最终走向统一。

公元前1世纪,罗马进入帝国时期,经济空前繁荣,市场经济关系纷繁复杂,包括买卖、借贷、投资、雇佣、代理、信托等资本主义初期的经济法律关系基本都出现了。所有这些,都需要相应的法律原则和法律关系进行规定和调整。“也正是在这种经济条件下,才有可能有的放矢地将商品经济中最本质的关系作了规定,使具有相同经济关系的后世国家能够继承。”①事实正是如此,这时的罗马法,“物权法和债法已经完备,对市场经济一切本质的法律关系几乎都有了详细的规定,对当时纷繁复杂的经济关系和民商事流转形式都有所反映”。②

东罗马帝国是罗马法发展的最后阶段,西罗马衰落后,东部商业仍然兴盛,市场经济继续繁荣,特别是公元6世纪时,东罗马帝国的东方贸易迅速发展。到查士丁尼时,查士丁尼重视海上贸易,大力发展海上势力,打通海上贸易通路。因此,编纂《国法大全》满足当时经济发展的需要成为历史的使然。

总的来说,“罗马法是建立在简单商品生产基础之上的最完备的法律体系,它对简单商品生产的一切重要关系如买卖、借贷等契约以及财产关系都有非常详细和明确的规定,‘以致一切后来的法律都不能对它作任何实质性的修改’,③成为后世立法的基础。”④作为代表罗马法的辉煌之作的《国法大全》自当如上所述,一语中的。

(三)自然法的引领指导

所谓自然法,优士丁尼《法学阶梯》定义为:“自然法是自然教授给所有动物的法律。事实上,这一法律不是人类专有的,而是所有诞生在

① 叶秋华:《外国法制史论》,中国法制出版社2000年版,第229页。

② 吴文翰:《罗马法——早期市场经济的经典法律》,载杨振山、[意]桑德罗·斯奇巴尼主编:《罗马法·中国法与民法法典化》,中国政法大学出版社1995年版,第40页。

③ 《马克思恩格斯全集》(第21卷),人民出版社1972年版,第454页。

④ 夏新华主编:《外国法制史》,厦门大学出版社2012年版,第74页。

天空、陆地或海洋的动物的。”①可见,自然法就是关于大自然的法律,也就是自然的客观规律所产生的统一秩序。亚里士多德(公元前384年~前322年)将法律分为自然法和人定法。自然法是反映自然存在秩序的法,人定法(制定法)是由统治者制定的法;自然法是永久不变的,制定法是变化不定的;自然法又高于人定法,是制定人定法的依据和体现。无论是人定法还是自然法,都必须符合正义。后来,希腊的斯多葛学派对自然法做了进一步的阐述:认为宇宙是一个单一整体,这个单一的整体受自然法的支配;人类世界是一个统一的整体,这一整体把一切人联结为一个巨大的共同体的纽带,一切人,相互都是兄弟,都是神的儿子,都是世界公民,都平等地享有自然法的权利和承担自然法的义务。

公元前2世纪,自然法思想传入罗马,后由罗马的法学家西塞罗(公元前106年~前43年)等承袭并发扬光大,在罗马广泛传播成为罗马法的哲学基础。由于自然法世界主义的观念正好符合当时罗马统治者把一切民族纳入罗马统治的雄心壮志,大批的罗马政治家、思想家、法学家接受了自然法思想,并加以完善。尤其在法学领域,将自然法的基本原则自然、理性、自由、平等、正义引入罗马法,使自然法思想成为罗马制定法的一种指导原则。罗马法也正是在这些思想理念的蕴育引领下而成为世界法律文明中最辉煌成果的。正如英国著名历史学家梅因在《古代法》中所说:“我找不出任何理由,为什么罗马法律会优于印度法律,假使不是‘自然法’的理论给了它一种与众不同的优秀典型。”②

的确,罗马法中充满了有关自然法的精神。古罗马是从一个小的城邦演变成一个大的罗马城市帝国的,他逐渐突破自己的狭隘观念,不断和异己文明进行互通、交流。以此为基础,罗马就形成了只适用于自己市民之间的市民法与适用于他们和非罗马市民之间的万民法。所谓

① [古罗马]优士丁尼:《法学阶梯》,徐国栋译,中国政法大学出版社1999年版,第13页。

② [英]梅因:《古代法》,沈景一译,商务印书馆1959年版,第45页。

的万民法,其实就是寓意着全世界共同民族的自然法。因为,市民法是他们民族特有的法律,是具有特殊性的;而万民法是调整他们与其他所有民族的法则,是一种超越于民族之上的人类的共同规则,是在自然法的前提下产生的。“这种自然法新观念本身即蕴含着平等观念、自然理性、公平正义、契约自由与个体权利等内容。自然法传入,奠定了罗马法的意义基准,更在理论上呼唤着罗马法的诞生。”①

事实上,万民法的概念,最初来自自然观念;万民法的诞生,显然与市民法的局限性有关。罗马法中市民法不断修正、万民法不断发展的过程就是自然法不断引入而发挥作用的过程;市民法与万民法的融合统一的过程,也就是自然法中的平等观念打破父权为核心的等级差别的过程;罗马法的发展演变过程,就是不断地以个人本位代替家族本位的历史变迁的过程;罗马法中调整法律关系的权利、义务主体的人法理论,正是源于自然法的理论学说。“罗马法发达之历史,即万民法发达之历史,万民法发达之历史,又伴‘斯多葛哲学’之输入而来者也。”②同时,罗马的法学家,也深受自然法的影响。乌尔比安说:“根据自然法,人生而平等”,保罗提出:“平等和公正即法律,如自然法”等。务实的罗马法学家没有把自然法单单停留在抽象的观念理论上,而是将其运用到法制建设的实践中,使自然法成为罗马法一些具体制度和原则的理论来源,如人本主义、契约观念等。

到查士丁尼制定《国法大全》时,自然法思想已深入人心,并在法律中得以充分运用。查士丁尼《法学阶梯》说道:“受法律和习惯统治的一切国家,部分是受其固有的特定法律支配,部分是受全人类共有的法律支配。一个民族所制定的法律,称为该民族的‘民事法律’。但是,由自然理性指定给全人类的法律,则称为国际法,因为所有的国家都采用它。”③这里国际法所体现的正是自然法的思想。《国法大全》中人的主

① 翟小功:《从市民法到万民法:文化认同基础探析》,载何勤华主编:《外国法制史研究:超国家法的历史变迁》,法律出版社 2012 年版,第 39 页。

② 黄右昌:《罗马法与现代》,何佳馨点校,中国方正出版社 2006 年版,第 45 页。

③ [英]梅因:《古代法》,沈景一译,商务印书馆 1959 年版,第 27 页。

体地位的确立、诺成契约的规定,意味着自然法中独立、自由、平等的原则得到法律的承认,而这些内容都是《国法大全》的基本精神及基本内容。

不言而喻,“罗马人发展罗马法主要源自于自己的努力,但罗马法的发达(最高裁判官法和万民法的出现)和罗马法学的产生,则无疑是与接受斯多葛学派的自然法思想相联系的。”①罗马法自身所特有的完备性、世界性及其永恒价值,都是以自然法这种哲学基础为前提的。

(四)基督教的影响推动

正如法学巨匠伯尔曼所言:“我们的基本法律概念和法律制度,是在一种漫长的历史发展进程中逐步得其主要意蕴的,而宗教在此进程中一直起着举足轻重的作用。”②就西方宗教对法律的影响而言,“这里所说的宗教当然只能是指基督教,因为它是唯一对整个西方法律产生巨大影响的宗教。”③事实正是如此,综观西方法律成长的各个历史阶段,都受到了基督教的浓厚熏陶。在西方法的历史上,基督教给法律贡献了诸多思想与制度源泉。在罗马法的发展过程中,基督教的影响不可忽视。

基督教产生于公元1世纪罗马帝国统治下的巴勒斯坦地区。早期的基督教徒主要来自社会最底层受苦受难的人。一开始,因属非法活动,基督教徒遭到罗马帝国的镇压。公元2世纪以后,大批的奴隶主、富有者纷纷加入基督教,并逐渐取得领导权。公元313年的《米兰敕令》即为基督教在罗马帝国取得合法地位的标志。公元380年,基督教在罗马被尊奉为国教。的确,在罗马的历史上,法律与宗教有极为密切的联系。

基督教对罗马国家和罗马法真正产生影响是在公元4世纪初,但在此之前的古罗马早已深受原始宗教的影响,甚至融为一体。罗马原

---

① 何勤华:《西方法学史》,中国政法大学出版社1996年版,第26页。

② [美]伯尔曼:《法律与宗教》,梁治平译,生活·读书·新知三联书店1991年版,第28~29页。

③ 张中秋:《中西法律文化比较研究》,南京大学出版社1991年版,第151~152页。

来信奉天神朱庇特、战神马尔斯、爱神维纳斯等诸多神灵。法律也由祭司神官垄断,法律的公布也是公元前254年平民出身的大神官科伦卡纽士在公开场所讲授法律开始的。宗教方面的法律规定从罗马法产生的时候起,就是其重要的组成部分。早在王政时期,就有触犯神灵罪、隐藏偷盗圣物罪、伪誓罪以及宗教仪式等宗教方面的法律规定。共和国时期,世俗的《十二铜表法》中的第十表仍为“宗教法”的规定。甚至即使到了公元6世纪的查士丁尼时,还建造了气势恢宏的圣索菲亚大教堂,充分表现了查士丁尼对宗教的特别关怀和高度重视。

事实上,“查士丁尼以其宗教立法对基督教在罗马法中的地位和教会法的发展给予了决定性的影响。《查士丁尼法典》的诞生,标志着基督教在罗马法体系中已占有了一个不可动摇的位置。”①还在查士丁尼登基前,他就特别重视宗教的作用,并赢得了罗马大主教的支持和意大利及西方罗马旧臣的认可。这就为他正式上台后实行“一个国家、一部法典、一个教会”②的统治目标奠定了基础。他对基督教会的认识远远超过他之前的任何皇帝。他认为,教会如同灵魂,国家如同躯体,两者的健康合一是使国家机器能正常运转的基础,它们的共同目标是拯救民众、使国家强盛,使上帝荣耀。甚至将基督教的精神直接写进法律。如在《法学阶梯》的敕令中说:“在上帝的帮助下,朕以最大的警醒和最大的审慎,重建了这两条道路,……由于朕的由上天之神意赋予的胜利,再次被加上了罗马人的和朕之帝国的霸权,他们受着这样的霸权的保护。而所有的民族,已受着朕颁布或编纂的法律的统治。”③显然,“我们在优士丁尼的《法学阶梯》中读到的将自然法同神明联系起来的

① 张中秋:《中西法律文化比较研究》,南京大学出版社1991年版,第158页。

② 徐家玲:《早期拜占庭和查士丁尼时代研究》,东北师范大学出版社1998年版,第157页。

③ [古罗马]优士丁尼:《法学阶梯》,徐国栋译,中国政法大学出版社1999年版,第3页。

论断,肯定反映着基督教的影响。”[①]《新律》第109条也强调:“朕坚信,朕的唯一愿望,即是使朕治下的帝国长治久安,全仰赖上帝的恩宠。”在《新律》第6条中,查士丁尼全面阐述了国家与教会的关系,声称:“上帝因热爱人类而从上苍赠予人类两件最伟大的礼品:教士和帝王。教士负责圣事,帝王指引并主持凡俗事务。”“教士的尊严是帝王们安全的唯一保障,因为是教士们在为帝王的幸福而祈祷上苍。”[②]

受基督教的影响,《国法大全》表现出一种反对奴隶制度的倾向。有关奴隶制的法令被简化了,过时的法令亦被废除。并规定,给予奴隶的自由应该是无条件的,释放奴应该可以像自由出生的市民那样生活。而且就在《国法大全》的第一部法典《查士丁尼法典》的第1卷从第1题到第13题即为历代皇帝颁布的有关基督教的140多条敕令。包括基督教的信仰、教会的财产、教会的人员等相关规定。这样,把君主专制与基督教义密切结合起来,以借助教会来维护王权。“看来,把古代罗马法改造得符合查士丁尼时代的君主专制与基督教密切结合的精神的需要,是查士丁尼进行巨大的法典编纂工作的更为重要的动因。”[③]

可见,罗马法与基督教有千丝万缕的联系,而且基督教是罗马法的精神根基。“在某种程度上,罗马皇帝修订法律是基于基督徒的一种责任,而优士丁尼大规模的修订法律也受到了一种信念的鼓舞:基督教要求将法律系统化,这是体现博爱的必由之路。当然,上述改革不只是因基督教而起,但是基督教曾给予这些改革以重要推动,并提供主要的思想依据。”[④]

---

① [意]朱塞佩·格罗索:《罗马法史》,黄风译,中国政法大学出版社1996版,第322页。

② [美]A. A. 瓦西列夫:《拜占庭帝国史》(第1卷),徐家玲译,商务印书馆2019年版,第56~57页。

③ 徐国栋:《查士丁尼及其立法事业——兼论法典法的弊端及补救》,载《法律科学(西北政法学院学报)》1990年第5期。

④ 郭成伟:《外国法系精神》,中国政法大学出版社2001年版,第287~288页。

（五）皇帝敕令的重要地位

皇帝敕令是罗马帝国时代极为重要的法律渊源，为“皇帝通过裁决、告示或诏书信作出的规定”。[①] 皇帝敕令之所以成为法律渊源，主要原因是“民众根据所通过的关于君主立法权的君王法，把自己的全部立法权和支配权授予给他并委托君主进行立法活动”。[②]

实际上，罗马国家的产生就是在公元前6世纪王政时期塞尔乌斯·图利乌斯的改革这场深刻的政治革命而形成的。传说塞尔乌斯·图利乌斯曾颁布过契约和侵权行为的法律约50条。公元前27年，元老院授予盖乌斯·屋大维“奥古斯都”的称号，他独揽政治、军事、司法、宗教大权，罗马共和国进入元首制时期，转变为罗马帝国。帝国初期，法学家的解答为主要的法律渊源。后来，随着皇权的逐步加强，皇帝敕令逐渐成为法律的主要渊源，包括皇帝敕谕、敕裁、敕示、敕答四种。其中，敕谕和敕示都是皇帝在正式场合发布的一般性的决定，因而其适用的范围较为普遍；而敕裁和敕答所涉及和解决的都是一些比较具体的案件，因而其适用范围具有很强的条件限制。其他各种形式的立法如元老院决议、民众大会法律以及裁判官告示则逐渐消失，皇帝敕令的地位不断上升。

到了帝国后期，皇帝敕令几乎成为唯一的法律渊源，随着皇帝敕令越来越多地颁发，而且凡是没被明令废除的都继续生效。因此，有必要对这些庞杂的敕令进行整理和简化。公元294年，法学家格里哥尼安编纂了《格里哥尼安法典》，包括从哈德良皇帝（117年～138年在位）到戴克里先皇帝时期（284年～305年在位）的敕令；公元324年，法学家赫尔莫杰尼安又收集了公元294年以后30年新颁行的敕令，编成《赫尔莫杰尼安法典》，这部法典实际上是《格里哥尼安法典》的续编。公元438年，狄奥多西二世诏令法学家安修克负责组织16名法学家编纂了

① ［意］朱塞佩·格罗索：《罗马法史》，黄风译，中国政法大学出版社2009年版，第260页。

② 费安玲主编：《罗马私法学》，中国政法大学出版社2009年版，第33页。

第一部官方法典《狄奥多西法典》,汇集了从君士坦丁皇帝(306年~337年在位)以来的皇帝敕令3000多条,共16卷。在此三部皇帝敕令法律汇编完成以后规定:"这三部法典具有同等的权威,任何引用的法条和判例,要是没有包括在这几部神圣作品之中,法官就会将它当成伪造或作废,根本不予理会。"①

至查士丁尼时代,皇帝的谕令在法的渊源之中占据越来越重要的主导地位。公元528年2月13日,查士丁尼下令根据以前的三部法典以及后来一些皇帝的谕令,编辑一部新法典,以使查士丁尼"为自己的时代再次进行狄奥多西二世在九十年前为他那个时代所作的工作,"②很快编纂委员会即对当时有效的历代皇帝敕令进行汇总、删改,按照教会法、法的渊源、高级官吏的职务、私法、刑法、行政法等内容,共12卷,编成章、节,并按颁布的顺序加以排列,注明颁布敕令的皇帝姓名、时间、地点等,主要包括从哈德良皇帝至查士丁尼统治时期历代皇帝的谕令集,于公元529年4月7日完成,这就是《查士丁尼法典》。法典一经颁布实施,以前的三部法典和狄奥多西之后历代皇帝颁发的谕令便被禁止使用。

后来,在编纂《学说汇纂》和《法学阶梯》期间,查士丁尼又颁布了"五十项裁决"以及其他具有改革性质的谕令,从而使公元529年的《查士丁尼法典》显得过时而需要补充修订。为此,查士丁尼又命令特里波尼安等人,在《查士丁尼法典》的基础上重新修订,对于重复的、矛盾的、过时的部分进行删改,并补修新的内容,其中包括自哈德良皇帝以来的大约5000项谕令,于公元534年11月16日颁行,同年12月29日生效,并一直流传至今。

查士丁尼在完成庞大的法典编纂工作后曾认为,此《查士丁尼法典》、《学说汇纂》和《法学阶梯》三部法典已能将既有的社会生活关系

① [英]爱德华·吉本:《罗马帝国衰亡史》(第4卷),席岱岳译,吉林出版集团有限责任公司2015年版,第1860页。

② [英]巴里·尼古拉斯:《罗马法概论》(第2版),黄风译,法律出版社2005年版,第39页。

囊括无遗。但事实并非如此,而是新出现的社会问题法典中找不到现成的答案,迫使他不得不发布新的敕令进行调整。查士丁尼意图编纂一部新的汇编,但一直没有付诸实施。自公元 534 年三部法典完成至年公元 565 年查士丁尼过世的 31 年,查士丁尼共颁布 168 条敕令。查士丁尼死后,后人将未列入《查士丁尼法典》的敕令即从公元 534 年到公元 565 年的敕令汇编到一起,现保存下来的有 124 令、134 令和 168 令三个版本,内容多属公法和教会法,也有关于婚姻和继承方面的规定,称为《查士丁尼新律》。从此,《国法大全》宏大的立法工程大功告成。

总的来说,在《国法大全》的四部法典中,皇帝敕令占了两部,而且以皇帝敕令法典《查士丁尼法典》的编纂开始,以皇帝敕令法典《查士丁尼新律》的完成告终。充分反映了当时以查士丁尼为代表的立法者对历代皇帝敕令编纂的特别重视,也体现了历代皇帝敕令的至高地位和重要作用。

(六)法学著作的丰厚成果

罗马法学家的法学著作数量之多、种类之全、成就之高为世界罕见。因为,在罗马法的形成发展过程中,“随着立法发展为复杂和广泛的整体,出现了新的社会分工的必要性:一个职业法学者阶层形成起来了”。① 从公元前 3 世纪到公元 6 世纪,罗马涌现出大量著名的法学家,“据意大利罗马法专家桑德罗·斯奇巴尼的统计,此间罗马主要法学家有 108 名。‘这些具有卓越和杰出人格的以法为业者的群体’②在罗马法和法学的形成发展过程中,发挥着关键性的作用”。③ 他们解答法律问题、指导诉讼、撰写契据、著书立说等,其中法学家的著述是编纂《国法大全》的重要依据和基石。

《国法大全》的基础精华之作优士丁尼《学说汇纂》和《法学阶梯》

① 《马克思恩格斯选集》(第 2 卷),人民出版社 1972 年版,第 539 页。

② [意]桑德罗·斯奇巴尼:《法学家:法的创立者》,薛军译,载《比较法研究》2004 年第 3 期。

③ 张锐智:《罗马法学家对“民法”贡献探析》,载何勤华主编:《外国法制史研究:民法典编纂的域外资源》,法律出版社 2017 年版,第 86 页。

正是对罗马历史上著名法学家的著书进行摘选、修改、完善的结果。公元529年《查士丁尼法典》制颁以后,在特里波尼安的倡导之下,查士丁尼很快将他的注意力转移到法学家法上,也就是《学说汇纂》和《法学阶梯》的编纂上。其中查士丁尼《学说汇纂》既是《国法大全》中篇幅最大的部分,也是其中最为重要的内容。而查士丁尼编纂《学说汇纂》的目的在于筛选和保存古典作品中的精华,并且能够为当时所实行的法提供说明依据。也就是说,要"编辑一部能够保存古典法学著作精华并且能够为当时所实行的法提供说明的《学说汇纂》"。① 为此,公元530年12月15日,查士丁尼再度指令特里伯尼安组成编纂委员会编纂《学说汇纂》,这项工程规模宏大,他们收集了40位(也有说39位)(1世纪~4世纪)罗马法学家的著述,阅读参考了2000部书籍约300万行的法学原著,通过比照、选择、压缩、删除其中相互矛盾及不合时宜之处,必要时对原文进行修改,编成50卷15万行的《学说汇纂》,除第30卷、第31卷、第32卷外,写明当时皇帝名字、作者、书名,其中收录《学说引证法》所承认的五大法学家的著作最多,占全部汇纂9142段中的6137段,其中乌尔比安(约170年~228年)位列第一,为2464段;其他依次为:保罗(约222年去世)2081段;帕比尼安(约140年~212年)601段;莫迪斯蒂努斯(约244年去世)344段。乌尔比安的论著大约占总篇幅的1/3,保罗的论著占1/6。另外,还收录了著名法学家庞波尼乌斯(约160年去世)578段,盖尤斯(约130年~180年)535段,拉别奥(约公元前50年~公元20年)540段,尤利安456段等其他法学家著述的部分,这部法典至533年12月16日完成颁布,并于同年12月30日生效,这样,原来预计10年的工程仅用短短的3年时间就完成了。《学说汇纂》颁布之后,查士丁尼颁发谕令,不但禁止使用任何未包含这部著作中的作品,而且还禁止任何人对《学说汇纂》进行解释或摘编。后来,"《学说汇纂》是19世纪近代资产阶级法学产生的历史基础,也是德国民法典

① [英]巴里·尼古拉斯:《罗马法概论》,黄风译,法律出版社2004年版,第40页。

的蓝本,它在法学史上的地位是无可估量的。"①

《国法大全》还有一部重要法典优士丁尼《法学阶梯》的编纂也是因为特利波尼安认为盖尤斯所著的《法学阶梯》与新法精神不能融合,作为法科学生教科书不合时宜,即向查士丁尼建议重新编著并得到受命。即以罗马著名法学家盖尤斯的同名著作《法学阶梯》为蓝本加以删补,按照盖尤斯《法学阶梯》"人法""物法""诉讼法"的次序体例,共分4卷,于公元533年11月21日颁布,并与优士丁尼《学说汇纂》同日即12月30日生效。"优士丁尼的《法学阶梯》之所以受惠于盖尤斯的《法学阶梯》,不仅因为前者的大量内容来自后者,更主要的是因为前者的结构也来自后者,尤其是把法分为三个部分,即人法、物法、诉讼。"②与盖尤斯《法学阶梯》不同的是,优士丁尼《法学阶梯》不仅仅只是一部学校使用的教科书,它同时也具有法律效力。"《法学阶梯》的问世,开创了大学法学教科书的范式,也为近代法国民法典的制定提供了蓝本。"③

总的来说,"查士丁尼编纂法典对法学史的意义,主要体现在《学说汇纂》和《法学阶梯》的编纂上。"④查士丁尼《学说汇纂》和《法学阶梯》的编纂完成,集罗马法学家理论之大成,不仅使罗马法学家的著作得以保存,而且成为现行的法律,他们以其特有的灵活性、系统性,构成罗马法的主题内容,从而大大丰富了法学的理论和实践。没有法学家的立法思想、立法技术及至高超的文字水平,法典的编纂就无从谈起。不言而喻,也正是法学家著书立说的丰硕成果,才有了辉煌的《国法大全》中的精华奠基之作。所以,"优士丁尼法典是立法者和法学家之间协作的产物,它们作为独立法的渊源的作用甚至超越了法典本身,"⑤法学家的著述对《国法大全》的形成起了举足轻重的基础作用。

---

① 何勤华:《西方法学史》,中国政法大学出版社2003年版,第50~51页。

② [英]巴里·尼古拉斯:《罗马法概论》,黄风译,法律出版社2004年版,第42页。

③ 何勤华:《西方法学史》,中国政法大学出版社1996年版,第51页。

④ 何勤华:《西方法学史》,中国政法大学出版社1996年版,第49页。

⑤ [意]桑德罗·斯奇巴尼:《罗马法体系与中国民法典编纂:法学家的时代》,周平奇译,载《湖湘法学评论》2022年第4期。

(七)庞杂法律的矛盾过时

罗马法是指罗马奴隶制国家的全部法律,存在于罗马奴隶制国家的整个历史时期。罗马法的历史可上溯至公元前753年罗马建城时起,或以公元前6世纪罗马第六位王塞尔乌斯·图利乌斯(约公元前578年~前534年在位)进行改革罗马国家的形成开始,时至《国法大全》制定的前夕,查士丁尼于公元527年登基时,距罗马城的建立、国家的形成已经一千多年的历史,罗马法"一个最显著的特点就是罗马法的创制渊源逐渐扩大,由之而形成了一整套汗牛充栋的法律条款和数以千计的司法文件,创制了恢宏的罗马法学体系。罗马法的创制渊源之多,对查士丁尼进行法典的编纂具有举足轻重的影响"。①

具体来说,罗马法的主要渊源有部落的习惯法;议会制定的法律;元老院的决议;国家高级官员的谕令;皇帝敕令;法学家的解答和著作。这些法律渊源相互补充、相辅相成,构成了一个有机完整的法律体系。一方面,丰富多彩的法律渊源是查士丁尼编纂《国法大全》的基石,没有这些罗马法为数众多的法律渊源,《国法大全》的编纂就无从谈起;另一方面,也因为这些多种法律渊源的矛盾冲突、庞杂过时而不便甚至难以使用,也是查士丁尼编纂《国法大全》的重要缘起。因为,众多的法律渊源从一产生就具有法律效力,如此长期发展的结果需要遵守的条款越来越多,相当可观,甚至发展成为公众的负担。据说仅元老院和人民的法案就多达3000块铜板,全部存放于卡庇特神庙之中。各种各样的法律论著可谓是"汗牛充栋",以至于一般人消化使用它们很是困难和不便。

至帝政时代,罗马法已有700余年的历史,罗马的政治制度、经济环境、社会组织以及生活习惯等都发生了巨大的变化,而在这几百年所有的习惯、告示、帝敕、元老院决议及法学家的解答等几乎均具法律效力,客观上形成了内在的矛盾、不统一与不合时宜,造成了适用法律的极度混乱,为法庭的判案和官员执法带来许多困惑和不便,甚而无所适

① 陈勇:《查士丁尼法典评析》,载《历史教学问题》2010年第4期。

从,不知所措,以至于"法官就像目不识丁的人只有任意处置,如同空有万贯家财的富翁,需要花钱时仍然一穷二白"。[①] 因此,极有必要对法律和法学家的著作加以整理和简化。

为解决法律混乱庞杂过时的矛盾,早在盖乌斯·犹里乌斯·恺撒掌权之初,他计划要做的几件大事之一就是对罗马法进行整理,但他未及完成这一事业就不幸遇刺。恺撒之后曾数次整理罗马法。如公元129年,哈德良皇帝命令法学家萨尔维·尤利安组织一个委员会,对自远古至当时的最高裁判官告示、市政官的告示进行了整理,形成了著名的《永久令》。后来,又形成了《格里哥尼安法典》和《赫尔莫杰尼安法典》两部私人法律汇编和《狄奥多西法典》一部官方法律汇编。在《狄奥多西法典》的序言里,狄奥多西二世仍然确认了前两部皇帝敕令汇编的法律效力。但是这些法典的内容依然过于庞杂,部头太大,使用起来仍然不便。可见,罗马帝国皇帝曾为整理罗马法这一庞大的历史积淀作了多次极大的努力,但效果并不理想。此外,三部法典的内容也不全面,只包括了从哈德良皇帝(117年~138年在位)至狄奥多西二世(408年~450年在位)时期的法令,而在此之后直至查士丁尼统治时期(527年~565年在位)的法令则依旧阙如,况且此三部立法已不符合当时帝国社会政治经济形势的变化。

所以,当时查士丁尼注意到罗马法存在两大问题:一是前代皇帝立法的时间久远,版本错杂,狄奥多西王朝整理编纂工作不够彻底,其中相互冲突矛盾之处屡见不鲜。二是前代皇帝立法尤其是《狄奥多西法典》的内容甚为庞大混杂,使用极不方便。正如《法学阶梯》绪言中所指出的那样,罗马法仍呈现"混乱""矛盾"的面貌。所以,查士丁尼一经登基,就在他继位的第二年(528年)就着手解决法律上的这些问题,他登基后很快就下令编纂了《查士丁尼法典》、《学说汇纂》和《法学阶梯》,后人又对查士丁尼在位时未编入《查士丁尼法典》的敕令(533年

---

① [英]爱德华·吉本:《罗马帝国衰亡史》(第4卷),席岱岳译,吉林出版集团有限责任公司2015年版,第1870页。

年底~565年)进行汇编,称《查士丁尼新律》,合称《国法大全》。在这四部法典编辑的过程中,法律编纂委员会遵循的原则是删繁就简、增补不足,避免过时矛盾之处,完善法律遗漏短缺。

总之,《国法大全》的编纂,“不仅纠正了当时适用法律的混乱,便利了法律的学习引用与查阅,更重要的是对罗马法得以传播后世,作出了重大贡献。而且优士丁尼编纂的法典在系统性、理论性及立法技术上,是其他奴隶制时期的法典难以与之比拟的。”①也正因如此,《国法大全》成为后世立法的楷模而享誉世界。

(八)法学巨匠的卓越才学

人才历来都是事业成功的基石。查士丁尼的成功,就是因为“他慎选了许多优秀的人才为他作战与治理国家。这也让他成为了一个真正的皇帝”。② 在法学方面,优士丁尼时代又重新出现了大量的法学家,他们从事教学、撰述、代理诉讼等活动。“这些由法学家中最优秀的人组成的群体所进行的活动,后来进一步发展为法典的制定。”③《国法大全》的问世,就是从查士丁尼任命了由法学巨匠特里波尼安为代表的十人法典编纂委员会开始,后来逐步完成了对罗马一千多年的法学理论和法律具有里程碑意义的法典编纂工作。

公元528年2月13日,查士丁尼皇帝发布谕令,任命了由前司法大臣乔万尼主持,其成员包括因其法学家地位而在所有官员中出类拔萃的特里波尼安,以及君士坦丁堡法学教授狄奥菲尔等十人组成法典编纂委员会,正如优士丁尼《法学阶梯》所言:“朕召集光荣的人、长官、朕的前司法大臣④特里波尼安,以及卓越的人、教授提奥菲鲁斯和多罗兑

① 夏新华主编:《外国法制史》(第1版),厦门大学出版社2012年版,第60页。

② [德]乌维·维瑟尔:《欧洲法律史——从古希腊到〈里斯本条约〉》,刘国良译,中央编译出版社2016年版,第145页。

③ [意]桑德罗·斯奇巴尼:《法学家:法的创立者》,薛军译,载《比较法研究》2004年第3期。

④ 原文为“朕的圣宫的前财务官”,此处意译为“前司法大臣”。转引自[古罗马]优士丁尼:《法学阶梯》,徐国栋译,中国政法大学出版社1999年版,第5页。

乌斯，对于他们在各方面的能力、法律知识和对朕之命令的坚决执行，朕已从许多事情中得到证明。”[①]法典编纂委员会成立以后，首先从整理编纂历代皇帝敕令着手，编纂一部新的法典《查士丁尼法典》，这项编纂工作很快迅速完成，并于 529 年 4 月 7 日颁布。

在编纂《查士丁尼法典》的过程中，特里波尼安显示了自己卓越的才干和高超的理论水平，并被提拔为司法大臣。而且“编辑《学说汇纂》的具体想法肯定是由特里波尼安向优士丁尼提出的。……因其才干、思想和文化而被指定去将这一伟大的计划付诸实施”。[②] 公元 530 年 12 月 15 日，查士丁尼向特里波尼安发布谕令，委托他成立由教授和律师组成的编纂委员会，特里波尼安挑选财政大臣康士坦丁与狄奥菲尔、格拉丁、多罗特、阿那多利 4 位教授以及 11 位律师参与这次法典编纂工作。查士丁尼在颁布《学说汇纂》的谕令中说：“所使用的大部分书籍来自特里波尼安的藏书，它们当中的许多书甚至连最博学的人都不知晓。”[③]在特里波尼安的私人图书馆，珍藏着许多即使很博学的人也不知道的古典法学家的稀少图书资料。他们阅读了 2000 部约 300 万行的法学原著，而这些著作大多都是罗马法史上的法学大家的研究成果，如乌尔比安、保罗、帕比尼安等。的确“是书罗致各法学家之手著，共计五十余种之多，诚当日伟大之著作”。[④]

对于优士丁尼《法学阶梯》的编纂，也是在《学说汇纂》没有完成时，查士丁尼就令特里波尼安、狄奥菲尔和多罗特编辑一部教材，以取代在教学中使用的盖尤斯的《法学阶梯》。实际上，盖尤斯本就是法学巨擘，他的“《法学阶梯》取得了非凡的成功，它逐渐被人们认作是罗马

① ［古罗马］优士丁尼：《法学阶梯》，徐国栋译，中国政法大学出版社 1999 年版，第 5 页。

② ［意］朱塞佩·格罗索：《罗马法史》，黄风译，中国政法大学出版社 2009 年版，第 332 页。

③ ［英］巴里·尼古拉斯：《罗马法概论》（第 2 版），黄风译，法律出版社 2004 年版，第 41 页。

④ 陈朝壁：《罗马法原理》，法律出版社 2006 年版，第 21 页。

法学生的标准教科书,且这一地位一直持续了300余年。……没有哪部作品能取代盖尤斯的著作确立的至尊地位。"[①]所以,当查士丁尼进行伟大的法学编纂工程时,"在完成了集中全部古法的50卷的《学说汇纂》或称《潘得克吞》后(它们是朕借助于上述杰出的人特里波尼安以及其他卓越的人完成的),朕命令将上述《法学阶梯》分为四卷,以便包罗法律科学的全部要素。"[②]即以盖尤斯的《法学阶梯》为蓝本,还广泛地参考了盖尤斯的《日常事务》以及古典学者的所有《法学阶梯》类作品,有些是从《学说汇纂》中摘取的。"上述三个博学的人[③]将它们(《法学阶梯》)呈交于朕,朕阅读之,审查之,朕赋予它们以朕之敕令的最完全的效力。"[④]优士丁尼《法学阶梯》虽然以教学为目的,但它具有立法意义、法律效力,也是研究罗马私法的历史发展和实质内容极为宝贵的历史遗产和财富。

总之,《国法大全》这一宏大工程的编纂,在查士丁尼的主持下,一群才能卓异的法学家开始了修订罗马法的无数先例、法律意见、皇帝敕令的工作。正像梅因对罗马法的"鼻祖"《十二表法》所言,"《十二表法》是一个具有伟大法律天才和一个温良风俗社会的产物"。[⑤]也就是说,从罗马法的第一部具有里程碑意义的法典时起,它的形成就是非同寻常人而制定的结果。《国法大全》的完成既有以法学大家的传世著书的范本依据,又有当时法学巨匠的修订完善而成。"罗马法学家们为编纂和法典化所付出的艰辛和代价是绝不容忽视的。《查士丁尼法典》出自乔万尼和特里波尼安之手;《法学阶梯》是盖尤斯的杰作;《学说汇

① [英]约翰·麦克唐奈、[英]爱德华·曼森编:《世界上伟大的法学家》,何勤华、屈文生、陈融等译,上海人民出版社2004年版,第12页。

② [古罗马]优士丁尼:《法学阶梯》,徐国栋译,中国政法大学出版社1999年版,第5~7页。

③ 指特里波尼安和来自君士坦丁堡的狄奥菲尔和来自贝鲁特的多罗特三人。

④ [古罗马]优士丁尼:《法学阶梯》,徐国栋译,中国政法大学出版社1999年版,第7页。

⑤ [英]梅因:《古代法》,沈景一译,商务印书馆1959年版,第207页。

纂》是法学家们的言论。可以说罗马法是他们敏锐思维、深邃哲理的精华，罗马法是法学家的法。”①因此，《国法大全》能够得以传至后世并影响整个世界。

（九）狄奥多拉的得力相助

狄奥多拉（约500年~548年）为查士丁尼的得力皇后。她出身贫寒，早年丧父，成年早逝，鼎力相助查士丁尼统治20多年，对查士丁尼影响极大。狄奥多拉相助查士丁尼实现其宏图大志，除了忠心耿耿的大臣外，连查士丁尼本人也感慨功不可没之人应是狄奥多拉皇后。

狄奥多拉是查士丁尼恢复罗马帝国、制定法典、控制拜占庭国家梦想的坚定支持者。在查士丁尼扩大罗马版图、收复失地、加强皇权的功绩中，永远也不能缺少他的妻子——狄奥多拉的协助。这主要表现为：在对外征服的策略中，狄奥多拉对皇帝的劝慰以及对大臣的支持；在宫廷的事务中，她里应外合配合查士丁尼的策略行动，助其抚平化解内部矛盾、实现统一目标。更为具体地说，正是狄奥多拉对查士丁尼的劝慰和支持，才逐渐消除了查士丁尼对为收复罗马失地立下无数赫赫战功的贝利撒留的猜忌，从而使贝利撒留得以充分发挥自己的优势，为查士丁尼实现征服地中海西部地区远大抱负发挥了关键作用，也为查士丁尼时代皇权的稳固筑起一道坚实的壁垒，奠定了查士丁尼时代强大的皇权基础。即使狄奥多拉后来对贝利撒留等多位文臣、武将和贵族元老的钳制和打击，也是为巩固与加强皇帝的权威与地位。实际上，这种行为对此后的政局造成不利影响。

在宗教方面，狄奥多拉力劝查士丁尼对被视为“异端”的“一性派”实行宗教宽容政策，减轻“一性派”对查士丁尼的不满情绪，缓和“一性派”与查士丁尼激烈的矛盾对立关系。因为查士丁尼把“一性派”视为“异端”横加迫害。但是，“一性派”的信徒很多，影响很大，上至达官贵人，下至平民百姓，而且狄奥多拉本人即为“一性派”的信徒，狄奥多拉

① 皮继曾：《法学家的成长与法典编纂》，载杨振山、[意]斯奇巴尼主编：《罗马法·中国法与民法法典化》，中国政法大学出版社1995年版，第87页。

早年也多次受到“一性派”的帮助和保护。所以,狄奥多拉利用自己的权势和地位保护“一性派”也在情理之中。不言而喻,这也有利于维护查士丁尼的皇权统治。

于《国法大全》的编纂,狄奥多拉虽未起完全决策的作用,但是她却影响了查士丁尼的社会立法。查士丁尼时期的妇女立法、宗教政策、福利行为等都受到狄奥多拉的影响。也正是受狄奥多拉的影响,查士丁尼为女性地位的提高进行立法,大力强调对女性权利的保护,实现男女平等,以法律的形式保护女性的安全和荣誉。这一举动使查士丁尼赢得了更多民众的支持,这当然可谓是狄奥多拉对维护皇权的一种贡献。

狄奥多拉最大的功绩在于公元532年的尼卡暴动期间,查士丁尼无法控制局势而准备逃离君士坦丁堡时,她勇敢地挺身而出,全力劝阻查士丁尼“与其逃亡苟活,不如光荣战死”。[①] 她的坚强意志和英勇行为,终于打动了查士丁尼坚持镇守君士坦丁堡,最终平息了暴乱,扭转了局势。可见,狄奥多拉不仅雄心意志不逊于查士丁尼,而且行事作风更为果断决绝。狄奥多拉依托自身的能力、凭借对皇帝和朝臣的影响,挽救了国家危亡,同时也保全了皇权的统治,延续了查士丁尼时代的发展,也充分证实了她作为皇后的真正实力。就《国法大全》的形成而言,试想如果没有狄奥多拉在这次暴乱时对查士丁尼的果敢鼎力扶持,查士丁尼因放弃平定叛乱而逃离,进而导致政权被推翻而不复存在,何谈《国法大全》的《学说汇纂》和《法学阶梯》在533年12月的完成颁布,而534年以后查士丁尼颁布的敕令汇编的《查士丁尼新律》更是无从谈起。

在狄奥多拉和查士丁尼的共治过程中,“实际上所有的政策事物他都要征求狄奥多拉的意见,因此不可能区分出到底哪些是他的意见、哪些是他皇后的想法。”[②]狄奥多拉548年去世以后,查士丁尼的统治严重

① [美]朱迪斯·M.本内特、[美]C.沃伦·霍利斯特:《欧洲中世纪史》,杨宁、李韵译,上海社会科学院出版社2008年版,第82页。

② [美]朱迪斯·M.本内特、[美]C.沃伦·霍利斯特:《欧洲中世纪史》,杨宁、李韵译,上海社会科学院出版社2008年版,第80~81页。

受挫,政权统治也不顺利。而且“以狄奥多拉之名”成了查士丁尼最庄重的誓言,即使在狄奥多拉过世多年后的559年,查士丁尼取得战争的胜利后,他让队伍转向,绕到圣使徒教堂,专程到狄奥多拉墓前点燃蜡烛,祈祷、默哀。

总的来说,狄奥多拉明智、敏锐、果敢、坚定,有非凡的处事能力,无论内政外交,都是查士丁尼的得力内助,但也有个别例外,如残害大臣,不利皇权等。对《国法大全》法典的编纂而言,不难想象,基于她的身份、地位、能力,以及对查士丁尼的重要影响等,《国法大全》这样一个巨大的工程和成就,无疑也少不了她的功劳。因她在与查士丁尼共治过程中所表现出来的聪明才智和坚强意志,为后来的历史研究者深深慨叹和折服,提到狄奥多拉,虽然不乏质疑、谴责、诟病、非议之词,但主流评价仍是“皇后狄奥多拉的历史功绩。”

(十)查士丁尼的雄心登基

公元481年,查士丁尼出生于马其顿一个农民家庭。他的叔父查士丁由于武功于581年继承皇位,因查士丁无子而收养查士丁尼作为继承人。因此,他利用辅佐其叔父查士丁的有利时机,发奋图强,锻炼才干,很快成为其叔父得力的左膀右臂。而且,良好的素养教育、渊博的才识造诣和长期的治国经历,为查士丁尼将来的统治奠定了基础。他也希望利用自己的才干和功绩,实现自己的抱负和价值。

公元527年,查士丁去世,查士丁尼继承其叔父的皇位于36岁称帝登基,一展宏图,开启了其长达38年的政权统治。在成为罗马帝国的最高统治者后,他将自己的远大理想、宏伟抱负与帝国的皇权专制融为一体,从而转化为宏图大志:“我们将重建过去的一切,……我们要重视罗马人的名誉,确保过去的一切以更大的规模重新回到我们的生活中来。”①为了达到这样的梦想,他以前所未有的文治武功,凭借其卓越的政治军事才干,实现罗马帝国“一个国家、一部法典、一个教会”

① [美]斯塔夫里阿诺斯:《全球通史:1500年以前的世界》,吴象婴、梁赤民译,上海社会科学院出版社1992年版,第402页。

的远大志向。在罗马帝国的历史上,把查士丁尼同他之前和之后的皇帝比较,他都是一个胸怀大志、大有作为的皇帝。“优士丁尼,这位伟大的征服者、伟大的缔造者、伟大的神学家、伟大的立法者,还是一位杰出的法学大师和法史学大师”,①他的主要成就,体现在军事、宗教和法律三个方面。然而,查士丁尼虽然“有军事上和宗教上的不同凡响之处,要不是其立法成就,查士丁尼恐怕也要被淹没在东罗马帝国的一长串恺撒名单之中,而无任何特别之处”。②

的确,查士丁尼在东罗马登基之时,西罗马帝国已经灭亡了半个多世纪,而且东罗马内外面临种种危机,他“自认为是罗马帝国的继承者,他命中注定要致力于恢复古罗马帝国的西部领土和古老的权力”。③ 为此,他一直致力于恢复罗马世界帝国版图的伟大抱负。他先后对周边的波斯、汪达尔、哥特地区发动了一系列的战争,使北非、意大利等领地又重新回到帝国的疆域之中,为重振罗马的声威立下了汗马功劳,也为查士丁尼赢得了巨大的荣誉。

与此同时,他更是认为:“皇帝的威严光荣不但依靠兵器,而且需用法律来巩固。这样,无论在战场或平时,总是可以将国家治理得很好;皇帝不但能在战场上取得胜利,而且能采取法律手段排除违法分子的非法行径,皇帝既是虔诚的法纪伸张者,又是征服敌人的胜利者。”④因而,查士丁尼登基伊始,便立即着手法典的编纂工作。就在他登基的第二年即528年2月,就下令编纂法典,制定了人类历史上辉煌灿烂的巅峰之作《国法大全》。正如著名的历史学家爱德华·吉本在《罗马帝国

① [英]梅特兰等:《欧陆法律史概览——事件,渊源,人物及运动》,屈文生等译,上海人民出版社2008年版,第8页。

② 徐国栋:《查士丁尼及其立法事业——兼论法典法的弊端及补救》,载《法律科学(西北政法学院学报)》1990年第5期。

③ [美]罗伯特·E.勒纳等:《西方文明史》,王觉非等译,中国青年出版社1993年版,第228页。

④ [古罗马]查士丁尼:《法学总论——法学阶梯》,张企泰译,商务印书馆2009年版,第1页。

衰亡史》中所说:“查士丁尼的胜利所获致的虚衔早已化为尘土,然而他作为立法者的名声却镌刻在一个公正又持久的纪念物之上。”①毋庸置疑,这里所说的“公共又持久的纪念物”指的就是法学杰作《国法大全》。

再者,查士丁尼也特别重视宗教的作用,他受过系统的神学教育,深谙基督教原理,充分认识到基督教会在帝国政治生活中的地位和影响,在《法学阶梯》的绪言中,他对青年学子的告诫即是以耶稣基督的名义作出的。在《法学阶梯》所反映的私法制度中,对宗教场所即教堂也是特别偏惠,他宣布自己“对上帝和人民所应尽的重要职责”,查士丁尼建造的迄今仍令人惊叹的气势恢宏的圣索菲亚大教堂就是明证。

总的来说,正像19世纪欧洲伟大的法学家耶林所说:“罗马曾三次征服世界,三次与各个民族结缘,第一次以武力,第二次以宗教,第三次以法律。武力因罗马帝国的灭亡而消失,宗教随着人们思想觉悟的提高、科学的发展而缩小了影响,唯有法律征服世界是最为持久的征服。”②这一著名论断概括了罗马人的成就,同时浓缩了千余年的罗马史。查士丁尼一生的作为,正是对这一高度浓缩的罗马史的鲜明化身和典型代表。的确,作为一众罗马皇帝典型代表的查士丁尼,为恢复扩张罗马帝国的版图疆域,发动对外征服的战争,穷兵黩武,耗费了大量的人力物力;为巩固加强罗马帝国的统治,重视宗教,以麻痹人民的思想意识。但是,查士丁尼动意主持修订的人类文明史上高耸的丰碑——《国法大全》无论如何无人撼动、无可厚非。的确,“优士丁尼(查士丁尼)是个有远见的人,他希望恢复罗马帝国的荣耀,他开始去收复所失去的帝国领土,并且复兴帝国最伟大的智力成就——罗马法,使之永载史册”。③ 总之,查士丁尼内政外功,多有建树,尤其关心法制,他主持编纂的“《国法大全》,集罗马法之大成,洵不愧为东罗马帝

① [英]爱德华·吉本:《罗马帝国衰亡史》(第4卷),席岱岳译,吉林出版集团2015年版,第1849页。

② 周枏:《罗马法原论》(上),商务印书馆1994年版,第12~13页。

③ [英]巴里·尼古拉斯:《罗马法概论》,黄风译,法律出版社2004年版,第15页。

国第一英明君主也"。[①]

结　语

综上所述,《国法大全》这一不朽辉煌集成巨作的编纂成功,既不是一蹴而就,更不是空穴来风,而是罗马当时历史条件下政治、经济、文化的必然产物,是罗马各路法政精英奠基、影响、推动的丰硕成果。它既饱含理论精湛、逻辑严谨的罗马法学家的法学著述,又富有罗马千余年实践考验的历代法律精华。《国法大全》的编纂完成,理论与实践熔于一炉,历史和现实相互统一;既是在前代罗马法典基础上的整理和简化,又是在传统掩盖之下的创新和改革。查士丁尼编纂《国法大全》的目的,是要利用并改变历史的传统,以适应自己的统治目的。

《国法大全》的修订编纂,是以查士丁尼登基次年(528年)下令编纂法典为肇始,以查士丁尼在位所颁发的最后一道敕令(565年)为终结。查士丁尼作为封建君主,重视信仰基督教以统一人们的思想意识,着力对外进行武力扩张以恢复开拓帝国疆土,大规模、系统编纂法典以维护帝国政权统治。所有这些,既是他的远大理想志向,也是他的真实作为实践。在《国法大全》的前三部法典于公元533年年底编成颁行、最后收官而尘埃落定以后,查士丁尼认为他主持倾力编纂的三部法典,对于国家的治理、皇权的统治已完美无缺。因此立即颁令,宣布今后法律均以此为准,凡未被编入的一律作废,凡未被收录的以往法学家著作一律不准引用。因为,他认为他所主持编纂的法典至高至上,绝不允许有任何的怀疑和违背,充分暴露了查士丁尼封建君主独裁专制的特点和本质。

实际上,在《国法大全》编纂的过程中,主观上因认识水平等历史局限、客观上因工程宏伟且时间短暂等因素而存在一些不足。如有学者所说:"优士丁尼试图实现两个不相容的目标:一方面想保存古典著作中的精华;另一方面又想对其加以改造并建立自己时代的法。当他试

---

① 陈朝壁:《罗马法原理》,法律出版社2006年版,第20页。

图在这两个方面都取得成功时，就无法完全实现这两个目的中的任何一个，而且这项编纂工作的仓促进行只能加速这种失败。”①不难想象，面对罗马法千余年浩瀚的法律积累，针对罗马复杂多变的社会现实，由于立法者或观念的不同，或认识的偏差，或主观的局限等而忽略、遗漏、误会某些或基本，或重要，或精华的罗马法内容的情况若有发生，也实属难免。但是，瑕不掩瑜，我们也应该看到：一是在当时人们的思想意识上普遍信奉基督上帝，帝国军事上不断发动武力征服的对外战争，在国内局势矛盾重重动荡不安等的情况下，查士丁尼仍然能够充分地认识到法律的重要性，法律的威严性，法律的神圣性，并作出大规模、系统编纂法典的决定，这在当时就可谓难能可贵。二是在当时查士丁尼刚刚即位且年轻气盛就能驾驭整个罗马宫廷，并在即位次年就下令法典编定，组织得力干才力量，进行法典编纂并很快卓有成效，我们不得不佩服查士丁尼的政治才能。三是《国法大全》的编成实施，巩固了东罗马的帝国统治，保留了千余年罗马法律的智慧精华，对后世影响巨大，甚至时至今日，世界上不同国家和地区仍然在不同程度地借鉴和汲取着《国法大全》的宝贵成果。只是这些，在世界法律文明史上就功德无量。至于法典编纂颁行的历史局限性，也是不可避免的。我们能够认识到编纂、颁行《国法大全》存在的不足并引以为戒，扬长避短，为我们呈现了一面宝贵而鲜明的历史镜鉴，这本身就又是一种贡献。也就是说，《国法大全》的历史功绩不单单在于四部法典所包含无量价值内容的本身，而《国法大全》编纂、颁行的起因、过程、收官等也值得我们认真探讨。因此，我们应该在对《国法大全》内容进行研究的基础上，对《国法大全》的制颁予以高度重视，深入研究，使《国法大全》的价值再度扩大和延伸，使《国法大全》的贡献进一步丰富、发展和升华。

总的来说，我们在赞叹《国法大全》这一不朽的壮丽之作的无量价值之时，也感悟到了《国法大全》的编纂所反映出来的历史局限。但是，众所周知，《国法大全》撷取了千余年罗马法的精要，以其傲人的成就誉

① ［英］巴里·尼古拉斯：《罗马法概论》，黄风译，法律出版社2004年版，第43页。

满全球,为人类文明的进步立下了不朽功勋,“直至我们这个时代,法律史学者都认为:在优士丁尼的作品中保存着对罗马最伟大的智力成果的丰富记载”,①弥足珍贵,在当今世界仍大放异彩。因此,在当下建设中国特色社会主义法治体系,全面推进科学立法,切实提高立法效率的今天,我们应该更加珍视罗马法的集大成之作《国法大全》的历史价值,回望它的产生、发展、演进过程,汲取《国法大全》思想、内容、结构、体例的有益精华,借鉴《国法大全》编纂、修改、颁布、影响的经验教训,以此为我国法治国家的建设、人类命运共同体的构建、人类幸福安康生活的创造,发挥更大的作用。

① ［英］巴里·尼古拉斯:《罗马法概论》,黄风译,法律出版社2004年版,第44页。

从 Steel *v.* Houghton 案看 18 世纪英格兰传统共有权的衰落

葛嘉伟[*]　朱明哲[**]

[**摘要**]1788 年英国普通诉讼法庭作出"Steel *v.* Houghton 案"判决,认定贫民捡拾麦穗的行为违反普通法对于土地权利的排他性保护要求,法律也自此正式剥夺"拾穗"在英国乡村的普遍合法性。但从该判决对"共有权"权利抗辩的争议可以看出,普通法实践中存在法律渊源意义上规范与习惯间的对抗现象,这也表明英国财产权正式确立过程中不同群体间迥异的法律观念曾在法庭上进行过激烈的交锋。从该判例的法律解释来看,审理法官在这一过程中实际采取了与普通法传统相悖离的司法解释进路,伴随着英国"习惯转为非法"的法律现代化过程,资本理性逻辑证成的私权以及圈地实践逐步蚕食了代表平民生活经验习惯的"共有权",并将之剥离出了传统乡村土地产权的权利束。

[**关键词**]共有权;拾穗权;合法性叙事;法律近代化;圈地运动

引　论

现代意义上对土地所有权(ownership)[①]的确认是在普通法历史

---

* 葛嘉伟,中国政法大学比较法学研究院硕士研究生。

** 朱明哲,格拉斯哥大学讲师。

① 本文所称的"所有权"(ownership)概念,特指英国法直至 18 世纪才出现的强调对物性的绝对财产权(property),是与封建时代土地保有制之财产权相区分的概念。经英国法史学者梅特兰(Maitland)考证,中世纪英国法上往往使用"possesor"表示权利人对土地财产权益的享有,而"ownership"的词根"owner"最早出现于 14 世纪前半叶,其完整提法始见于 1583 年的法庭文献。See Frederick Pollock & Frederic William Maitland, *The History of English Law before the Time of Edward* Ⅰ, Vol. Ⅱ, Cambridge University Press, 1978, p. 152 – 153. 英国法史学界公认的是,自诺曼征服以降英国的财产法体系产生于土地产权(titles)的概念。在绝对所有权观念衍生之前,土地产权仅是地产(estate)上一种持续性的财产权利。而源于救济方式的差异,当事人在普通法与衡平法上享有的土地权利分别被表述为地产与权益(interest),这表现为在产权相对性特征

上渐进形成的,抽象且排他的所有权概念并非最初即有完全的规范效力,尤其在近代早期英格兰土地纠纷的司法实践过程中,法官仍旧会对乡村土地上残余的其他与所有权矛盾的社会习惯予以承认。①法律规范与土地习惯的差异长期存在于这一时期的法律实践之中:一方面,著名英国法学家威廉·布莱克斯通(William Blackstone)曾在18世纪对财产权给出了其普通法定义:"一个人对世界的外部事物所主张和行使的,唯一且专制的统治,且完全排除了世界上任何其他个人权利。"②而早在17世纪中期,英国就以《关于废除监护法庭、取消直属封臣骑士保有义务与废除优先购买权并以税收来补偿的法令》为标志确立了绝对土地财产权的立法先例。③自诺曼征服以来,在封建时代的英格兰土地保有制(land tenure)之下,土地上的法定权利并非国王垄断,同一土地之上可以并存着若干源于封建制相互义务或庄园习惯而法定保有

(the relativity of title)中寻求更优权利(a better title)的比较,这与大陆法系借用罗马法上"权利盒子式"的绝对所有权(dominium)构建财产权利救济途径在概念生成上具有历史差异。See Luke Rostill, *Title and Deemed Ownership in English Personal Property Law*, 35 (1) Oxford Journal of Legal Studies 31, 32 – 33 (2015); Larissa Katz, *The Concept of Ownership and the Relativity of Title*, 2(1) Jurisprudence 191, 193 (2011). 国内引介英美财产权概念史的研究参见冉昊:《财产权的历史变迁》,载《中外法学》2018年第2期;[美]约翰·亨利·梅里曼:《所有权与地产权》,赵萃萃译,载《比较法研究》2011年第3期;亦有学说介绍罗马法历史上,土地绝对所有权诞生于氏族集体土地趋于私有化与公地化阶段的历史关联性,参见汪洋:《罗马法上的土地制度:对罗马土地立法及土地归属与利用的历史考察》,中国法制出版社2012年版,第287~288页。

① See Rackham *v.* Joseph and Thompson (1772),3 Wils KB 334,95 Eng. Rep. 1084; Robert Bennett *v.* Robert Reeve (1740),Willes 227,125 Eng. Rep. 1144; Gateward's Case (1607),6 Co. Rep. 59b,77 Eng. Rep. 344.

② See William Blackstone, *Commentaries on the Laws of England*, *Book* Ⅱ: *Of the Rights of Things*, Simon Stern ed., Oxford University Press, 2016, p. 1.

③ 该法令的英文全称为:"Charles Ⅱ, 1660: An Act taking away the Court of Wards and Liveries and Tenures in Capite and by Knights Service and Purveyance, and for setling a Revenue upon his Majesty in Lieu thereof"。See John Raithby ed., *Statutes of the Realm*: *Volume* 5, 1628 – 1680, Great Britain Record Commission, 1819, p. 259 – 266; also see British History Online, http://www.british-history.ac.uk/statutes-realm/vol5/, p. 259 – 266.

(seisin)的多个主体之权利。[①] 不可否认的是,土地所有权的确立势必与封建时期长久形成的社会习惯存在持久的合法性空间争夺,土地上留存的习惯利益也并非单凭法律条文的出现而消失。[②]

在英格兰乡村不以围篱界析产权的敞田制(open-field system)长期占据农业经济的主流,而延续中世纪村社共有地(common fields)之上存在一种源远流长的"共有权"(right of common)传统。[③] 在 13 世纪,普通法学家布拉克顿(Bracton)亦指出,这种权利是在他人土壤上产生的用益权利,是一种保有之土地被他人役使(servitude)

---

① See Frederic William Maitland, *Domesday Book and Beyond: Three Essays in the Early History of England*, Cambridge University Press, 1921, p. 202; Frederick Pollock & Frederic William Maitland, *The History of English Law before the Time of Edward* Ⅰ, Vol. Ⅱ, Cambridge University Press, 1978, p. 29 – 30; Frederic William Maitland, *The Constitutional History of England: A Course of Lectures*, Cambridge University Press, 1908, p. 153; Joshua C. Tate, *Ownership and Possession in the Early Common Law*, 48 American Journal of Legal History 280, 282 – 283 (2006).

② See Theodore F. T. Plucknett, *A Concise History of the Common Law*, Indianapolis: Liberty Fund, 2010, p. 346.

③ 在本文中,"敞田"主要是指与圈地相对应的传统庄园田制,即没有围圃的条田(strip),在特定时间面向所有共同体成员开放放牧的农耕形式;"共有地"是在敞田制农业下的一种土地使用形式,对于确认实行了公共耕种与放牧的条田一般称为共有地,其产权并非公有制,因为既包括耕作的条田,也包括河流、荒地、滩涂等公共土地;"共有权"是指在上述土地上,在村庄共同体范围内可以共同享用的集体放牧、捡拾泥炭等使用权利。See Gregory Clark & Anthony Clark, *Common Rights to Land in England*, 1475 – 1839, 61 The Journal of Economic History 1009, 1025 (2001); Joan Thirsk, *The Origin of the Common Fields*, 33 Past and Present 142, 144 (1966); J. Z. Titow, *Medieval England and the Open-Field System*, 32 Past and Present 86, 86 – 87 (1965); Joan Thirsk, *The Common Fields*, 29 Past and Present 3, 3 – 4 (1964). 中文译法参见赵文洪:《英国公地制度研究》,社会科学文献出版社 2017 年版,第 16 ~ 25、47 ~ 49 页;沈汉:《英国土地制度史》,学林出版社 2005 年版,第 235 ~ 247 页;侯建新:《西欧中世纪乡村组织双重结构论》,载《历史研究》2018 年第 3 期;侯建新:《圈地运动与土地确权——英国 16 世纪农业变革的实证考察》,载《史学月刊》2019 年第 10 期。

的权利。① 这一权利同样被布莱克斯通所记录:“它是一种可继承的无形财产,指一个人在另一个人的土地上获得利益的权利;如喂养他的牲畜、捕鱼、挖草皮、砍柴等。”②现代学者概括性地指出,这种权利源于与原始村落社区实行的农业公有制相关的必须实践而产生的习惯,是“一人或多人不得不(have to)带走或使用他人土壤产出部分的一种权利”。③

在上述背景下,在共有地上捡拾收割后的麦穗(gleaning)同样本是一项人类社会普遍存在的一种实践,在18世纪之前也曾是“共有权”中的一项重要内容,存在于乡村惯例中的土地习惯曾一度为这种行为赋予法律上的合法性。④ 但在18世纪以后绝大多数诉讼中,拾穗行为开始被认为是一种恶俗或至少是一种观念权利的滥用,涉及拾穗的判例在这一时期频出一定程度上是彼时社会经济变革的侧面描写。⑤ 最著名的案件发生在1788年,在英格兰萨福克郡(Suffolk)的蒂姆沃思(Timworth)教区圈占土地上捡拾落穗的穷人最终被诉至普通诉讼法庭

---

① See Henry de Bracton, *Bracton on the Laws and Customs of England*, Vol. Ⅲ, translated by Samuel E. Thorne, Harvard University Press, 2022, p. 162 – 163. Also see Harvard Law School Library, Bracton Online, https://amesfoundation. law. harvard. edu/Bracton/Unframed/English/v3/162. htm.

② See William Blackstone, *Commentaries on the Laws of England*, *Book* Ⅱ: *Of the Rights of Things*, Simon Stern ed. , Oxford University Press, 2016, p. 20.

③ See Edward Carter Kersey Gonner, *Common Land and Inclosure*, Macmillan and Co. , 1912, p. 7; Alfred William Brian Simpson, *A History of the Land Law*, 2nd ed. , Oxford University Press, 1986, p. 107 – 108.

④ See William Blackstone, *Commentaries on the Laws of England*, *Book* Ⅲ: *Of Private Wrongs*, Thomas P. Gallanis ed. , Oxford University Press, 2016, p. 142.

⑤ See Bob Bushaway, *By Rite*: *Custom*, *Ceremony and Community in England*, 1700 – 1880, Junction Books, 1982, p. 209. 这一时期关于拾穗权的英国司法案例反复被后世法官提及的还包括:Selby *v.* Robinson (1788), 2 T. R. 759, 100 Eng. Rep. 409; Worlledge *v.* Manning (1786), East. 26 Geo. 3, 126 Eng. Rep. 34; Bean *v.* Bloom (1774), 2 Black W. 927, 96 Eng. Rep. 547; The King *v.* Price (1766), 4 Burr. 1926, 98 Eng. Rep. 1 等。

(Court of Common Pleas)。[①] 法官们对"对于一个教区的贫困穷人是否有权在收割庄稼后的土地上捡拾麦穗"存在争议,在诉诸了地区习惯、判例以及教会法等迥异解释后,最终的判决结论是"根据普通法,没有人有权在收获的田野里拾穗。(即便是)合法定居教区的穷人也没有这样的权利"。[②]

对此,英国学者曾聚焦这一案件做了大量的实证分析,英国社会经济史学者彼得·金(Peter King)的研究表明,法官们抽象的法律争论根本与案件发生的具体社会情况无关,1788 年之后拾荒者的权利实际并没有受到中央法庭这一判决的根本影响,农民们也很少能够对拾荒者进行正式的法律制裁,法律、土地和财产之间的相互关系只是在当时以某种特定社会和经济冲突的形式塑造法律先例。[③] 在犯罪学研究方面,

---

① 又译作皇家民事法庭,其于 12 世纪后半叶设立,主要对私人之间的普通(民事)诉讼(Common Pleas)具有普遍管辖权。根据 1215 年《大宪章》(Magna Carta)第 17 条,普通诉讼无须追随王室法庭而应在某一指定地点举行(Ordinary lawsuits shall not follow the royal court around, but shall be held in a fixed place)定型。See Frederic William Maitland, *The Constitutional History of England: A Course of Lectures Delivered*, Cambridge University Press, 1908, p. 135. 关于普通诉讼的起源 Also see Ralph V. Turner, *The Origins of Common Pleas and King's Bench*, 21 The American Journal of Legal History 238, 238 – 254 (Jul., 1977).

② See Steel *v.* Houghton et Uxor (1788) 126 Eng. Rep. 32, 1 H BL 51. 裁判要旨原文表述为:"No person has, at common law, a right to glean in the harvest field. Neither have the poor of a parish legally settled (as such) any such right"。

③ See Peter King, *Legal Change, Customary Right, and Social Conflict in Late Eighteenth-Century England: The Origins of the Great Gleaning Case of* 1788, 10 Law and History Review 1 (1992); Peter King, *Gleaners, Farmers and the Failure of Legal Sanctions in England* 1750 – 1850, 125 Past and Present 116 (1989); Peter King, *Customary Rights and Women's Earnings: The Importance of Gleaning to the Rural Labouring Poor*, 1750 – 1850, 44 The Economic History Review 461 (1991). 关于普通法否定拾穗权之后的判决社会效果论述可参见 R. W. Malcolmson, *Life and Labour in England*, 1700 – 1780, St. Martin's Press, 1981, p. 144; J. L. Hammond & Barbara Hammond, *The Village Labourer* 1760 – 1832: *A Study in the Government of England before the Reform Bill*, Longmans, Green and Co., 1912, p. 109; J. M. Neeson, *Commoners: Common Right, Enclosure And Social Change In England*, 1700 – 1820, Past And Present Publications, 1993, p. 313 – 314。

克莱夫·埃姆斯利(Clive Emsley)认为这一时期的穷人拾穗是与城市工人对其劳动产品灰色收入是类似的某种社会允许的福利(perks)或津贴(allowance),而对拾穗的犯罪化认定就是劳动者与财产权的典型分离现象。① 汤普森(E. P. Thompson)指出,18 世纪的英格兰早期资本主义与非资本经济的社会习惯一直保持着有意识的冲突,这一时期拾穗权法庭辩论的背后是平民坚持的源自经验习惯的共有权与新兴地主以资本主义政治伦理的理性逻辑所证成的私权之间的矛盾。②国内学界对于"拾穗权"如何在历史上消失的讨论基本延续了这一进路,且沿用了英国学者对拾穗习惯的合法性削弱的实证数据,但实际上忽视了对案件本身呈现的关键法律问题,仅仅作为案件事实的描述实际也未超越上述对拾穗合法性论证的经济社会史学框架。③

在此基础上,仍可以在规范意义上追问法官对于拾穗的合法性否定是否是在普通法框架下进行的解释?而该案的裁判理由是否开创了与 1788 年之前拾穗案不同的路径?英国官方"习惯转为非法"的审判事件是如何在法庭上具体说服贫民放弃他们历史固有之利益的?④ 在比较法史的视阈下,彼时法庭的诸多论辩是这一时期富于创新精神的市场经济与平民所习惯的道德经济之间此消彼长的历史描述。围绕审判与参与案件各方对某一实践的理解,习惯因素与经济理性的博弈终

---

① See Clive Emsley, *Crime and Society in England*, 1750 – 1900, 3rd ed., Pearson Education Limited, 2005, p. 144 – 148.

② 参见[英]E. P. 汤普森:《共有的习惯:18 世纪英国的平民文化》,沈汉、王加丰译,上海人民出版社 2019 年版,第三章"习惯、法律和共有的权利";汤普森早期的论述见 E. P. Thompson, *The Grid of Inheritance*, in J. Goody, J. Thirsk & E. P. Thompson eds., *Family and Inheritance: Rural Society in Western Europe* 1200 – 1800, Cambridge University Press, 1976, p. 328 – 360。

③ 参见陈立军:《惯例权利与私有产权的博弈——近代早期英国拾穗权的之争》,载《经济社会史评论》2018 年第 2 期;许志强:《惯例、法律与乡村秩序——以十八九世纪英国拾穗诉争为中心》,载《世界历史》2018 年第 2 期。

④ 当时的报纸称这是首次正式在法律问题上探讨拾穗。See Cumberland Pacquet, 7 June 1786; Kentish Gazette, 23 May 1786.

将形塑为一种相对稳定、和缓的社会转型模式，这为现代财产权文化产生的背景提供一种经济社会与规范体系相对照的理解模型。① 而本研究旨在从普通法的司法解释角度剖析 1788 年英国普通诉讼法庭对"Steel *v.* Houghton 案"判决背后各式的法律观念，通过对贫民拾穗行为的法律性质以及法官判决的法律渊源裁剪两个部分进行该案件的法理释义，呈现当时判例法正式剥夺"拾穗权"普遍合法性的司法技术说理过程，从而揭示普通法法官在司法现代化过程中的经济理性偏向与反传统特征。

一、拾穗是权利抑或特许的法律性质争议

通过当时的案卷材料与报刊记录可知，在 1788 年 6 月 12 日，在耗时一年多经过若干次审理的"Steel *v.* Houghton 案"终于在英国普通诉讼法庭审判庭宣判。被告约翰·沃顿(John Houghton)的妻子玛丽·沃顿(Mary Houghton)是上述萨福克郡蒂姆沃斯教区的教区居民，在那里合法定居。但出于贫穷和贫困，在上述一年的种植作物成熟后，玛丽在原告詹姆斯·斯蒂尔(James Steel)已经收获的圈占土地内捡拾麦穗并将其带走。原告斯蒂尔的身份是该土地合法占有者的当地农民，其向法庭所称的诉讼目的"并非是要排除农民拾穗的传统，仅仅为了将穷人完全排除在的圈地土地之外，防止他们捡拾大麦和其他饲料谷物，制止长期以来的侵占行为(encroachment)，因为他们在没有获得农民同意的情况下无权进入被圈占的土地。"②对此，被告的正当事由抗辩主张：她

① See Taisu Zhang, *Social Hierarchies and the Formation of Customary Property Law in Pre-Industrial China and England*, 62 American Journal of Comparative Law 171, 218 – 220 (2014).

② See Steel *v.* Houghton et Uxor (1788) 126 Eng. Rep. 32, 1 H BL 51. 本文主要使用的案件报告见 Henry Blackstone ed., *Reports of Cases Argued and Determined in the Courts of Common Pleas* 1788 – 1991, Vol. Ⅰ, Joseph Butterworth and Son, 1827, p. 51 – 64。关于本案的诉讼细节过程以及四位主审法官意见，陆续刊登于《伯里和诺维奇邮报》(*Bury and Norwich Post*)，最后一次审判的日期也是考据报道得出。See Bury and Norwich Post, 18 June 1788.

捡拾并带走的大麦穗的秸秆等主要是在原告收割作物后,散落在原告圈占土地附近的部分,而她自己的身份属于定居在蒂姆沃斯教区的贫困居民。①

在诉讼辩论中,法官们对被告在抗辩事由中提出的"一个教区的贫困穷人有在收割庄稼后的土地上捡拾麦穗的权利主张(the claim of a right to glean)"产生了较大的意见分歧,其中大法官拉夫伯勒(Lord Loughborough)、希斯法官(Judge Heath)、威尔森法官(Judge Wilson)持有对拾穗权抗辩的多数反对意见,仅有古尔德法官(Judge Gould)对被告抗辩持支持意见,案件最终以三比一判被告败诉,拾穗不构成对土地非法侵入(trespass to land)的权利抗辩。②

本案需要解释非法侵入的规范构成及通常的抗辩依据。在18世纪的普通法语境中,一方面,布莱克斯通确认了非法侵入(trespass)是指未经同意(leave and licence)或违背其明确命令进入唯有土地权人使用和占有的土地;③另一方面,在对"非法侵入"释义之后,布莱克斯通提出拾穗、放牧、打猎等行为有时候也会是一种正当化事由。④ 在诸多侵权案例中,法官对于正当化事由的法律定位是一种因习惯或授权获得特许(privilege)而非权利(right)主张,前者意味着无论当事人事前是否同意都因特许的存在而获准进入他人土地,后者是基于当事人的事前

---

① See Henry Blackstone ed., *Reports of Cases Argued and Determined in the Courts of Common Pleas* 1788 - 1991, Vol. Ⅰ, Joseph Butterworth and Son, 1827, p. 51.

② See Steel *v.* Houghton et Uxor (1788) 126 Eng. Rep. 32, 1 H BL 51. Also see Bury and Norwich Post, 17 September 1788, 10 September 1788, 03 September 1788, 27 August 1788.

③ See William Blackstone, *Commentaries on the Laws of England, Book* Ⅲ: *Of Private Wrongs*, Thomas P. Gallanis ed., Oxford University Press, 2016, p. 208. 在后来采用这一定义判定非法侵入成立的案件如 Kenyon *v.* Hart (1865), 6 B. & S. 249, 122 Eng. Rep. 1188; Morden *v.* Porter (1860), 7 C. B. (N. S.) 641, 141 Eng. Rep. 967。

④ See William Blackstone, *Commentaries on the Laws of England, Book* Ⅲ: *Of Private Wrongs*, Thomas P. Gallanis ed., Oxford University Press, 2016, p. 138. 这样的案件如 Robert Bennett *v.* Robert Reeve (1740), Willes 227, 125 Eng. Rep. 1144。

同意而获准,但同意的终止可能构成侵权。[①] 实际上,由于特许还是权利进入他人土地的涵义并不相同,权利意味着农民群体能否被负担以法律上的义务以保障穷人能够捡拾麦穗,而特许仅仅意味着因穷人拾穗主张能满足的一种免责事由,故而可以作为防御原告主张权利之合法性抗辩。尤其是希斯法官在对古尔德法官的引证疏忽发起了诘难,称穷人拾穗"只是被授权或允许而非权利(which implies a licence and permission, rather than a right)"。[②] 高等律师沃克尔(Serjeant Walker)与另一高等律师格罗夫(Serjeant Groffe)在报刊就庭审辩论时,就指出拾穗是一种对穷人的权利(right)还是豁免(indulgence)是案件争议的关键。[③] 那么,在拾穗权的性质角度上考虑这种权利或特许的成立与否,就可能是该案重要的先决问题,它最终决定了穷人拾穗自由的法律上限。

在本案中,这一争论主要围绕 1786 年涉及圈地的一项议会法案(an Act of Parliament)提到的相关表述,该法案似乎授权(authorized)了贝辛斯托克(Basingstoke)公用地居民在将在作物收割后一定时间和方式限制下拾穗的特许。[④] 古尔德法官考虑到,对于土地权利人违反这一议会法案,在土地收获后故意或放任牲畜在土地上觅食使拾穗权无法实现,会被处以每日每头牛 2 先令以及每头猪 1 先令的处罚。这一特许

---

① 作出此种抗辩是特许的案件参见 Boulston's case (1597),77 Eng. Rep. 216,Cro. Eliz. 547; 5 Co. Rep. 105; Blades *v.* Higgs (1862),142 Eng. Rep. 1238,12 C. B. (N. S.) 501; 对于在非法侵入他人土地上的抗辩区分,See Rogers *v.* Board of Road Com'rs for Kent County(1948),319 Mich. 66130 N. W. 2d 358。关于权利还是特许作为进入他人土地抗辩事由,后来霍菲尔德(Hohfeld)在整理地役权判决时曾做了很好的区别。See Wesley Newcomb Hohfeld, *Some Fundamental Legal Conceptions as Applied in Judicial Reasoning*,23(1) Yale Law Journal 16,32 – 33 (1913 – 1914); Wesley Newcomb Hohfeld, *Faulty Analysis in Easement and License Cases*,27(1) Yale Law Journal 66,68 – 72 (1917 – 1918).

② Henry Blackstone ed., *Reports of Cases Argued and Determined in the Courts of Common Pleas* 1788 – 1991, Vol. Ⅰ, Joseph Butterworth and Son, 1827, p. 60.

③ See Cumberland Pacquet, 7 June 1786; Kentish Gazette, 23 May 1786.

④ 这一法案的原文被古尔德法官大篇幅地引用。See Henry Blackstone ed., *Reports of Cases Argued and Determined in the Courts of Common Pleas* 1788 – 1991, Vol. Ⅰ, Joseph Butterworth and Son, 1827, p. 57 – 59.

既然自古以来被要求行使以及主张,并以土地保有人受到惩罚来确保权利主张的实现,就已经满足权利主张的实质要求。① 但希斯法官认为,首先,这一法案的规范效力只是局部的而非普遍的。其次,拾穗的做法最初是慈善性质的(eleemosynary),并且在时间上也尚未持续或重复多年,法律不应以这种解释方式使慈善成为一种法律义务。最后,拾穗不能成为权利的原因更因为普通法上根本不存在这样一种权利救济,即便土地占有人火烧水淹其占有的农地,穷人也无法依据英国程序法②成立一项关于拾穗权的诉讼。即使摩西法(The law of Moses)等宗教法规提及了这一项习惯,但它们对英国法官而言并无拘束力。③ 威尔森法官更进一步提出农民不存在穷人拾穗的对应实现义务,尤其当占有权人如果允诺他人拾穗,穷人也无法提出一种优先权的主张(a prior right),而归根结底土地、种子以及长成的庄稼皆因自然正义(natural justice)为农民所有,对散落庄稼的处置权自然也归属于他们。尽管宗教信仰和道德良知促使农场主遗留一些庄稼在地里供穷人捡拾,但法律不应做出强制性要求。④ 从后两位法官对古尔德法官的针对性反对意见可以看出,拾穗作为一种权利实现确实在普通法上存在现实困难。毕竟既往案件各类裁决也从未考虑到他们假设的极端情形,而仅是从习惯来源角度确认合法性。⑤

---

① See Henry Blackstone ed. ,*Reports of Cases Argued and Determined in the Courts of Common Pleas* 1788 – 1991,Vol. Ⅰ,Joseph Butterworth and Son,1827,p. 59.

② 这里主要是指 The Statute of Westminster 2d (13 Ed. 1,c. 24)。See Henry Blackstone ed. ,*Reports of Cases Argued and Determined in the Courts of Common Pleas* 1788 – 1991,Vol. Ⅰ,Joseph Butterworth and Son,1827,p. 61.

③ See Henry Blackstone ed. ,*Reports of Cases Argued and Determined in the Courts of Common Pleas* 1788 – 1991,Vol. Ⅰ,Joseph Butterworth and Son,1827,p. 60 – 62.

④ See Henry Blackstone ed. ,*Reports of Cases Argued and Determined in the Courts of Common Pleas* 1788 – 1991,Vol. Ⅰ,Joseph Butterworth and Son,1827,p. 62 – 64.

⑤ See The King *v.* Price (1766),4 Burr. 1926,98 Eng. Rep. 1; Dean and Chapter of Ely *v.* Warren (1741),2 Atk 189 – 190,26 Eng. Rep. 518; Gateward's Case (1607),6 Co. Rep. 59b,77 Eng. Rep. 344.

从案卷的其他裁判理由可以看出,本案持反对意见的多数派法官对权利主张否定主要来源于一种实用理性的考虑。例如,基于对于一种确认"拾穗权"所造成的圈地确权冲突与社会危害,大法官拉夫伯勒首先提出了三项实质性的否定论点:第一,存在拾穗权意味着与土地上排他享有的财产权属性(the nature of property which imports exclusive enjoyment)相抵触。第二,拾穗破坏社会和平与公共秩序,相当于鼓励普遍的流浪(a general vagrancy)。第三,同一土地上的权益不能够被无节制地共享,因为没有什么是取之不竭的,像一条流淌的溪流不能常年被所有人混同地享用一样,尤其使贫民更加依赖这种获益而无法自力更生。①

根据当时的法令(statute 15 R. 2,c. 6),教会应向其教区的居民征收什一税(tithes),而税收的一部分已经对穷人起到了直接救济的用途,此时再鼓励对农民土地收成的进一步拾穗会导致税收减少。② 这其实涉及 18 世纪英格兰的流民泛滥、人口贫困与治安问题,本案中提到 1601 年的《伊丽莎白济贫法》(An Act for the Relief of the Poor,43 Elizabeth 1 c. 2)以及《慈善用益法》(Charitable Uses Act,43 Elizabeth 1 c. 4)实际上倡导教区对贫穷人口生计予以救济,且延续先前 1597 年济贫法令以及惩戒流民、乞丐法令,是建立在减少流民稳定社会秩序的政策目的上,教区负有对贫困居民的有限救济与慈善监管的责任。③ 这里正如古尔德法官进一步引用古老《正义宝鉴》(*The Mirrour in Justice*)对教区职能的论述:"按照规定,穷人应该由牧师、教堂的牧师和教区居民

① See Henry Blackstone ed. ,*Reports of Cases Argued and Determined in the Courts of Common Pleas* 1788 – 1991,Vol. Ⅰ,Joseph Butterworth and Son,1827,p. 52.

② See Henry Blackstone ed. ,*Reports of Cases Argued and Determined in the Courts of Common Pleas* 1788 – 1991,Vol. Ⅰ,Joseph Butterworth and Son,1827,p. 52 – 53,56.

③ See Nolan Michael,*A Treatise of the Laws for the Relief and Settlement of the Poor*,4th ed. ,A. Strahan for Joseph Butterworth and Son,1825,p. 1 – 7. Also see 43 *Elizabeth* 1 *c*. 2:*An Act for the Relief of the Poor* &43 *Elizabeth* 1 *c*. 4:*Charitable Uses Act* in The Statutes Project,https://statutes. org. uk/site/the-statutes/seventeenth-century/1601 – 43 – elizabeth-c – 2 – act-for-the-relief-of-the-poor/.

来养活,这样任何人就不会因为缺乏食物而死。”①但如果只是从济贫税收与社会慈善的目的上考虑赋予拾穗一种权利的利弊后果,似乎对于穷人依赖拾穗而不从事生计的指责无可厚非。但在认定落穗作为财产被穷人占有的合法性来源问题上,古尔德法官的前述主张与反对者在财产取得以及占有合法性的两方面存有异议。

在财产的取得方面,即便是古尔德法官也不得不承认自古老的“撒克逊宪法”(Saxon Constitution)以来,法令限制乡村人口流动的合法性,以及教区也应当对乞讨与流浪予以限制,但他并不将拾穗权视为一种鼓励乞讨与流浪的权利,他利用权威的观点试图证明落穗首先属于穷人而非在土地占有人遗弃占有而赠与穷人的,拾穗并非是继受取得占有,而是作为一项自然且神圣的权利无须征收什一税。② 这种自然神圣的财产合法性证成角度似乎在洛克(John Locke)一个世纪前提出“财产权合法性来源于劳动”之后愈发地欠缺说服力,人们似乎更愿意承认圈地劳动者对其劳动产品的绝对占有,而人类独占土地财产权的普遍确立对共有自然状态脱离似乎被认为是一种比美洲土著或先民社会更进步的社会状态。③ 本案中,大法官拉夫伯勒宣称被告没有共同劳动或耕作来支持这一共同权利,被告的生计只能来自于手工业生产的盈余,拾穗只会造成农民的利润减少,那农民将无法对教区的税率贡献他的份额,“穷人在秋天行使这种所谓的权利将会在春天挨饿”。④ 而希斯法官也对此进一步批评道,“穷人只能从与其勤劳成比例的劳动价格提

① Andrew Horne, *The Mirrour of Justice*, translated by W. H. of Gray's Inn, His Majefty's Law Printers, 1768, p. 14.

② See Henry Blackstone ed., *Reports of Cases Argued and Determined in the Courts of Common Pleas* 1788 – 1991, Vol. Ⅰ, Joseph Butterworth and Son, 1827, p. 54 – 56. Also see Moses Maimonides, *The Laws of the Hebrews Relating to the Poor and Stranger*, translated by James Peppercorne, Pelham Richardson, 1840, p. 123 – 124.

③ 参见[英]约翰·洛克:《政府论》(下篇),叶启芳、瞿菊农译,商务印书馆1996年版,第18~33页。

④ Henry Blackstone ed., *Reports of Cases Argued and Determined in the Courts of Common Pleas* 1788 – 1991, Vol. Ⅰ, Joseph Butterworth and Son, 1827, p. 52.

高中获得报酬,法庭许可这种(拾穗作为丰收季节之奖励)的用法,将会招致坑蒙拐骗,并给国家带来祸端。"①

此外,法官们也是通过这种理性演绎的逻辑反对穷人对麦穗的动产占有基础。根据普通法的占有理论,任何财产都不可能因占有人的忽视或遗忘而改变其所有者,权利更优(a better title)或真正的财产所有者在任何时候都有资格重申其占有权。② 正如本案中威尔逊法官在案末提出的,对农民抛弃的遗落麦穗,穷人亦然无权获得他们——抛弃产生的权利只能在自然状态(a state of nature)属于先占者(first occupier),而非一种属于穷人的专属权利(exclusive right),而且麦穗遗落在土地权人的土地上也并不丧失占有。他紧接着举了一个类比的例子,倘若土地所有者有意放弃被遗落的庄稼可因其遗落而转变为穷人的财产,那么基于同样的共有权主张将马匹外出放牧也属于放弃财产,继而也可以通过先占转变为别人的财产。③

虽然在逻辑上,威尔逊的这种类比是对当事人抛弃意思的夸张说明,但是的确从占有的角度几乎很难举证在先权利人的主观抛弃意思。即便在一种共有权的解释结构中,古尔德主张落穗未经先占人而自然属于穷人,但在"财产权基于劳动取得"占据社会主流观念的背景下亦无法立足。可以说,无论是在财产取得来源还是从保有财产的占有理论都毫不留情地将共有权的习惯部分赶出了普通法认可的财产领域,拾穗作为权利在法官们看来已不可能成立。

二、拾穗的判决依据:财产理性而非古老习惯

那么,如果拾穗主张不能作为权利在本案中可以获得证成,那能否

---

① Henry Blackstone ed. , *Reports of Cases Argued and Determined in the Courts of Common Pleas* 1788 – 1991, Vol. Ⅰ, Joseph Butterworth and Son, 1827, p. 62.

② See Frederick Pollock & Robert Samuel Wright, *An Essay on Possession in the Common Law*, Clarendon Press, 1888, p. 38 – 42.

③ See Henry Blackstone ed. , *Reports of Cases Argued and Determined in the Courts of Common Pleas* 1788 – 1991, Vol. Ⅰ, Joseph Butterworth and Son, 1827, p. 63 – 64.

退而求其次,作为特许而成为一种合法性抗辩呢?即是否正如报纸所言是一种由农民授予穷人且随时可撤销的特许呢?① 即便只能证成一种特许的存在,为了能够继续为穷人在捡拾麦穗上获得更多法律上的认可空间,古尔德法官采用了多重法律来源论证了拾穗作为习惯的合法性,其诉诸长期稳定的习惯实践,并尽量以包括先例、学说、法令等规范渊源以及宗教来源、辞源考证等说理,而他的孤身奋战并未获得倾向于被告的判决。不禁让人们质疑,在18世纪普通法法庭界定财产权的案件中,什么才是具有裁判约束性的规范来源?

这一问题直接不得不引致对本案裁判方法背后的观念。尤其是在合法性来源上,古尔德法官在做出合法性判断所依据的规范来源,明显更具有传统普通法法理上的说服力——它依赖习惯而合法。这种"(英格兰)法律即(英格兰)习俗"(law is custom)的观念源自远古时代(time immemorial)以降,法律在对人民生活经验实践的不断适应,法律的智慧与权威来自历史与传统。② 正如上文所述,多数涉及土地附着物的共有权认定的案件中,对于权利的成立皆经由习惯是否成立的路径。③ 那么,本案拾穗特许的合法性能够源于习惯吗?

① 在当时报纸报道最后附加了一段法庭判决所没有的案件教诲:"该案件的判决作出并不是要废除这一(拾穗)习惯,为了在农夫同意的情况下是可以拾穗的,而只是为了防止穷人不适当地践踏农民的田地,傲慢地把土地法所否定的东西当作特许,而且农民完全可以选择在他认为适当的时候给予或拒绝给予这种许可。" See Bury and Norwich Post, 17 September 1788.

② See J. G. A. Pocock, *The Ancient Constitution and the Feudal Law: A Study of English Historical Thought in the Seventeenth Century*, Cambridge University Press, 1987, p. 36; "(英格兰)法律即(英格兰)习俗"更准确的英语表述为"the custom of the whole of the kingdom of England"。See William Blackstone, *Commentaries on the Laws of England, Book Ⅱ: Of the Rights of Things*, Simon Stern ed., Oxford University Press, 2016, p. 332. 拉丁语表述为"Consuetudo anglia lex est anglia cmmunis"。See Henry Campbell Black, *Black's Law Dictionary*, 6th ed., West Publishing, 1990, p. 315.

③ See Dean and Chapter of Ely *v.* Warren (1741), 2 Atk 189 – 190, 26 Eng. Rep. 518; Gateward's Case (1607), 6 Co. Rep. 59b, 77 Eng. Rep. 344; Rackham *v.* Joseph and Thompson (1772), 3 Wils KB 334, 95 Eng. Rep. 1084.

而习惯成立的标准从中世纪到 18 世纪的普通法纷繁文献中频繁被记载。卡特(S. Carter)在专门讨论公簿持有权的习惯法文集中指出,习惯依赖于一种由来已久的确定规则的实践,因其有益于人民而被重复实践直至获得一种法律上的效力。[①] 而科克法官(Sir Edward Coke)在对 17 世纪普通法习惯的定义,"习惯可以定义为不成文的法律或权利;这些由我们长期使用和我们祖先的认同而建立的,并从过去延续到现在都在日常行使的习惯。"[②]对于习惯的确立标准,布莱克斯通确认了一般习惯的必然特征:(1)古旧性;(2)连续性;(3)被人们默认使用;(4)必须(在法律上)是合理的;(5)确定性;(6)强制性:不可自由选择;以及(7)稳定性。[③] 与此同时,布莱克斯通也指出作为习惯的共有权,其对象物限制在是类似土地附着物的生活必需品(necessity of the thing),它的确立必须以古老的使用惯例或者法规来界定,或者是法律的特别授权或协议授予以这种生活必需的目的。[④] 基于上述习惯的定义,古尔德法官对拾穗权的来源做了全面的考察与论证,通过五类规范或说理依据,主要在"普遍性""古旧性""确定性""合理性"四个方面上证成拾穗的合法性:

其一,古尔德通过各个民族词语的共性说明习惯的普遍性,即试图通过拾穗的词源上"glean"词根源于诺曼地区的"glainer"或"glanèr",而"lease"词根源于日耳曼地区的"abrlesen",说明这些地区自古普遍都存

---

① See S. Carter, *Lex Custumaria: or, a Treatise of Copy-hold Estates*, the Affigns of Richard and Edward Atkins Efguires, 1701, p. 25, 29 – 33.

② Edward Coke, *The Complete Copy-holder*, London: T. Cotes for W. Cooke, 1641, SEC. XXXIII. Also see EEBO-TCP, https://quod.lib.umich.edu/e/eebo2/A33630.0001.001/1:3.33? rgn = div2; view = fulltext; q1 = established + by + long + use.

③ See William Blackstone, *Commentaries on the Laws of England, Book* Ⅰ: *Of the Rights of Persons*, David Lemmings ed., Oxford University Press, 2016, p. 76 – 78.

④ See William Blackstone, *Commentaries on the Laws of England, Book* Ⅱ: *Of the Rights of Things*, Simon Stern ed., Oxford University Press, 2016, p. 21.

在拾穗的习惯。①

其二,根据《利未记》(Leviticus)的记录,"你们收割地的时候,不能完全收割田地的角落。你不可收割的粮食。你不可收割葡萄园,也不可收割葡萄园的葡萄。留给穷陌生的人"以及"你要把它们留给穷人和陌生人"以及《摩西律法》(the Mosaical Law)教法学者的解释,拾穗是一种上帝给予穷人的神圣权利,且它带来无须上缴什一税的原始取得。②

其三,同时代的两个先例均被提及,一个是同一教区两年前发生的"沃利奇诉曼宁案"(Worlledge *v.* Manning);另一个是同年判决的"塞尔比诉罗宾逊案"(Selby *v.* Robinson),这两个案例均涉及通过赋予某种限定对拾穗权合理性,主要取消了教区之外穷人以及穷人这种(poor householders)模糊捡拾麦穗或柴火的合法主体地位,但对于共有权的习惯存在于社区中应该依托于明确的法律记载固定于某处房屋。③ 实际这种限定已经屡见不鲜,正如乡村史学家奥尔特(W. O. Ault)指出的,拾穗权的实践主体既与性别无关也与贫困程度无关,穷人在习惯上并非拥有庄稼捡拾的特许主体。④ 即便案例能够证明这种习惯的存在,也难免要像"盖特沃德案"(Gateward's Case)中的结论一样,法律应当取消不合理或违法的恶俗,尤其在这种共有习俗缺乏财产保有上的确定

---

① See Henry Blackstone ed., *Reports of Cases Argued and Determined in the Courts of Common Pleas* 1788 - 1991, Vol. Ⅰ, Joseph Butterworth and Son, 1827, p. 57. Also see Moses Maimonides, *The Laws of the Hebrews Relating to the Poor and Stranger*, translated by James Peppercorne, Pelham Richardson, 1840, p. 123.

② See Leviticus, c. xix., vv. 9, 10; c. xxiii., v. 22. As cited in Henry Blackstone ed., *Reports of Cases Argued and Determined in the Courts of Common Pleas* 1788 - 1991, Vol. Ⅰ, Joseph Butterworth and Son, 1827, p. 55.

③ See Worlledge *v.* Manning (1786), East. 26 Geo. 3, 126 Eng. Rep. 34; Selby *v.* Robinson (1788), 2 T. R. 759, 100 Eng. Rep. 409.

④ See W. O. Ault, *Open-Field Farming in Medieval England: A Study of Village By-laws*, Allen & Unwin Australia, 1972, p. 27 - 32.

性和持续性时,共有权的习俗应当被取消。①

其四,上文提及的议会圈地法案、济贫法等成文法条,在本案中也被提及,例如对拾穗主体是在本教区的居民符合济贫法的要旨,拾穗的时间限制是在土地占有人收割后,最长不过三日夜。② 实际上议会立法文集在解释上存在各种可能,但对权利的判断准绳似乎在于政策的使用场合与目的,而非通俗用法。③ 这样对前述法案的解读只会导向拾穗习惯法被限制只是圈地需要与流民管控的缓冲,而不关乎所谓权利或特许的区别。

其五,法学家的学说,作为一种权威性的来源也在本案中被古尔德法官多次引用以说明拾穗权习惯的存在。例如,法官黑尔(Sir Matthew Hale)在 1668 年在诺福克巡回法庭(Norf. Summer affizes)上指出,尽管存在一定程序上的限制,但英国法律确实依据习惯授权(license)了穷人拾穗的合法性,而这一观点也被吉尔伯特法官(Baron Gilbert)所引用:"这是一个充分的理由,因为根据英国的习俗,穷人可以在收获后收集;这个习俗似乎是建立在犹太律法的一部分上,允许穷人收集使收获之后成为普遍的欢愉时间。"④

实际上,自"盖特沃德案"以来,大多数普通法法官对一种关乎权利是否"确定性"的执着让他们否定了那些宣称共有习惯合法的权威。这些对拾穗权持有反对意见的法官首先是侧面削弱那些阻碍非法认定的权威文

① See Gateward's Case (1607),6 Co. Rep. 59b,77 Eng. Rep. 344.

② See Henry Blackstone ed. ,*Reports of Cases Argued and Determined in the Courts of Common Pleas* 1788 - 1991,Vol. Ⅰ,Joseph Butterworth and Son,1827,p. 35 - 36.

③ See The King *v*. George Webb Hall (1822),1 B & C 124,107 ER 47 at 51 - 52.

④ 但正如后文提及的,吉尔伯特法官限制解释拾穗只是一个特许的行为。原文为"The law gives licence to the poor to glean,& c . by the general custom of England,but the licence must be pleaded specially,and cannot be given in evidence on non Cul. " See Nisi Prius ed. ,*Trials Per Pais: Or, the Law of England Concerning*, 9th ed. , Dublin, 1793, p. 541; Baron Gilbert, *The Law of Evidence*, 5th ed. , A. Strahan and W. Woodfal, 1788, p. 250; Henry Blackstone ed. ,*Reports of Cases Argued and Determined in the Courts of Common Pleas* 1788 - 1991,Vol. Ⅰ,Joseph Butterworth and Son,1827,p. 54.

本效力,解释黑尔法官的庭外意见不具正式的拘束力,其次就是限缩吉尔伯特法官对拾穗习惯合法性的承认空间,指明他们的论述不明确。① 此外,他们提出对于一种权利主体是模糊的穷人概念,权利行使时间的期限,以及权利对象是遗落的麦穗这种表述是“不确定的”或是“不稳定的”以至于是法律无法认可的权利。② 另外,三个持反对意见的法官凭借当时的经验认为拾穗是英格兰地方纷杂的习惯,并非具有习惯法的“普遍性”。这与当时的庭外法律意见如出一辙,高等律师格罗夫称其游览欧陆地区(主要是法国诺曼地区)未见到拾穗的权利。③ 最后,对于习惯的“合理性”而言,在上节讨论权利或特权时,各位法官就以社会有限济贫与控制流民的政治经济理论,将之叱责为一种缺乏远见的恶俗或人人皆能凭借避免劳动的借口,故而需要法律否定这一习惯的合法性。④

通过案卷可以看出,关乎贫民社会是否存在的共有权习惯在普通法的讨论中几乎没有贫民置喙这种习惯合理或明确与否的余地。在18世纪,普通法上对于平民社会中的财产利用习惯往往由“博闻强识”的法官们凭借个人经验判断习惯合理性与普遍性的合法性裁决的同时,难免存有意识形态上对财产权来源的深层次预设。贫民社会的“权利”和普通法法官与律师使用的“权利”语言难免存在转译上的隔阂,案件中或许前者的痕迹被后者以一种法律技术的形式完全遮盖或否定。于是,无论是关于圈地的议会立法,还是古老的宗教文本或者教义,还是学说与其他历史文本,均被否认拾穗合法的法官以新的理性方法检视

① See Henry Blackstone ed., *Reports of Cases Argued and Determined in the Courts of Common Pleas* 1788 – 1991, Vol. Ⅰ, Joseph Butterworth and Son, 1827, p. 53, 60, 63.

② See Henry Blackstone ed., *Reports of Cases Argued and Determined in the Courts of Common Pleas* 1788 – 1991, Vol. Ⅰ, Joseph Butterworth and Son, 1827, p. 60, 62 – 63.

③ See Henry Blackstone ed., *Reports of Cases Argued and Determined in the Courts of Common Pleas* 1788 – 1991, Vol. Ⅰ, Joseph Butterworth and Son, 1827, p. 52, 60; Cumberland Pacquet, 07 June 1786; Kentish Gazette, 23 May 1786.

④ See Henry Blackstone ed., *Reports of Cases Argued and Determined in the Courts of Common Pleas* 1788 – 1991, Vol. Ⅰ, Joseph Butterworth and Son, 1827, p. 52, 62.

后弃而不用,层层剥茧剩下的仅仅是这种习惯在古代存在这一事实的承认,法官依靠的是并非汤普森所称的平民道德经济的视角,毋宁是一种限于法律术语的经济理性衡量。[①]

三、拾穗权大案裁判之后的财产观念影响

判决作出后,舆论哗然,各类媒体或受资助站在农民角度给穷人普法,或是站在贫民角度对农民表达同情。[②] 普通诉讼法庭最终判令霍顿一家承担 35 英镑 5 先令的罚金与诉讼费用,这对鞋匠职业家庭的霍顿而言是毁灭性的,这场诉讼直接让原本不富裕的家庭深陷债务,最后不得不向本地大圈地地主变卖不动产而重归无产阶层,玛丽在其丈夫死后终于过上了法庭希望穷人们过的日子——依靠教区发放的救济金过活。[③] 反观本案中的原告斯蒂尔,正如前述所言,法官们作出的这一判决实际超出了他的最初期待。正如彼得·金指出的,本案的争议缘由可能仅由于当年生产的歉收与小麦价格上涨,加之作物收割前留在地

---

① 关于道德经济,最初是汤普森在描述 18 世纪英国粮食骚动时,指在一个社会福利制度尚未健全的时代,贫民社会以一种非经济理性的方式组织一种共同福利的模式自我生计,或者是对于剥夺这种自我生计的有组织的集体抵抗行动。See E. P. Thompson, *The Moral Economy of the English Crowd in the Eighteenth Century*, 50 Past and Present 76, 79 (1971). 在《共有的习惯:18 世纪英国的平民文化》中,汤普森进一步解释这种"道德经济"是一种卷入市场活动中的民众习俗、文化或心态,这尤其体现在通过在生活必需品相关的短缺或骚动中体现的语言使用,底层民众的合法性语言并不会付诸于"义务"(duties)、"责任"(obligations)、"互惠"(reciprocity)或者"权利"(rights)这种法律术语,但一旦他们使用这种语言词汇就必须通过他们的生活实践来转译,以理解在关乎生存权的民众行动合法性,参见[英]E. P. 汤普森:《道德经济学的再考察》,载《共有的习惯:18 世纪英国的平民文化》,沈汉、王加丰译,上海人民出版社 2019 年版,第 332 ~ 415 页。

② See Peter King, *Legal Change, Customary Right, and Social Conflict in Late Eighteenth-Century England: The Origins of the Great Gleaning Case of* 1788, 10 Law and History Review 1, 5 - 7 (1992).

③ See Peter King, *Legal Change, Customary Right, and Social Conflict in Late Eighteenth-Century England: The Origins of the Great Gleaning Case of* 1788, 10 Law and History Review 1, 7, 20 - 24 (1992).

里,而拾穗者急于在持续下雨导致谷物腐败之前捡拾,混同土地权人麦穗与贫民落穗的情状激化了农民与贫民之间的矛盾。[①] 这次判决也并没有达到一种对私人领地拾穗普遍禁止的效果。在1788年案件之后,出于诉讼成本以及对于普通法在对地方习惯效力上的有限拘束,大多数农民仍旧无法防止穷人随意进入圈地捡拾大麦等饲料谷物。[②] 毕竟,直至18世纪前期,家庭中妇女儿童通过拾穗获得的收入可占农村贫民家庭收入的相当比例,而在英国官方的社会救济没有实质保障这部分生活来源前,这当然是穷人生活里尚且不可替代的部分。[③]

由于源自封建习惯法的土地上权利的核心概念不是关于财产的,而是关于人们相互之间存在的义务。[④] 这种土地习惯的义务关系基础慢慢被一种以绝对占有的财产权利所破坏,以至于人们开始质疑传统习惯的合法性。到了18世纪,同一片土地上复杂的使用权利安排使贫民被迫要与坚持绝对所有权至上的权贵们展开同一套"权利"话语下的辩论。[⑤] 这种漫长斗争的失败终究是失败的,这对双方而言几乎无利可

---

① See Peter King, *Legal Change, Customary Right, and Social Conflict in Late Eighteenth-Century England: The Origins of the Great Gleaning Case of* 1788, 10 Law and History Review 1, 10 – 12 (1992).

② See Peter King, *Legal Change, Customary Right, and Social Conflict in Late Eighteenth-Century England: The Origins of the Great Gleaning Case of* 1788, 10 Law and History Review 1, 10 – 11 (1992);在法律诉讼的数据上,1788年是唯一一次进行了两场以上与拾穗有关诉讼的年份。在这20年里审理的15起拾穗案件中,有4起是在1788年提起的。此外,虽然在这两个系列中发现的与收集有关的案件中,有2/3是由拾荒者提出的而不是农民,享有土地权的农民通常被指控人身袭击(assault),唯有1788年这种平衡暂时逆转。在1788年判决后的第一季收获期间,记录的三项指控是由农民提出的。See Peter King, *Gleaners, Farmers and the Failure of Legal Sanctions in England* 1750 – 1850, 125 Past and Present 116, 121 (1989).

③ See Peter King, *Customary Rights and Women's Earnings: The Importance of Gleaning to the Rural Labouring Poor*, 1750 – 1850, 44 The Economic History Review 461, 462 – 466 (1991).

④ See S. F. C. Milsom, *The Legal Framework of English Feudalism*, Cambridge University Press, 1976, p. 58.

⑤ See E. P. Thompson, *Whigs and Hunters: Origin of the Black Act*, Allen Lane, 1975, p. 241.

图。事实上,判决拾穗非法的案例往往也在普通法理论上构成触犯公法的盗窃行为,但现实是法学家的学说再一次在法庭上失效了,大多数拾穗案件在社会观念中并不被认为成立犯罪,甚至法庭最终对这些妇孺拾穗者的惩戒都是象征性的。① 在这一历史时期,林木、碳泥、野生动物等自然资源的所有权化导致了这一时期触犯财产权的刑事诉讼案件频发。与惯例事实相冲突的败诉案件其实并没有根除这类行为,但法律介入的失败却往往引发了乡村社会以社区自治方式重新规范由习惯许诺的利益,例如,拾穗者开始自发遵循一些限制性规则或者团体行动来获取普遍认可。②

当然,普通法法官在习惯非法化过程中并非只是消极否定的角色,在 18 世纪之后由于普通法对共有权的大幅削弱,导致法官不得不对地役权制度作出进一步的扩展解释,以留出制度空间来调整相邻土地权利人之间纷繁交错的财产权利安排以及特许用益习惯的社会现实。③例如,法官曾普遍在地役权上提及"回避与忍让"原则(levancy and couchancy),采用类似罗马法上的邻避权以相邻产权人之间的必要容忍

① 普通法上关于不动产附属物经分离(severance)后也可以被作为盗窃对象。See William Blackstone, *Commentaries on the Laws of England, Book Ⅳ: Of Public Wrongs*, Ruth Paley ed., Oxford University Press, 2016, p. 154. 关于社会普遍的同情,正如当时议员凯贝尔·洛夫特(Capel Lofft)发表的对拾穗权合法性的长篇论证中提到的。See Arthur Young, Esq. F. R. S. eds., *Annals of Agriculture and Other Useful Arts*, Vol. 9, Bury St. Edmund's, 1788, p. 636 – 646. 有时候这种惩罚只是一种劝诫或是对已有社会福利的取消。See Peter King, *Crime and Law in England*, 1750 – 1840: *Remaking Justice from the Margins*, Cambridge University Press, 2006, p. 332. 有时候对于拾穗者的惩罚仅仅是一封道歉信。See Arthur Young, Esq. F. R. S. eds., *Annals of Agriculture and Other Useful Arts*, Vol. 17, Bury St. Edmund's, 1792, p. 293.

② See Clive Emsley, *Crime and Society in England*, 1750 – 1900, 3rd ed., Pearson Education Limited, 2005, p. 147.

③ See Alfred William Brian Simpson, *A History of the Land Law*, 2nd ed., Oxford University Press, 1986, p. 262 – 264. 而这种调整也往往并不认同非必要之经济习惯,例如民众的观看赛马需求,就不能够成为一种免责事由乃至权利主张。See Mounsey *v.* Ismay (1865), 3 H. & Co. 486, 159 Eng. Rep. 621.

义务来调整这种需要。① 但这种折中似乎无法对贫民阶层的生存需求产生任何的庇护,贫民并非法律所保护的合适财产权对象,原因在于经济上穷人群体界定的不确定性与法律产权界定的确定性似乎天然上就是对立的。在所有权日益明晰的过程中,自然资源的所有权化以及劳动产品的确权使这些生活材料在法律上脱离了劳动者主体。不仅在乡村,即便到了19世纪中期,曼彻斯特城市居民肆意盗窃公共水龙头和水泵的非法现象仍旧普遍存在。② 以1788年拾穗权案为代表的"习惯转为非法"实际是为自然资源以及劳动产品的财产观念进行"何为正确财产权"的循环诠释,它并没有为贫民圆满解释传统乡村习惯的错误所在,而仅强调了所有权存在的正当性,任何与之相悖的事物均为非法。正如一个世纪后马克思在《关于林木盗窃法的辩论》文章中称这种将"习惯转为非法"的立法本质就是不公正的,法律并未在调整利益,而是利益在规制法——贫民的任何习惯法在财产权上都是不确定的而非独占的界限分明,脱离人民生活的特权者的习惯是与贫民的习惯截然不同的,特权者对公共财产先占的法律其实背离了贫民的习惯法。③

余　论

"习惯转为非法"的司法判决在18世纪末对彼时"私有共享"的乡村习惯法理念予以沉重打击并非个案。大量乡村习惯及其规定被正式财产法所废止的同时,大量的议会圈地也对公地空间进行最后的挤压。仅在1700年到1850年,大约有5000项议会法案废除了英格兰10,000

① See Robert Bennett *v.* Robert Reeve (1740), Willes 227, 125 Eng. Rep. 1144 at 1147; Emerton *v.* Selby (1702 – 1714), 2 Ld Raym. 1015, 92 ER 175, Scholes *v.* Hargreave (1792), 5 Term Rep 46, 101 ER 26.

② See Clive Emsley, *Crime and Society in England*, 1750 – 1900, 3rd ed., Pearson Education Limited, 2005, p. 2.

③ 参见[德]卡尔·马克思:《关于林木盗窃法的辩论》,载中共中央马克思恩格斯列宁斯大林著作编译局编译:《马克思恩格斯全集》(第1卷)(第2版),人民出版社1995年版,第247～258页。

个教区中大约一半的敞田制土地,农业藩篱的存在以及庄园习惯法对穷人放牧等共同权利的蚕食以换取现代农业的效率增长。① 伴随着官方新济贫法的出台,底层群众在18世纪面临的是在管控人口流动的收紧性政策与社会治安的惩罚性管控,法官对于贫民拾穗诉诸于传统教会法上的慈善精神或是庄园习惯中的古老传统已经难以适应财产权的需求。尽管生存权与财产权的法理冲突早在14世纪方济各会"使徒贫困"(apostolic poverty)争论之后随着财产支配权在道德领域的扩散而愈发具有影响力。② 但带有宗教亲缘性的传统自然法及其穷人权利理论在未来也会逐渐失去其在社会上的说服力,至少基督教的济贫慈善理念逐渐失去在功利政策制定中的影响,到现如今拾穗作为一种普遍惯例的善行已经遗风不存。

1788年拾穗权案所表达的,是在18世纪伴随"共有权"的社会功能弱化与私权观念发迹的观念交替,而以拾穗习惯为代表的共有权所面临的合法性危机其实不足为奇。由于彼时的济贫法并未考虑到生产资料的分配使穷人自己从土地上劳作获取作物成为不可能,这种权利能力与理性能力的一般化安排要求无地茅舍农被拔高到一个土地权人的抽象形象——而作为个人主义独占财产权的基础已经饱受批评。③ 非正式的社会习惯与正式的法律渊源虽然同样作为社会规制的典型形式,但不可否认的是,无论对于权利还是特许概念的分界,抑或贫民一方艰难从古老习惯中寻求的规范依据,最终都不敌洛克式经济理性定义下的权属观念的普遍泛滥。

---

① See Leigh Shaw-Taylor, *Labourers, Cows, Common Rights and Parliamentary Enclosure: The Evidence of Contemporary Comment c.* 1760 – 1810, 171 Past & Present 95, 95 (2001).

② 参见陈立军:《中世纪思想与话语的积淀——论西欧穷人权利理论的形成》,载《古代文明》2019年第4期。

③ 参见[加]C. B. 麦克弗森:《占有性个人主义的政治理论:从霍布斯到洛克》,张传玺译,浙江大学出版社2018年版,第182~188页。

清末司法改革中的沈家本与戴鸿慈

——以部院论争为中心*

刘佳芸**

[**摘要**]沈家本与戴鸿慈在晚清政坛上多次相逢,他们曾为同事,亦是对手。清末官制改革之初,由于清廷没有具体厘定法部和大理院的职权,部院各自走上了扩权之路。作为法部尚书的戴鸿慈与大理院正卿沈家本就审判权、司法行政权进行了激烈的正面交锋。清廷将沈家本调离大理院后,戴鸿慈与张仁黼共同发起了针对修律大臣沈家本的立法权论争。分析沈家本与戴鸿慈在部院之争中的言行可知,他们最核心的区别在于对权限划分有不同理解。究其原因,一方面是沈、戴二人对传统律学与西方法律的素养不同;另一方面是二人所处的职位不同。沈家本与戴鸿慈对"权限划分"的理解孰是孰非,亦值得深入探讨。

[**关键词**]沈家本;戴鸿慈;部院之争

引　言

梳理沈家本与戴鸿慈的人生履历,我们会有"人生何处不相逢"之叹。在官制改革之前,他们曾于刑部共同为官;清末新政开启后,他们在修订法律大臣与出洋大臣之任上共同推进了清末预备立宪之进程;官制改革后,两人被任命为大理院正卿与法部尚书,在部院筹备的过程中展开了激烈的交锋;最后,为了平息"部院之争",清廷更是用政治平衡术将沈家本与张仁黼对调,沈家本由大理院正卿改任法部右侍郎,与戴鸿慈于法部再度共事。

作为清廷在司法改革的顶层设计,法部与大理院一直是学界议论

* 本文系国家社会科学基金一般项目"沈家本新研究"(项目批准号:18BFX029)的研究成果之一。

** 刘佳芸,复旦大学法学院2020级博士研究生。

的焦点之一,相关成果颇丰。[①] 然而,鲜有学者从司法改革的角度入手,将既是对手又是同事的沈家本与戴鸿慈进行对比。作为部院首任长官,沈、戴二人从改革伊始便产生了十分重要的影响:无论是部院筹备之初经费、场地与人员的协调,抑或后来部院关于审判权与司法行政权的激烈争夺。这些影响决定了这场中央司法改革的走向,最终成为清廷改革成败的关键因素之一。基于此,本文以清末司法改革为主题,采取比较研究进路,通过比较沈、戴二人的人生履历、部院之争中不同的观点和表现,考察与反思清末司法的近代化转型。

一、沈家本与戴鸿慈的人生比较

(一)两人履历

沈家本(1840 年~1913 年),字子惇,别号寄簃,浙江归安(今湖州吴兴)人。他出生于一个“宦迹不显的诗书世家”。其父沈丙莹,道光二十五年(1845 年)中进士,历任刑部主事、郎中、都察院监察御史与贵州安顺府知府,沈父在贵州任上仕途不顺、遭人弹劾,后辞官归乡。[②] 同治三年(1864 年),沈家本援例以候补郎中入职刑部,开始了久历刑曹的官场生涯。光绪九年(1883 年),屡试不中的沈氏终登进士,获得刑部正式员缺,历充刑部郎中、奉天司主稿兼秋审处坐办、律例馆帮办提调等。光绪十九年(1893 年),在刑部任职近 30 年的沈家本终得外放为天津知府,后改保定知府,完成了从事务官到政务官的转型。因“保定教案”,沈家本被外国侵略军拘禁了四个月之久,这次死里逃生对他的思

① 关于法部的相关研究参见谢蔚:《晚清法部研究》,中国社会科学出版社 2014 年版;赵俊明:《晚清法部的酝酿产生》,载《沧桑》2008 年第 6 期;赵俊明:《晚清刑部与法部之比较》,载《沧桑》2009 年第 3 期。关于大理院的相关研究参见韩涛:《晚清大理院:中国最早的最高法院》,法律出版社 2012 年版;韩涛:《晚清最高司法审判权的形塑——以晚清大理院审判权限的厘定为中心》,载《华东政法大学学报》2011 年第 5 期。关于“部院之争”的相关研究参见张从容:《部院之争:晚清司法改革的交叉路口》,北京大学出版社 2007 年版;张从容:《晚清司法改革中的两种倾向》,载《学术研究》2005 年第 2 期;陈新宇:《〈大清新刑律〉编纂过程中的立法权之争》,载《法学研究》2017 年第 2 期。

② 参见李贵连:《沈家本传》,法律出版社 2000 年版,第 3~36 页。

想影响极大,他在花甲之岁得以开放胸襟进行大刀阔斧的法政改革,与此密切相关。[①] 光绪二十七年(1901年),沈家本被调回刑部,任刑部右侍郎,再迁刑部左侍郎,直到刑部改为法部为止,沈氏一直为刑部的当家堂官,大小事宜皆由其主政。[②] 次年,清廷决心变法修律以延国祚,经张之洞、袁世凯等举荐,沈家本与伍廷芳一同被任命为修订法律大臣,从此迎来他从政生涯的巅峰。1902年至1911年,修订法律馆在沈家本的主持下翻译各国律例、改造旧法与创立新法,成果颇丰,制定了《大清现行刑律》《大清新刑律》《大清民律草案》《法院编制法》等法律。

光绪三十二年(1906年)九月,清廷实行预备立宪与中央官制改革。为了实现司法权与行政权分离,刑部被改为法部,负责司法行政;大理寺改为大理院,专掌审判。沈家本被任为大理院正卿,负责大理院的筹备与运作。不久,沈家本即因部院的权限厘定问题与法部尚书戴鸿慈展开了激烈的"部院之争",随后沈氏被调任法部右侍郎,仍兼修订法律大臣。宣统元年(1909年),沈家本兼任资政院副总裁,在资政院任职期间,他兢兢业业地主持了近半数会议。宣统三年(1911年),沈家本被免去资政院副总裁与修律大臣的职务,改任法部左侍郎。几个月后,他入袁世凯内阁担任司法大臣。民国建立,沈家本退出政界,闭门著述,1913年因病逝世,享年73岁。

沈家本的一生以修律著称,但他在法学著述方面的成就也为人乐道。他著有《历代刑法考》《历代刑官考》《寄簃文存》等30余种,这些论著全面展现了他对传统律学的精研与对近代法治的思考。杨鸿烈先生在《中国法律发达史》中对沈家本作了极高评价:"沈氏是深了解中国法系且明白欧美、日本法律的一个近代大法家,中国法系全在他手里承先启后,并且又是媒介东方西方几大法系成为眷属的一个冰人。"[③]这是对沈家本人生的精准总结。

戴鸿慈(1853年~1910年),字光孺,号少怀,广东南海人。他出生于

---

① 参见李贵连:《保定教案与沈家本被拘考》,载《比较法研究》2000年第1期。

② 参见李贵连:《沈家本传》,法律出版社2000年版,第142页。

③ 杨鸿烈:《中国法律发达史》,中国政法大学出版社2009年版,第492页。

书香世家,父辈及兄弟在晚清政坛可称显赫功名。其父戴其芬,官至光禄寺署正;其长兄鸿宪与弟弟鸿惠均以举人拣选知县,敕授文林郎,加五品衔。戴鸿慈自幼聪颖,与沈家本艰辛的科举之路相比,戴鸿慈可谓顺利至极,他 20 岁乡举第一,23 岁考中进士,以翰林院庶吉士开启宦海生涯。因文采斐然,他担任翰林院编修多年,参与修国史、实录等;三次出任学政,督学山东、云南与福建,又屡任试差,多次充当阅卷大臣。光绪二十六年(1900 年)十二月,戴鸿慈擢刑部左侍郎。[①] 此时的沈家本为刑部右侍郎,这是他们在晚清政坛的第一次相逢,之后数年,他们还有多次重逢、争锋相对的时刻。一年后,即光绪二十八年(1902 年)正月,戴鸿慈改任户部右侍郎,巧合的是,戴氏离开刑部时,正是沈家本接替了其刑部左侍郎之职。[②] 光绪三十一年(1905 年)年末,戴鸿慈被选为五大臣之一出洋考察政治,从 1905 年 12 月至次年 6 月,他与端方的考察团经日本先后到达美国、德国、丹麦、瑞典等 14 个国家,其中重点考察了美、德、奥、俄、意五国,考察内容涉及欧美各国的政体、宪法、财政与兵制等。[③] 此次出洋是戴鸿慈人生的关键转折点,他不仅因此仕途亨通,由户部侍郎升为礼部尚书,还在归国后积极倡言、参与立宪。他是清廷预备立宪与官制改革方案的起草者,对清廷决定立宪起着重要的推动作用。

中央官制改革后,戴鸿慈从礼部尚书改任法部第一任尚书。任职三年内,戴氏主持了法部初创期间的大部分工作。“部院之争”告一段落后,戴氏相继上奏《法部奏酌拟各级审判厅试办章程折并章程》[④]《法部奏拟建京师模范监狱折》[⑤],使京外各级审判厅与京师模范监狱得依

① 参见钱实甫编:《清代职官年表》(第 1 册),中华书局 1980 年版,第 722 页。

② 参见钱实甫编:《清代职官年表》(第 1 册),中华书局 1980 年版,第 724 页。

③ 参见(清)戴鸿慈:《出使九国日记》,陈四益校点,岳麓书社 1986 年版。

④ 《法部奏酌拟各级审判厅试办章程折并章程》,载上海商务印书馆编译所编纂:《大清新法令(1901 ~ 1911)》(第 1 卷),李秀清、孟祥沛、汪世荣点校,商务印书馆 2010 年版,第 388 ~ 405 页。

⑤ 《法部奏拟建京师模范监狱折》,载上海商务印书馆编译所编纂:《大清新法令(1901 ~ 1911)》(第 5 卷),李秀清、王捷点校,商务印书馆 2010 年版,第 201 页。

次筹办。宣统元年(1909 年)四月,戴鸿慈任俄国专使,沿路详考东北政事。归国后他再次晋升,以法部尚书在军机大臣上学习行走,不久擢协办大学士。宣统二年(1910 年)正月,戴鸿慈病逝,享年 58 岁,谥“文诚”。

戴鸿慈虽以文才著称,但他留下的论著仅一本,即出洋考察途中所写的《出使九国日记》。纵观戴鸿慈的一生,可谓少年得志、仕途亨通、位极人臣。时人对戴氏的评价,一为“敢言”,二为“知新”。[①] 以他在“部院之争”中的言行来看,知新与否、知新程度几何,似可再做估量。

(二)两人比较

沈、戴二人的人生与时代命运共浮沉。比较沈家本与戴鸿慈的履历,两人相似之处颇多。他们都来自书香世家,都以科举入仕途,[②]他们的基本知识结构与传统文臣无异,受儒学影响至深。即使是被后人夸赞精通中外法律的沈家本,对传统律学与西方法律的积累也皆为业务需要,在工作以外,他留下了大量诗作;面对民国政府的要职邀约,他毅然拒绝、退出政界,恪守前朝臣子的忠心,这都反映了传统文人士大夫的习惯与品德。此外,他们对西学都有较为包容开放的态度。在当时语境下,沈家本以极为难得的开阔胸襟、严谨求实的态度面对东西方法律,着力于会通传统情理与现代法理;[③]在晚清诸臣中,戴鸿慈因出洋经历,对待西学较为开明,享有“知新”时誉。更为相似的是,他们二人政治生涯的巅峰都始于清末新政与预备立宪。在官制改革以前,他们一人修律、一人出洋,官制改革后,他们又各自担任部院长官,一道开启了清末司法改革的序幕,在晚清政坛留下了浓墨重彩的一笔。

然而,两人不同之处亦繁。首先,他们的仕途经历与政治地位大不

① 参见(清)赵尔巽等撰:《清史稿 · 卷四三九 · 戴鸿慈传》,中华书局 1977 年版,第 12,403 ~ 12,408 页。

② 按:虽然沈家本早年受父荫、援例入职刑部,但长期担任刑部候补郎中。为了获得正式员缺,他历时十八年埋首苦读、频繁试举,终中进士,成为刑部正式郎中。

③ 参见陈新宇:《法律转型的因应之道——沈家本与晚清刑律变迁》,载《现代法学》2021 年第 2 期。

相同。沈家本一生久历刑曹,专务司法,其专业性远非戴氏可比。他在刑部任职近三十年,经历外放回到中央后,任职也多与法政改革相关,历任刑部左侍郎、修订法律大臣、京师法律学堂管理大臣、大理院正卿、法部侍郎与资政院副总裁等。但是,沈家本的最高品秩仅为正二品大理院正卿与侍郎,即使多年从事着备受瞩目的修律事业,其可面圣的机会也不多,亦非内阁或军机处要员。戴鸿慈的宦海生涯则是"学而优则仕"的传统文官之路,他因文采斐然,在翰林院任职多年,又数充学政、屡任试差。出洋考察归来后,他一路加官进爵,官至礼部尚书、法部尚书、军机大臣和协办大学士等。就品秩言,戴氏是从一品的尚书与协办大学士,位极人臣,是参与内阁会议的参政大臣,时谓"戴相"。

其次,他们专业知识储备相距甚远。沈家本的一生与法政密切相连,他因家学渊源、多年任职刑部及修订法律的经历,形成了丰富的专业素养,不仅精通古典律学,还深入学习与了解西方法律。① 然而,"文学进身"的戴鸿慈对法律与司法皆为一知半解。在成为法部尚书以前,他仅在刑部短暂任职一年,此外无任何相关经历。即使出洋半载,考察过各国法院、裁判所,他对西方法律的了解仍不深刻。这对基本通过历练和自修法学知识的大清帝国官员而言,②极为不妙。

最后,他们的业务能力也多有差异。部院创立伊始,沈家本与戴鸿慈对部院的筹备进展可谓截然两立。作为多年的司法工作者,沈家本对司法改革的全局有着清晰认识,他有条不紊地筹措经费、确认场所、奏调人才、制定官制及厘清权限。在其主持下,大理院得以顺

① 目前学界已有学者撰文指出"学贯中西"是对沈家本的过誉之辞,"沈家本是精通中学、中律,但他既不通西语,也不通西学,对西律也没有更深入、更系统的研究",参见尹伊君:《法律臣时因国艰　经史垂后待世评》,载沈家本:《历代刑法考》(下),商务印书馆编辑部整理,商务印书馆 2011 年版,第 959 ~ 961 页。但是,沈家本对西法的了解与积累程度,毫无疑问强于戴鸿慈。

② 参见张从容:《晚清司法改革中的戴鸿慈——兼论传统司法官员的知识转型》,载《学术研究》2007 年第 2 期。

利运转,多处抢占先机。与之形成对比,缺乏专业能力的戴鸿慈倍感迷茫。时任法部司员的唐烜对戴鸿慈的能力颇有微词,“戴、张二公,一切茫然,直无从置喙,寅僚多匿笑……昔桐城吴挚夫有云‘外行管内行’,于此益信。”①戴鸿慈主持的法部筹备,缺乏整体规划,不仅考选人员的进展落后于大理院,连最为关键的法部官制也迟迟无法出台,这不仅影响了法部自身的筹建,更滞后了司法改革活动。②

二、部院权限之争:沈家本与戴鸿慈的交锋

在清末预备立宪的背景下,司法体制成为官制改革的必经之路。然而,出于巩固皇权的需要,清廷在官制改革方案中倾向于以行政权来牵制审判权。在官制改革谕旨中,清廷以简练、模糊的语言概括部院之间的权限,“刑部著改为法部,专任司法;大理寺著改为大理院,专掌审判。”③清廷在司法改革的顶层设计中没有具体厘定法部和大理院的职权,这导致部院各自为政,自行划定、报奏自身职权,由此走上了争权、扩权之路。作为部院最高长官的沈、戴二人,也迎来了公开、激烈的正面交锋。

(一)部院审判权之争

光绪三十二年(1906 年),大理院制定了《大理院审判编制法》,该法第六条直指依法独立审判,“自大理院以下及本院直辖各审判厅局,关于司法裁判,全不受行政衙门干涉……而保人民身体财产”。④ 大理院奏进并获得批准的《大理院奏审判权限厘定办法折》则确定了四级审

① 《唐烜日记》,赵阳阳、马梅玉整理,凤凰出版社 2017 年版,第 248 页。

② 参见张从容:《晚清司法改革中的戴鸿慈——兼论传统司法官员的知识转型》,载《学术研究》2007 年第 2 期。

③ 中国第一历史档案馆编:《光绪朝上谕档》(第 32 册),广西师范大学出版社 1996 年版,第 196 页。

④ 《大理院审判编制法》,载上海商务印书馆编译所编纂:《大清新法令(1901 ~ 1911)》(第 1 卷),李秀清、孟祥沛、汪世荣点校,商务印书馆 2010 年版,第 381 页。

判机构及其相应职权。[①] 法部也不甘示弱,拟定了自身的官制办法,在经上奏核议后,也获得批准。由此,法部获得了部分审判权。对于各省重案的复核,“由各直省分达部院,经大理院覆判后,咨部核定,即由法部具折请旨施行。如有情罪未符,仍咨回大理院自行驳正”。[②]

大理院和法部的奏折都获得了清廷批准,但这两份奏折又彼此矛盾。批准法部获得部分审判权的奏折显然与批准大理院的奏折存在冲突,这非但不能解决部院之间的司法权限划分问题,还违背了官制改革谕中大理院“专掌审判”的改革精神。光绪三十三年(1907 年)四月发生的“部院之争”经此埋下伏笔。

1. 戴鸿慈的主张:法部兼掌审判权

这场审判权之争肇始于光绪三十三年(1907 年)四月。四月初三,法部尚书戴鸿慈在未与大理院协商的情况下,独自呈交了涉及法部和大理院司法职权划分的《酌拟司法权限缮单呈览折》,由此,部院的司法权限纷争彻底公开化。戴鸿慈在该奏折中附上了 12 条司法权限清单,涉及审判权与司法行政权两类权力在部院间的划分。[③]

戴鸿慈主张享有的审判权主要涉及三个方面,即核定大辟案件、复核秋朝审案件与具奏恩赦特典案件。这三项审判权本应由大理院行使,“但是,由于清廷对这种权限的划分也不清楚,所以,当即批准了法部的办法”。[④]

2. 沈家本的回应:大理院独掌审判权

戴鸿慈的奏折被谕令移交大理院,奏折的内容引起大理院正卿沈

---

① 《大理院奏审判权限厘定办法折》,载上海商务印书馆编译所编纂:《大清新法令(1901 ~ 1911)》(第 1 卷),李秀清、孟祥沛、汪世荣点校,商务印书馆 2010 年版,第 377 ~ 379 页。

② 《法部奏核议法部官制并陈明办法折并清单》,载上海商务印书馆编译所编纂:《大清新法令(1901 ~ 1911)》(第 2 卷),荆月新、林乾点校,商务印书馆 2011 年版,第 106 ~ 108 页。

③ 《法部尚书戴鸿慈等奏酌拟司法权限缮单呈览折(附清单)》,载故宫博物院明清档案部编:《清末筹备立宪档案史料》(下),中华书局 1979 年版,第 826 ~ 827 页。

④ 李贵连:《沈家本传》,法律出版社 2000 年版,第 236 页。

家本的强烈不满。他于四月初九立即上奏作出了回应。

沈家本对戴氏的审判权划分主张表达了两点意见。第一,大理院应享有独立审判权。沈家本在奏折中指出,大理院与法部职权泾渭分明,原则上审判权应由大理院独立行使。"法部与臣院同为司法之机关,法部所任系司法中之行政,臣院所掌系司法中审判,界限分明可无疑议。"①第二,基于现实情况考量,法部可行使有限的审判权。"今死罪必须法部覆核,秋朝审必须法部核定,权限未清,揆诸专掌审判之本意,似未符合。然谓法部必一切解去,亦非事理之平,盖裁判人材未经预备,而外省刑政分析尚难预期,斯不得不斟酌情形,沿用旧制。"②

由此可见,在当时的情况下,大理院被迫在争取审判权的同时迁就现实,在要求独掌审判权的同时接受可能的例外。但是,大理院的妥协未能抚平部院之间的矛盾,部院关于审判权的论争迫切需要一个彻底解决的办法。

3. 论争结果

部院的矛盾愈演愈烈,清廷不得不出面协调它们之间的司法权限关系。但清廷无法拿出一个彻底解决部院矛盾的方案,只得借助政治途径来平息纷争。

首先,清廷谕令法部和大理院"会同妥议,和衷商办,不准各执意见"。③ 其次,清廷利用人事任命的方式,对调了法部和大理院之间的主要官员,"调沈家本为法部右侍郎,张仁黼为大理院正卿。"④这种政治平衡术巧妙利用了沈家本、张仁黼以及其他官员的心理,达到了使其

① 《修订法律大臣沈家本等奏酌定司法权限并将法部原拟清单加具案语折》,载故宫博物院明清档案部编:《清末筹备立宪档案史料》(下),中华书局1979年版,第827页。

② 《修订法律大臣沈家本等奏酌定司法权限并将法部原拟清单加具案语折》,载故宫博物院明清档案部编:《清末筹备立宪档案史料》(下),中华书局1979年版,第828页。

③ 《大理院奏谨就司法权限酌加厘订折并清单》,载上海商务印书馆编译所编纂:《大清新法令(1901~1911)》(第1卷),李秀清、孟祥沛、汪世荣点校,商务印书馆2010年版,第373页。

④ 朱寿朋编:《光绪朝东华录》(第5册),中华书局1958年版,总第5669页。

“惶悚莫名”的效果，并由此促成了部院之间的妥协。最后，法部、大理院会奏《遵旨和衷妥议部院权限折》，对部院的审判权与司法行政权进行了暂时厘定。

经过部院妥协，它们之间的审判权暂且厘定为：大理院自定之死刑案件，经法部覆核后，由部院会同具奏；速议之件及汇案死罪之件，经部院驳正或覆核，再由部院具奏。[①] 由此，这场因法部独自上折而直接引发的部院司法权限之争暂时告一段落。

清廷凭借政治手段暂时平息了部院间激烈的权力争夺，但这未能真正解决部院司法权限纠缠不清的问题。在法部仍然享有部分审判权的情况下，大理院难以“专掌审判”，其审判权不可避免地受到法部司法行政权的干预。直至宣统二年（1910 年），清廷颁布《法院编制法》并废除秋审制度，部院间的审判权之争才最终平息。法部所拥有重案、秋朝审案件之复核权以及办理恩赦案件的权力全部都交归大理院行使。至此，法部的审判权被彻底剥离。

从某种意义上讲，部院对审判权的论争有其历史必然性。首先，清末司法改革的顶层设计含糊不明。清廷在内忧外患之际仓促出台官制改革谕，对于何为“司法”、何为“审判”语焉不详，对于“司法”与“审判”这对职权如何分工合作并未给出清晰的界定。其次，清廷在制度设计上自相矛盾。尽管清廷官制改革谕抽象模糊，但有一点是确定的，即大理院“专掌审判”，这也就意味着“审判”只能由大理院掌管，包括法部在内的任何其他机关无权染指。但作为官制改革谕之细则的《法部职掌节略》又规定，法部汇总包括大理院在内的各级审判机关的案件，负责重案与秋、朝审案件的复核及办理恩赦特典案件。[②] 这意味着，法部仍然享有相当的审判权，甚至可以凌驾于大理院之上。最后，官制改革

① 《法部大理院会奏遵旨和衷妥议部院权限折并清单》，载上海商务印书馆编译所编纂：《大清新法令（1901～1911）》（第 1 卷），李秀清、孟祥沛、汪世荣点校，商务印书馆 2010 年版，第 375～376 页。

② 参见（清）奕劻等：《法部职掌节略》，中国第一历史档案馆藏，刑部—法部档案，档案号 16－03－031－000039－0013。

缺乏实施细则。在清末司法改革中,法部由刑部改制而来,大理院由大理寺改制而来。这就意味着必须对刑部与大理寺的人事、机构和权力作出合理统筹,出台实施细则。刑部最主要的权力是审判权,还兼有行政权和立法权,部内有大量人员和相应机构延续至法部,在没有实施细则的情况下,必然造成人在、部门在,则权在的问题,由刑部改设的法部自然不愿放弃刑部原有的审判权。而大理院的前身大理寺本为闲曹,地位难以与刑部相提并论,自然在法部与大理院"协商"审判权归属问题上不占优势。

(二)部院司法行政权之争

虽然中央官制改革谕强调了法部、大理院分掌司法行政权和司法审判权,但因集权方针和部院初创之故,清廷采取了"稍加变通"的办法来划分它们的权限。在部院成立之时,法部仍拥有部分审判权,沈家本则通过立法和实践为大理院力争司法行政权。大理院对司法行政事务的涉猎引起了法部的不满,因此,沈、戴二人对司法区域划分权与司法人员任免权产生了激烈论争。

1. 司法区域划分权之争

《法部职掌节略》与《法部官制清单》都明确规定法部管理"一切司法上行政事务"①,司法区域划分是法部专责。但是,为了日后在各级审判机关中掌握话语权,沈家本在大理院成立初期也试图通过立法与实践来争取司法区域划分权。光绪三十二年十月二十七日(1906年12月12日),沈家本进呈《大理院奏审判权限厘定办法折》,奏折中除了将全国审判机关划分为四级并明确它们的权限外,还指出大理院成立不久,"非预筹各审判所之区域,则事无所归",因此对京师各级审判机关的筹

① (清)奕劻等:《法部职掌节略》,中国第一历史档案馆藏,刑部—法部档案,档案号16-03-031-000039-0013;《法部奏核议法部官制并陈明办法折并清单》,载上海商务印书馆编译所编纂:《大清新法令(1901~1911)》(第2卷),荆月新、林乾点校,商务印书馆2011年版,第108页。

备与司法区域划分提出了方案。[1] 沈家本认为京师词讼,“以地方审判厅为重要,乡谳局次之”,拟于内外城设立京师地方审判厅,“凡刑事徒流以上、民事二百两以上者,俱以该厅为始审”;又按照巡警分厅的辖地划分原则,拟在内外城分设九所城谳局,“凡刑事无关人命之徒罪以下、民事二百两以下者,俱以该局为始审”。待清廷命下,立即会同法部将京师地方审判厅与城谳局设法成立。

同日,沈家本还上奏《大理院审判编制法》,其第十条规定大理院须与法部会商各审判厅局的“设立、裁撤及更移、管辖地段”,第十四条规定大理院直辖审判厅局的行政事务须“禀承本院办理”。[2] 据此可知,大理院借厘定审判权限之名,试图将京师乃至各省审判厅的筹备和司法区域划分权都纳入囊中,甚至认为大理院还应负责其直辖审判厅局的行政事务。如此主张无疑与部院分掌“司法”和“审判”的原则不符。

在起草相关法律规定外,沈家本还直接参与了司法区域规划事务。光绪三十三年二月十四日(1907 年 3 月 27 日),大理院正卿沈家本积极咨调民政部内外城总厅分厅区域图,与法部尚书戴鸿慈探讨京师城谳局章程。[3] 半月后,沈家本为京师各级审判机关的筹备设计了更为详细的方案,规划了大理院、高等审判厅与地方审判厅的办公地点和职官设置。[4]

大理院对司法区域划分权的极力争取引发了法部的不满。光绪三十三年(1907 年)二月,戴鸿慈曾致信梁启超询问部院的司法权限划分

---

① 沈家本在奏折中按照“四级裁判所主义”将京师各级审判机关从上至下分为大理院、高等审判厅、地方审判厅与城谳局。参见《大理院奏审判权限厘定办法折》,载上海商务印书馆编译所编纂:《大清新法令(1901 ~ 1911)》(第 1 卷),李秀清、孟祥沛、汪世荣点校,商务印书馆 2010 年版,第 377 ~ 379 页。

② 《大理院审判编制法》,上海商务印书馆编译所编纂:《大清新法令(1901 ~ 1911)》(第 1 卷),李秀清、孟祥沛、汪世荣点校,商务印书馆 2010 年版,第 381 页。

③ 参见《咨调内外城区域图本》,载《申报》1907 年 3 月 27 日,第 3 版。

④ 参见《大理院设立裁判所之办法》,载《申报》1907 年 4 月 14 日,第 3 版。

问题,戴氏力斥沈家本以“阴柔手段,攘窃法权”,“一切用人行政区划审判区域事宜”未提前告知法部或与法部会衔,直接上奏。① 不久后,戴鸿慈上奏《酌拟司法权限缮单呈览折》,他在折中主张法部应独掌司法区域划分权。他提出所谓“司法行政权”可析分为“司法权”与“行政权”,行政权含区划权、调度权、执行权与任免权,此处的区划权即《法部官制清单》所称“厅局辖地之区分”,应是法部“专政之事”②。奏折所附的司法权限清单第十条规定,各级审判厅的设立及分辖区域都应由“法部主稿,会同大理院具奏”。③ 几日后,沈家本上呈奏折对戴氏的司法权限划分意见大加批判,不过他主要反对戴氏关于审判权与司法人员任免权的划分,对司法区域划分权应由法部独掌的主张未作评论,因此可推测沈氏认可了法部的意见。④ 至此以后,大理院基本不再参与筹备各级审判厅与划分司法区域的事务。

实际上,部院之间的司法权限划分一直延续到宣统二年(1910年)才基本结束。编查馆在奏呈《法院编制法》的折件中声明:“嗣后属于全国司法之行政事务,如任用法官、划分区域……统由法部总理主持”,又因现行办法“均未详及”分划司法区域,另拟《司法区域分划暂行章程》作为《法院编制法》之附则一并颁布。⑤ 由此,部院之间关于司法区域划分权的论争彻底终结,法部获得了最后的胜利。

---

① 参见(清)戴鸿慈:《致任公先生书》,载丁文江、赵丰田编:《梁启超年谱长编》,上海人民出版社1983年版,第380页。

② 《法部奏核议法部官制并陈明办法折并清单》,载上海商务印书馆编译所编纂:《大清新法令(1901~1911)》(第2卷),荆月新、林乾点校,商务印书馆2011年版,第108页。

③ 《法部尚书戴鸿慈等奏酌拟司法权限缮单呈览折(附清单)》,载故宫博物院明清档案部编:《清末筹备立宪档案史料》(下),中华书局1979年版,第824~827页。

④ 参见《大理院奏谨就司法权限酌加厘订折并清单》,载上海商务印书馆编译所编纂:《大清新法令(1901-1911)》(第1卷),李秀清、孟祥沛、汪世荣点校,商务印书馆2010年版,第371~375页。

⑤ 参见上海商务印书馆编译所编纂:《大清新法令(1901-1911)》(第7卷),曾尔恕、薛梅卿、杨育棠点校,商务印书馆2010年版,第320~321、347~348页。

2. 司法人员任免权之争

《法部职掌节略》与《法部官制清单》对司法人员任免权专属于法部亦规定得十分清晰。但法部与大理院都十分重视“任免权”。在纠缠不清的司法权限划分里,部院最重视的就是审判权与任免权的分配。光绪三十三年四月初三(1907 年 5 月 14 日),法部尚书戴鸿慈率先上折讨论部院司法权限厘定问题,他强调“任免权”乃法部独享的“行政权”,“司法官吏之进退”实属法部专政之事。具体而言,他认为大理院的官制应由大理院“会同法部具奏”,检察总厅虽附设于院内,但其隶属于法部,因此推丞与总检察、推事与检察的选任都应由法部会商大理院。[①] 言下之意,审判官、检察官的选任都须由法部主导,大理院没有决断之权,只可会商。

沈家本对戴鸿慈独自上奏的行为怨言颇深,对戴氏拟定的司法权限清单也非常不满。他对法部所作的“任免权”规定提出了几点意见。第一,大理院在成立之初,迫于现实才行使了部分“任免权”[②],且奏调一事有中央官制改革谕授权,各衙门堂官可“自行核议”员缺事宜,随后“会同军机大臣奏明办理”即可[③]。第二,“任免权”实为法部应有之权,但法部独掌“任免权”的时机未到。东西各国因法学教育发达与法律思想普及,其法学人才济济,故法官之考试、选任皆由司法省主持,审判机关对此亦有决定之权。但当下中国的法学教育“甫有萌芽”,法律人才储备不够;且审判一事“关系至重”,若不由大理院“亲加试验,难期得力”。因此,大理院理应参与司法人员之任免事务,待法学兴盛、人才辈出之后,“任免权”可由法部专掌。第三,法部原拟的任免办法要做修

---

① 《法部尚书戴鸿慈等奏酌拟司法权限缮单呈览折(附清单)》,载故宫博物院明清档案部编:《清末筹备立宪档案史料》(下),中华书局 1979 年版,第 825 ~ 826 页。

② 大理院在筹备初期,因大理寺人员不堪任用、全国精通律例者不多,不得已从相关衙门奏调大量法律专才,其中又以从法部奏调者为最多,参见张从容:《部院之争:晚清司法改革的交叉路口》,北京大学出版社 2007 年版,第 123 页。

③ 《裁定奕劻等核拟中央各衙门官制谕》,载故宫博物院明清档案部编:《清末筹备立宪档案史料》(上),中华书局 1979 年版,第 472 页。

改。大理院官制应由“部院会奏”改为大理院“会同军机大臣奏明”;审判机关之推丞、推事应由大理院独自选任,待《法院编制法》颁布后,可改为部院会奏;因检察厅附设于审判机关内,故选任总检察与检察的工作也应由大理院会同法部请奏。① 总体而言,沈家本设计的司法人员选任方案把大理院居于主导者的位置,法部不仅无权会奏大理院官制,而且对审判官和检察官的选任丧失了决定权。

在清廷盛怒之下,部院对司法权限清单“会同妥议”,奏进了一份新的部院权限清单。就司法人员的任免权而言,他们折衷了部院之间的意见,对戴氏提出的方案稍加修改。首先,大理院官制仍定为大理院“会同法部具奏”,法部仍有厘定大理院官制之权。其次,法部对检察官与审判官的选任仍基本掌握主导权。就检察官而言,总检察厅丞与检察官的选任都以法部意见为主;就审判官而言,刑名两科的推丞由部院共同选任,只有推事以下各审判官的任命可由大理院主导。② 至此,部院之间关于司法人员任免权的纷争暂时告一段落。

宣统二年(1910年)《法院编制法》颁布后,除了秋、朝审的复核权问题仍有争议外,法部与大理院之间的司法行政权和审判权都基本厘清,一切司法行政事务,统由法部主持,司法区域划分权与司法人员任免权也全部统归法部行使。法部专门负责法官的考试任用事宜,“如任用法官……统由法部总理主持,毋庸会同大理院办理”。③ 推事与检察以考试的方式选拔,“经二次考试合格者始准任用”④;推丞与检察长则

---

① 参见《修订法律大臣沈家本等奏酌定司法权限并将法部原拟清单加具案语折》,载故宫博物院明清档案部编:《清末筹备立宪档案史料》(下),中华书局1979年版,第828~830页。

② 参见《法部大理院会奏遵旨和衷妥议部院权限折并清单》,载上海商务印书馆编译所编纂:《大清新法令(1901-1911)》(第1卷),李秀清、孟祥沛、汪世荣点校,商务印书馆2010年版,第376页。

③ 参见上海商务印书馆编译所编纂:《大清新法令(1901-1911)》(第7卷),曾尔恕、薛梅卿、杨育棠点校,商务印书馆2010年版,第321、323页。

④ 《法院编制法》第一百零六条,载上海商务印书馆编译所编纂:《大清新法令(1901-1911)》(第7卷),曾尔恕、薛梅卿、杨育棠点校,商务印书馆2010年版,第338页。

由法部"择员预保,临时请简"或经各督抚推荐、法部考核后任用。①

（三）部院立法权之争

光绪三十三年(1907 年)五月,部院和修订法律馆之间引发了激烈的立法权论争。实际上,这场论争不仅是机构间的权力博弈,更是沈、戴二人的私怨纠葛。沈家本与张仁黼任职对调后,戴鸿慈对沈家本的不满仍未消退。戴鸿慈致梁启超的信中早已提到沈家本一人"兼三权而有之",即便解除了大理院与沈家本的司法行政权,戴氏仍穷追猛打,与新任大理院正卿张仁黼一道发起立法权之争,意在解除沈家本的修订法律权。②

这场论争由大理院正卿张仁黼对修订法律大臣沈家本率先发难,法部随后对大理院予以声援,由此拉开了帷幕。在论争发生前,法部已借改革之机,在厘定自身官制的过程中争取立法权。《法部官制清单》第四条规定法部参议厅有权"纂修律例,条定新章"③,法部试图"借改制之机,收回此前事实上已经旁落的修订法律之权,抵制修订法律大臣独揽修律权。"④

1. 戴鸿慈与张仁黼的主张:修律应由部院主导

部院与修订法律馆的立法权论争,焦点为法律起草权及修订法律馆的归属问题。光绪三十三年五月初一(1907 年 6 月 11 日),大理院正卿张仁黼上奏,主张将法律起草权归由部院行使。张仁黼强调修律一事至关重要,应仿西方议院"博采群言"之深意,在部院的主导下,"钦派

---

① 参见《法部奏各省筹办审判各厅拟请俟考试法官后一律成立折》,载上海商务印书馆编译所编纂:《大清新法令(1901－1911)》(第 8 卷),林乾、王丽娟点校,商务印书馆 2010 年版,第 119 页。

② 参见张从容:《部院之争:晚清司法改革的交叉路口》,北京大学出版社 2007 年版,第 119 页。

③ 《法部奏核议法部官制并陈明办法折并清单》,载上海商务印书馆编译所编纂:《大清新法令(1901－1911)》(第 2 卷),荆月新、林乾点校,商务印书馆 2011 年版,第 108 页。

④ 陈煜:《清末新政中的修订法律馆》,中国政法大学 2007 年博士学位论文,第 157 页。

各部院堂官,一律参预修订法律事务”。张氏认为修律之事“若仅委诸一二人之手”会使天下臣民误会朝廷轻视法律,“甚且谓为某某氏之法律”。这样的嘲讽之言将矛头直指修订法律大臣沈家本,意图将修订法律大臣所掌之修律权交由“法部大理院专司其事”。①

此外,张氏还指出修律的关键在于组织专门的立法机关。他建议将修订法律馆改为修订法律院,“选通晓中外法律人员,充纂修协修各官”,负责具体的修律工作。因张氏主张修律一事应由部院主导,其规划的修订法律院也应处于部院的领导之下,不是一个独立的立法机构。②

法部尚书戴鸿慈在光绪三十三年六月初九(1907年7月18日)上奏的奏折中声援了张仁黼的意见,他也主张修律一事应由部院主导。与张氏的修律机制相比,戴鸿慈提出了更为详细的方案,他认为修律之事,除了部院及各部院堂官的参与外,还应以王大臣为总裁,且加入各省督抚与将军共同参订。针对修律的“行事之机关”,戴氏主张“特开修订法律馆”负责编纂和提议改正全国之法律。而法律馆以应由“法部、大理院专司”,以方便管理。③

2. 沈家本的回应:策略性妥协

面对法部与大理院的步步紧逼,修订法律大臣沈家本“以退为进”,采取策略性妥协的方式,上折表明了自己对修订法律权之看法。④

首先,他愿意将修订法律事项“归并法部、大理院会同办理”。

其次,他细数自己任修订法律大臣以来,法律馆在翻译、调查和编

---

① 参见《大理院正卿张仁黼奏修订法律请派大臣会订折》,载故宫博物院明清档案部编:《清末筹备立宪档案史料》(下),中华书局1979年版,第834页。

② 参见《大理院正卿张仁黼奏修订法律请派大臣会订折》,载故宫博物院明清档案部编:《清末筹备立宪档案史料》(下),中华书局1979年版,第834页。

③ 参见《法部尚书戴鸿慈等奏拟修订法律办法折》,载故宫博物院明清档案部编:《清末筹备立宪档案史料》(下),中华书局1979年版,第840~841页。

④ 参见《修订法律大臣沈家本奏修订法律情形并请归并法部大理院会同办理折》,载故宫博物院明清档案部编:《清末筹备立宪档案史料》(下),中华书局1979年版,第837~839页。

纂三项事务上的成果。在提及新刑律的修订工作时,沈家本也策略性地提出了自己的缓兵之计,请求清廷再给自己三个月时间,以便完成现有工作。“臣即将编译各稿,饬缮清本,并将动用款项开单奏销,限三个月内一并交代”,以便为自己赢得时间,静观事态后续发展。

最后,沈家本“谦虚”地请求去职。他自嘲道“臣学识浅薄,本未能胜此重任”,加之近日“精力日逊,每与馆员讨论过久……即觉心思涣散,不能凝聚”,由此恳请清廷开去其修订法律之职。

3. 论争结果

随着“三个月”的期限经过,清廷不得不面对如何配置修订法律馆以及沈家本的去留问题。光绪三十三年九月初五(1907 年 10 月 11 日),大臣奕劻上奏提出平息部院及修律大臣立法权论争的详细办法。该折随后获得清廷批准,由此,修律职权的配置基本尘埃落定。

首先,修订法律馆获得了独立地位,不归属于法部或者大理院,沈家本也继续担任修订法律大臣。

其次,法部的立法权也得到了扩增,正式获得了起草单行法的权力。编查馆进呈的奏折以例举的方式,将法律分为法典和单行法,二者的起草分别由修订法律馆和“各该管衙门”负责。修订法律馆“应以编纂民法、商法、民事诉讼法、刑事诉讼法诸法典及附属法为主,以三年为限,所有上列各项草案,一律告成。”其余各项单行法,“应仍由各该管衙门,拟具草案”。同其他“各该管衙门”一样,法部也由此获得了修订单行法的职权。

值得注意的是,在立法权论争结束后,法部还获得了修订法典的部分职权。在光绪三十四年八月初一(1908 年 8 月 27 日)颁布的《逐年筹备事宜清单》中,法部被特别赋予了参与修订法典的职权,“修改新刑律。修订法律大臣、法部同办。”①

① 参见故宫博物院明清档案部编:《清末筹备立宪档案史料》(上),中华书局 1979 年版,第 61 页。

余　论

部院之争后,沈家本与戴鸿慈曾在法部短暂共事。光绪三十三年(1907年)四月,沈家本从大理院正卿调任法部侍郎,但在新岗位上不曾久留。同年九月,他奉谕旨专司修订法律大臣。此后,法部侍郎一职均由王垿、曾鉴陆续署理。直至宣统三年(1911年)二月,沈家本被迫辞去修律大臣与资政院副总裁两职后,才重新回到法部侍郎任上。①

但是,沈、戴二人的往来未因沈氏离开部院而中断。沈家本所著的《寄簃文存》卷五收录了两份沈家本致戴鸿慈的书函,即《与戴尚书论监狱书》和《答戴尚书书》②,沈家本在两封书函中分别讨论了改良监狱与《大清新刑律草案》中的章、条排列顺序问题。在《与戴尚书论监狱书》中,沈家本向戴鸿慈提出了改良监狱"不可缓"的三个原因,即君上屡次诏对、直省与民政部已先设习艺所、直隶内部北京(即顺天府)与各府州对犯人的监管因有无习艺所而形成一省之内两种制度。此外,沈氏就监狱建筑设计提出了上、中、下三策。最后他还提醒戴鸿慈,监狱改良

---

① 参见陈新宇:《转型司法的困局——以清季陕西赵憘憘故杀胞弟二命案为例》,载《法律适用(司法案例)》2019年第2期。

② 按:《寄簃文存》卷五所刊的《与戴尚书论监狱书》和《答戴尚书书》均未注明书函具体日期。据笔者推测,这两封书函的写作日期应分别在光绪三十三年(1907年)四月与八月之后。《与戴尚书论监狱书》中,沈家本提到"鄙见所及,已详于奏请改良一折及调查清单",此处的"改良一折"即沈氏在光绪三十三年(1907年)四月十一日所上的《修订法律大臣沈家本奏实行改良监狱宜注意四事折》,故此书函的写作时间应在此日期后。《修订法律大臣沈家本奏实行改良监狱宜注意四事折》,载故宫博物院明清档案部编:《清末筹备立宪档案史料》(下),中华书局1979年版,第831~833页。《答戴尚书书》讨论主题为《大清新刑律草案》章、条的排列问题,因此将《大清新刑律草案》各案的公布或完成时间与戴鸿慈的逝世时间比对,可发现戴氏除了草案第一案公布时尚在人间外,其他各案修正完成时他早已逝世,故可推测沈、戴二人讨论的正是光绪三十三年(1907年)八月公布的草案第一案,因此《答戴尚书书》的写作时间应在此日期之后不久。关于《大清新刑律草案》各案的编纂历程,可参见陈新宇:《〈钦定大清刑律〉新研究》,载《法学研究》2011年第2期。

不可速成。[①] 虽难以找到戴鸿慈对此书函的相关回答，但从戴氏后来主持建立了京师模范监狱来看，他应该比较赞同沈氏关于改良监狱的观点。[②]《答戴尚书书》的内容较短，沈家本就《大清新刑律草案》中的“杀害祖父母、父母及期亲”等项是否以名教之故、前移作为第二章进行回答，他以《唐律》与《大清律例》相应条款的位置为据，认为此条“原定次序，并无悖谬”。[③] 由此亦可见，作为法部尚书的戴鸿慈对于修订法典很是关注。

综合上文分析沈家本与戴鸿慈在“部院之争”中的言行可知，他们最核心的区别在于对司法权限划分有不同理解。一般而论，沈家本的主张被视为进步、符合时代潮流，也更贴近西方语境；戴鸿慈的观点被视为保守、落后甚至是曲解西方原旨。与此形成鲜明对比的史实是，沈家本一生从未出国，而戴鸿慈出洋考察政治半年余，游历欧美十四国，亲身见闻西方诸国实况。或许，不通外语、未曾出国既是沈家本的劣势，也是其优势，这使他不拘泥于留学所在国法学背景的束缚，在变法修律中可更客观地选择借鉴西方法律，更努力地深入理解西法本原。[④]“文学进身”的戴鸿慈作为考察大臣，出洋半年、走马观花的游历也难使其对西学和西方政治制度形成系统了解。

若非要追问沈、戴二人为什么在“部院之争”中对司法权限划分有很不相同的理解，答案大体有二。第一，沈、戴二人对传统律学与西方法律的素养相距甚远。法学（律学）作为专门学科，在帝制中国非自修与历练不可得。沈氏前期久历刑曹，后期常年主持修律，他的专业素养远非文官出身的戴氏可比。即使戴鸿慈在当时享有“知新”的美誉，但

---

① 参见沈家本：《与戴尚书论监狱书》，《寄簃文存》卷五，载徐世虹主编：《沈家本全集》（第 4 卷），中国政法大学出版社 2010 年版，第 726 页。

② 参见易红英：《戴鸿慈研究》，华南师范大学 2005 年硕士学位论文，第 83 页。

③ 沈家本：《答戴尚书书》，《寄簃文存》卷五，载徐世虹主编：《沈家本全集》（第 4 卷），中国政法大学出版社 2010 年版，第 727 页。

④ 参见陈新宇：《法律转型的因应之道——沈家本与晚清刑律变迁》，载《现代法学》2021 年第 2 期。

他对西学或西法的了解依然是表面的。第二,沈、戴二人所处的不同职位导致了不同理解。实际上,部院权限之争也是部门与官员的利益之争。换言之,戴鸿慈之所以“误解”了司法权限划分的内涵,未必是因为理解上的偏差,更可能的是戴氏基于法部尚书之衔的一种“利我解释”。沈、戴二人作为部院长官,为了部院争权之需,有意或无意形成对司法权限划分的不同理解十分正常。此外,刑部是传统的六部之一,六部长官可直达天听,由刑部转变而来的法部自然承继了这一传统。与大理院、大理院正卿沈家本相比,法部与法部尚书戴鸿慈实为清廷统治者以行政权来牵制审判权的助手。那么,戴鸿慈出于清廷的目的考虑,把“司法行政权”解释为“司法权”加“行政权”、与大理院和修订法律馆激烈争权的言行似乎也不难理解。

可是,在当时的时代背景下,沈家本对司法权限划分的理解必然是正确、戴鸿慈的理解绝对为错误吗?梁启超在写给徐佛苏的信中提到“大理院前经入奏,将一切用人行政区划审判区域修律各事,皆作为该院权限,恰恰倒置也……然此事之曲,却不在法部,而在大理院。”①如果说戴氏对西方政治制度与法律为一知半解,因此曲解了司法权限划分的内涵,那么如何解释学贯中西、当时身处海外的梁启超在戴氏去信询问部院权限划分后却认为理在法部?这是值得进一步思考的问题。

① 梁启超:《与佛兄书》,载丁文江、赵丰田编:《梁启超年谱长编》,上海人民出版社1983年版,第381页。

清末刑事附带民事诉讼理论溯源

胡 晓*

[**摘要**]清末刑事附带民事诉讼理论的直接渊源是日本《刑事诉讼法》(1890)中的私诉条款,其主要论题集中于公诉与私诉之区分、私诉之请求范围以及私诉之程序价值三个方面。该理论在清末的传播,依赖于日籍刑事法专家板仓松太郎、冈田朝太郎的讲授以及清末法科生对二人授课内容的编译。以萧仲祁为代表的理论译介者们对刑事附带民事诉讼的认识并不在制度本身之法理,而是将其作为西方刑事诉讼法的特点之一,通过效仿日本移植法国刑事诉讼法的做法,希冀废除西方列强在华的领事裁判权,恢复司法主权。

[**关键词**]刑事附带民事诉讼;公诉附带私诉;板仓松太郎;冈田朝太郎;萧仲祁

引 言

中国的刑事附带民事诉讼源于清末修律时期的"附带公诉之私诉",即因犯罪行为所致损害提出赔偿请求的诉讼。① 该制度在中国发端于1906年《天津府属试办审判厅章程》第99条,1907年法部奏呈的《各级审判厅章程》第47条承继了该制度,1910年法律修订馆编纂的《民事刑事诉讼暂行章程(草案)》设"私诉编"完善了该制度。1911年沈家本奏呈的《大清刑事诉讼律(草案)》中虽未规定"附带公诉之私诉",但其立法计划为:先制定"私诉单行法",待民律、商律制定后,再编

* 胡晓,华东政法大学2021级法律史专业博士研究生;研究方向:诉讼法史、比较法律史。

① 日本《刑事诉讼法》(1890)将法国《刑事诉讼法》(1808)中"L'action civile"一词直译为"私诉",清末修律时期各刑事诉讼法文本称之为"附带公诉之私诉"或"私诉"。直至1921年,北洋政府颁行的《刑事诉讼条例》才用"刑事附带民事诉讼"代替"附带公诉之私诉"的表述,"私诉"一词自此专指亲告罪的自诉程序并沿用至今。本文所论"私诉""附带公诉之私诉",均指现代刑事附带民事诉讼。

入刑事诉讼律，以期完密。①

对于清末之历史沿革，在每一部以刑事附带民事诉讼对研究对象的专题著作中均有回顾，但多年来一直停留于制度层面，对于清末刑事附带民事诉讼之理论渊源鲜有研究。② 值得进一步追溯的是：清末刑事附带民事诉讼是在何种理论影响下引入的？当时的刑事附带民事诉讼理论聚焦于哪些论题？该理论又是经由何人、以何种方式引入中国的？

通过梳理清末修律时期出版的刑事诉讼法著作可以发现，刑事附带民事诉讼理论在清末的传播依赖两种渠道：一是日本法政大学法政速成科的留学生对该校刑事诉讼法教员板仓松太郎所授内容的编译。二是京师法律学堂学生对该校刑事诉讼法教习冈田朝太郎所授内容的整理。板仓松太郎、冈田朝太郎对刑事附带民事诉讼理论的讲授，以日本《刑事诉讼法》(1890)③中私诉条款的教义学解释为主，内容集中于公诉与私诉之区分、私诉之请求范围、私诉之程序价值三个方面。

清末刑事诉讼法的编纂之所以引入刑事附带民事诉讼，正是受到了板仓松太郎、冈田朝太郎二人私诉理论的直接影响。一方面，刑事附带民事诉讼本身具有"便宜查明证据、节约司法资源、提高结案效率、维护司法公信力"的程序正义性价值和程序经济性价值；另一方面，公诉、

① 参见《沈家本等奏〈刑事诉讼律草案〉告成装册呈览折》，载《吉林司法官报·奏章》1911年第9期。

② 关于清末刑事附带民事诉讼制度之历史沿革，参见邵世星、刘选：《刑事附带民事诉讼疑难问题研究》，中国检察出版社2002年版，第7页；刘金友、奚玮：《附带民事诉讼原理与实务》，法律出版社2005年版，第14页；杨贝：《附带民事诉讼制度研究与实务》，中国政法大学出版社2014年版，第38页；陈立斌编：《刑事附带民事诉讼案件审理精要》，人民出版社2018年版，第19页。

③ 日本《刑事诉讼法》(明治二十三年法律第96号)于1890年10月7日公布，经1899年、1908年、1912年三次修正后，因日本"新刑事诉讼法"(大正十一年法律第75号)颁行于1922年5月5日废止。本文所译日本《刑事诉讼法》条款，均以日本国立公文书馆数据库原版影印本为底本，皆引自日本国立公文书馆数据库原稿2023年2月4日，https://www.digital.archives.go.jp/。翻译同时参考萧仲祁1905年译本，参见《日本刑事诉讼法典》，载萧仲祁编：《刑事诉讼法(法政粹编科目)》，东京并木活版所1905年版，第171~245页。

私诉的区分被当时国内学者认为是西方刑事诉讼法的诸多特点之一，而刑事附带民事诉讼的设立更多是对日本移植法国刑事诉讼法的一种效仿，以希冀废除西方列强在华的领事裁判权，恢复司法主权。

本文将以清末刑事附带民事理论的三个主要论题——私诉之定义、私诉之请求范围、私诉之程序价值——为线索，首先分析清末刑事附带民事理论的直接渊源，即日本《刑事诉讼法》(1890)中的私诉条款。其次梳理板仓松太郎、冈田朝太郎的私诉理论及其对清末刑事附带民事立法的影响，最后阐述以萧仲祁为代表的国内译介者当时对刑事附带民事诉讼的认识。

一、清末刑事附带民事诉讼理论的直接渊源：日本《刑事诉讼法》(1890)

清末刑事附带民事诉讼的理论源自对板仓松太郎和冈田朝太郎的私诉理论的译介，二人之理论又以日本《刑事诉讼法》(1890)中私诉条款的教义学解释为主。因此，对清末刑事附带民事诉讼理论的追本溯源，首先应该从日本《刑事诉讼法》(1890)的私诉条款开始。

日本《刑事诉讼法》(1890)是在日本《治罪法》(1880)①的基础上修订而来的，而日本《治罪法》则是以法国《刑事诉讼法》(1808)②为蓝本、以保阿索那特草案③为基础制定的。在这一过程中，法国刑事附带民事诉讼制度在明治时期被日本引入，被直译为"私诉制"，在立法中表述为"附带公诉之私诉"。与刑事诉讼、民事诉讼完全分立的英美法系不同，

---

① 日本《治罪法》(明治十三年太政官布告第37号)于1880年公布，1882年实施，依明治23年法律第96号于1890年10月7日废止。参见[日]松尾浩也：《日本刑事程序的过去、现在与未来》，肖振国译，载《中国刑事法杂志》2010年第11期。

② 法国《刑事诉讼法》于1808年11月18日公布并实施，直译为"治罪法典"(code d'instruction criminelle)。

③ 保阿索那特草案，由法国人保阿索那特(Gustave Emile Boissonade de Fontarabie，1825年~1910年)起草。1873年巴黎大学教授保阿索那特应日本政府之聘，抵达日本指导法典编纂工作，波氏以法国法为蓝本，陆续完成各部法典草案，由于这些法典过于法国化，不符合日本国情，除《刑法典》和《治罪法》外，其他法典未获通过。参见[日]松尾浩也：《日本刑事程序的过去、现在与未来》，肖振国译，载《中国刑事法杂志》2010年第11期。

法国《刑事诉讼法》(1808)序言第1条至第4条是世界范围内第一次以法典形式区分公诉与私诉、规定刑事附带民事诉讼制度。[①] 尽管"日德两国的刑事程序法在很大程度上是同源于法国法的两个分支"[②],但在刑事附带民事诉讼方面,德国《刑事诉讼法》(1877)并未像日本、法国一样区分公诉与私诉,而是直到1943年才在《简化刑事司法程序第三次修正案》第5条对德国《刑事诉讼法》(1877)进行修改,将原有的第403条至第406条替换为与刑事附带民事诉讼相类似的"赔偿被害人"制度,即"被害人在刑事诉讼中,可以向被告人提出因犯罪行为而产生的包括财产权在内的请求权"[③]。

而日本《刑事诉讼法》(1890)则引入了法国的私诉制,并模仿法国《刑事诉讼法》(1808)的编纂体例,在总则编之首区分了公诉与私诉的定义,规定了私诉之当事人、请求范围、消灭及时效,在第四编"公判"、第五编"上诉"、第六编"再审"中分别规定了私诉之一审、上诉、再审程序。[④] 其中,日本《刑事诉讼法》(1890)总则编关于私诉之定义、请求范围的规定,不仅是日本公诉附带私诉制度的核心条款,更是清末刑事附带民事诉讼理论的主要论题,甚至直到今天,刑事附带民事诉讼的请求

---

① 法国《刑事诉讼法》(1808)第1条第2款规定:"遭受损害的人,都可以对重罪、轻罪或违警造成的损害提起赔偿诉讼。"第2条第2款规定:"可针对被告及其代理人提起私诉,要求赔偿损失。"法语中"L'action civile"一词一般被译作"民事诉讼",但在法国《刑事诉讼法》中应译作"私诉",专指因犯罪行为遭受损害提起的诉讼,即刑事附带民事诉讼。本文所引法国《刑事诉讼法》(1808)条文,均引自法国刑事法律数据库2023年2月4日,https://ledroitcriminel.fr/la_legislation_criminelle/anciens_textes/code_instruction_criminelle_1808/code_instruction_criminelle_1.htm。

② [日]松尾浩也:《日本刑事程序的过去、现在与未来》,肖振国译,载《中国刑事法杂志》2010年第11期。

③ vgl. Gabriele Zwiehoff (Hrsg.), Änderungsgesetze und Neubekanntmachungen der Strafprozessordnung und strafverfahrensrechtlicher Bestimmungen des Gerichtsverfassungsgesetzes, Band I: 1877 bis 1949, 1. Auflage 2013, MV-Verlag, S. 353 – 356.

④ 日本《刑事诉讼法》(1890)的八编分别为:第一编总则;第二编裁判所;第三编犯罪之搜查、起诉及预审;第四编公判;第五编上诉;第六编再审;第七编属于最高院特别权限之诉讼程序;第八编裁判执行、权利恢复及特设。

范围依旧是国内学界讨论最激烈的问题。①

（一）核心条款

日本《刑事诉讼法》(1890)总则编共24条，其中第1条至第10条对公诉与私诉进行了区分，规定了公诉附带私诉之提起、当事人、请求范围、消灭制度及时效制度，构成了日本公诉附带私诉制度的核心条款。

首先，公诉与私诉的定义不同。日本《刑事诉讼法》(1890)第1条为公诉之定义："公诉者，以证明犯罪适用刑罚为目的，依法律所定之区别由检察官行之。"日本《刑事诉讼法》(1890)第2条为私诉之定义："私诉者，以犯罪所致损害赔偿、赃物返还为目的，依民法由被害人行之。"比较公诉与私诉之定义，二者存在三点区别。第一，诉讼目的不同。公诉旨在惩罚犯罪、正确适用刑罚；私诉旨在回复损害。第二，诉讼客体不同，公诉依据刑法保障社会公益，私诉依据民法保障个人私益。第三，诉讼提起之主体不同，公诉由检察官提起，私诉由被害人提起。

其次，刑事诉讼法以公诉为主、私诉为辅。一方面，公诉与私诉在刑事诉讼法中的主从关系体现在提起方式上。公诉不受私诉提起、撤回之影响，具有相对独立性。② 私诉在刑事诉讼法中的从属地位体现在日本《刑事诉讼法》(1890)第4条，私诉只能以附带于公诉的方式在公诉二审判决作出前提起，第三人也可依民事诉讼法以附带于公诉的方式参加私诉。③ 另一方面，公诉与私诉的主从关系体现在时效制度上。

---

① 关于刑事附带民事诉讼请求范围的讨论，参见刘德法：《对精神损害纳入刑事附带民事赔偿的思考》，载《中州学刊》2013年第3期；张龙：《法律对妇女权益的优越性保护——基于性犯罪应当适用精神损害赔偿的分析》，载《东南大学学报（哲学社会科学版）》2017年第6期；王玮：《刑事附带民事诉讼范围实证研究：以S省H市两级法院为例》，法律出版社2019年版，第191～222页；等等。

② 日本《刑事诉讼法》(1890)第3条规定："公诉不待被害者之告诉而起，又不因告诉、私诉之放弃而消灭。但法律另有规定者除外。"

③ 日本《刑事诉讼法》(1890)第4条规定："私诉不论金额多少，在公诉第二审判决前，随时可以附带为之。第三人得从民事诉讼法之规定，参加于附带公诉之私诉。"

私诉之诉讼时效与公诉时效相同,起算时点自犯罪行为发生之日起算,如果是继续犯则自犯罪行为终止之日起算。①

最后,虽然私诉具有从属性,但其本质仍是民事诉讼。依日本《刑事诉讼法》(1890)第5条规定,即使被告人在公诉中被宣告无罪,被害人依然可依民法请求损害赔偿、赃物返还。② 该条强调了公诉、私诉之客体的不同,私诉之提起虽附带于公诉,但一行为在刑事上的无罪不代表民事上的免责,私诉不受公诉结果的影响,不因公诉之消灭而消灭,私诉的消灭只有"放弃私诉权或私诉已和解、私诉判决已生效、私诉已过诉讼时效"三种情况。③

(二)具体程序

日本《刑事诉讼法》(1890)总则编之私诉条款系对刑事附带民事诉讼的原则性规定,而刑事附带民事诉讼的具体审理程序,被分别规定在第四编"公判"、第五编"上诉"、第六编"再审"中。

首先,第四编"公判"规定了私诉之一审程序。私诉之一审既可由区裁判所受理,也可以由地方裁判所受理。④ 当裁判所受理私诉后,对私诉的审理与两造之辩论只有在公诉辩论结束后才可进行。⑤ 辩论结束后,私诉之判决可以与公诉判决同时作出,如果公诉判决作出时私诉

① 日本《刑事诉讼法》(1890)第9条规定:"私诉之时效,除被害人无诉讼能力且不附带于公诉而提起时,与公诉之时效相同。公诉既已宣告刑名,则时效之规定,依民法所定。"日本《刑事诉讼法》(1890)第10条规定:"公诉、私诉之时效,其期间自犯罪之日起算。继续犯则自最终之日起算。"

② 日本《刑事诉讼法》(1890)第5条规定:"被告人虽受免诉及无罪之宣告,被害人亦可从民法请求赔偿损害、返还赃物。"

③ 日本《刑事诉讼法》(1890)第7条规定:"私诉之权,因左之事项而消灭:第一,放弃或和解;第二,判决确定;第三,时效。"

④ 日本《刑事诉讼法》(1890)第240条规定:"虽被告案件属于区裁判所之管辖,地方裁判所亦可为第一审判决。私诉之请求金额在通常民事上属于区裁判所之管辖者,亦同。"

⑤ 日本《刑事诉讼法》(1890)第221条规定:"公诉辩论已经终结。民事原告人可证明私诉之请求为被害事实,被告人、律师及民事代理人可以答辩。"

调查尚未完成，则可以在公诉判决以后再作出私诉判决。[①] 裁判所对公诉可作出有罪、无罪、免诉三种判决而不论公诉中作出何种判决，均可对私诉请求作出判决，从而衔接了总则编第5条之规定。[②] 如果当事人缺席，私诉可依民事诉讼法作出缺席判决。[③] 缺席判决依检察官、诉讼关系人之请求送达受缺席判决，受缺席判决者可在判决送达之日起三日内申明缺席原因。[④]

其次，第五编“上诉”规定了私诉之上诉程序。上诉包括控诉、上告、抗告三种方式：对第一审的判决不服提出的上诉，即控诉；对第二审判决不服提出的上诉，即上告；对决定、命令不服，向上一级裁判所提出的上诉，即抗告。[⑤] 第五编仅对私诉之上告程序作了详细规定。对于私诉判决不服，应判决宣告之日起三日内提交上告书至原裁判所，之后五日内提交趣意书[⑥]，裁判所收到上告书、趣意书后应在24小时内转交被

---

① 日本《刑事诉讼法》(1890)第200条规定：“裁判所判决公诉时，可以为私诉之判决。若私诉之调查尚未完全，则于公诉之判决后，为其判决。”

② 日本《刑事诉讼法》(1890)第223条规定：“被告案件属其裁判管辖，而且犯罪之证据确实充分，即据法律宣告刑名。”日本《刑事诉讼法》(1890)第224条规定：“犯罪之证据不足，且被告案件不为罪，可作出无罪判决。如有第165条第3款之情形，可为免诉之判决。”日本《刑事诉讼法》(1890)第225条规定：“于前2条之情形，不论私诉请求金额之多少，可为判决。”

③ 日本《刑事诉讼法》(1890)第223条第2款规定：“私诉关系人不出席审判者，可依民事诉讼法之规定缺席判决。”

④ 日本《刑事诉讼法》(1890)第228条规定：“缺席判决因检事及诉讼关系人之请求，送于缺席者。受缺席判决者，对其判决可申明缺席原因。”日本《刑事诉讼法》(1890)第229条规定：“申明缺席原因之期间为三日，期间之计算，在罚金以下刑之判决、私诉之判决以判决送达之日为开始；徒刑之判决，以被告人受送达及因判决执行而知宣告刑名之日为开始。”

⑤ 日本《刑事诉讼法》(1890)第250条规定：“控诉者，对于区裁判所及地方裁判所第一审所作本案判决及第187条所定本案前之判决，得为之。”日本《刑事诉讼法》(1890)第267条规定：“上告者，对于地方裁判所及控诉院第二审之本案判决及第187条所定本案前之判决，得为之。”日本《刑事诉讼法》(1890)第293条规定：“抗告以法律特许之事件为限。”日本《刑事诉讼法》(1890)第294条规定：“抗告由直近之上级裁判所裁判之。”

⑥ 趣意书：旨趣书、宗旨书，指在做事情的时候写下其宗旨的文件。

上告人。[①] 被上告者收到上告书、趣意书后应在五日内向原裁判所提交答辩书,裁判所收到后应在24小时内转交上告申请人。[②] 检察官及诉讼关系人对私诉判决提交的上告书、趣意书及答辩书应为两份,一份交至上告裁判所,一份送至相对人。[③] 私诉上告之提起就此完成。上告开庭审理后,先由法官朗读检阅诉讼记录所作报告书,之后检察官及律师可分别就公诉部分辩明意见,公诉辩论结束后,检察官可在辩论阶段的最后对私诉上告部分陈述意见。[④] 上告裁判所如果决定撤销判决,应将案件转移至与原裁判所同级的其他裁判所审理,如果仅涉及私诉部分,则应将案件转移至与原裁判所同级的其他裁判所的民事庭审理。[⑤]

最后,第六编"再审"规定了私诉之再审程序。上告裁判所认为必要再审的,则需要一同撤销原公诉、私诉之判决并宣告再审,该案件应转移至与原裁判所同级的其他裁判所。[⑥]

综上,日本《刑事诉讼法》(1890)在总则编区分了公诉、私诉,规

① 日本《刑事诉讼法》(1890)第271条规定:"上告之期间,自判决宣告之日起三日为限。"日本《刑事诉讼法》(1890)第273条规定:"上告人将申请书交于原裁判所,其后五日内可提出趣意书。裁判所自受上告申请书及趣意书,应于二十四时以内送于被上告人。"

② 日本《刑事诉讼法》(1890)第274条规定:"被上告人收到上告申请书及趣意书,应于五日以内提交答辩书于原裁判所。裁判所收到答辩书,应于二十四小时内,送于上告申请人。"

③ 日本《刑事诉讼法》(1890)第275条规定:"检事提出之上告书、趣意书及答辩书应作二通,以一通交于上告裁判所,以一通送于被上告人。诉讼关系人对私诉之判决所提出之上告书、趣意书及答辩书,亦照前项之规定。"

④ 日本《刑事诉讼法》(1890)第283条规定:"受命法官于开庭之日,先朗读报告书。检察官及律师,可各辨明其意见。私诉之上告,检察官于最终可述其意见。"

⑤ 日本《刑事诉讼法》(1890)第290条规定:"上告裁判所将撤销判决之案件移转至其他裁判所时,应指定与原裁判所接近之同级裁判所。若单系私诉之案件,则应移转至其裁判所之民事部。"

⑥ 日本《刑事诉讼法》(1890)第307条规定:上告裁判所以为由再审之原由,则撤销原判决,合公诉、私诉宣告再审,将其案件移于原裁判所之同级裁判所。受其案件之裁判所,可依通常之规定裁判之。"

定了“公诉为主、私诉为辅”的私诉制度，清末刑事诉讼法著作及刑事诉讼法文本所采“公诉附带私诉”之表述，正是对公诉的优先性及私诉的附带性、从属性的强调。在编纂体例上，由于日本公诉附带私诉制度以总则编为主、程序编为辅，核心条款均规定于总则编中。因此，板仓松太郎、冈田朝太郎二人仅对总则编的私诉条款进行了讲授，尤其聚焦于“私诉之定义、私诉之请求范围、私诉之程序价值”这三个论题。

二、日籍专家对刑事附带民事诉讼理论的讲授

清末刑事附带民事诉讼理论主要是对日本刑事诉讼法理论的译介，依赖于留学生赴日学习和日籍专家来华教学这两种渠道：前者主要是对日本法政大学法政速成科刑事诉讼法教员板仓松太郎授课内容的编译；后者主要是对京师法律学堂刑事诉讼法教习冈田朝太郎授课内容的整理。

二位日籍专家在刑事诉讼法课程授课内容中所述的刑事附带民事诉讼理论，是清末刑事附带民事诉讼立法实践的重要理论渊源。二人对刑事附带民事诉讼理论的讲授，均是对日本《刑事诉讼法》(1890)中刑事附带民事诉讼核心条款的教义学解释，主要论题集中在刑事附带民事诉讼之定义、请求范围及程序价值三个方面。

但在解释方法上，二者略有不同。板仓松太郎是依据日本《刑事诉讼法》(1890)之条序，对总则编中的私诉条款依次进行评注，并辅之以日本学界不同观点的介绍。而冈田朝太郎在教义学解释的基础上，将私诉纳入诉讼之主体、客体、行为、执行的体系逻辑中，从具体条款中抽象出私诉之主体、客体的法律概念，构建了具有一定体系化思维的刑事附带民事诉讼理论，并结合中日实际情况比较了两国是否需要引入刑事附带民事诉讼。

(一)板仓松太郎对私诉条款的教义学解释

板仓松太郎，日本大审院判事(日本明治时期最高法院法官)，1904

年任日本法政大学法政速成科刑事诉讼法教员。[①] 其在日本法政大学法政速成科的刑事诉讼法授课内容,多次被整理、翻译成中文出版,包括:《刑事诉讼法》[②]、《刑事诉讼法(法政粹编科目)》[③]以及《刑事诉讼法(法政丛编第十种)》[④]。三个版本中,高种译本为当时留学生所用讲义,只记录了板仓松太郎所授内容,湖北法政编辑社译本与萧仲祁译本内容与之基本相同,因此下文所述以高种译本为主要参考。

板仓松太郎所授刑事诉讼法,系完全按照日本《刑事诉讼法》(1890)八编制之编纂体例讲解,如有学说对具体条款持修改意见,则补充日本学界之论说,对日本刑事附带民事诉讼理论的讲授同样如此。

首先,私诉之定义:“私诉者,以犯罪为原因,私权被害时,附带公诉而请求回复之民事之诉是也。”[⑤]其次,私诉之请求范围为“赔偿损害、返还赃物”,最后,板仓松太郎从公正性与经济性两个方面论述了公诉附带私诉之程序价值。从诉讼法理上而言,在刑事诉讼程序中设救济私权之法本不应当也不必要,但如果二者并行,一可相互利用证据、易于发现犯罪真相,二可节省手续费用、快速终结案件。[⑥]

受板仓松太郎所授理论的影响,直隶州试用知州、日本法政大学法政速成科第二班毕业生王仁铎1906年起草的《天津府属试办审判厅章程》第99条规定:“刑事被害人所受损害之赔偿,准用民事专则损害赔

① 参见日本法政大学大学史资料委员会编:《清国留学生法政速成科纪事》,裴敬伟译,李贵连校,广西师范大学出版社2015年版,第88页。

② 参见[日]板仓松太郎口授:《刑事诉讼法》,高种译,载李贵连、孙家红编:《法政速成科讲义录:全11册》(叁),广西师范大学出版社2015年版,第168~179页。

③ 参见萧仲祁编:《刑事诉讼法(法政粹编科目)》,东京并木活版所1905年版,第51~61页。

④ 参见湖北法政编辑社社员编:《刑事诉讼法(法政丛编第十种)》,湖北法政编辑社1906年版,第22~31页。

⑤ 参见[日]板仓松太郎口授:《刑事诉讼法》,高种译,载李贵连、孙家红编:《法政速成科讲义录:全11册》(叁),广西师范大学出版社2015年版,第168页。

⑥ 参见[日]板仓松太郎口授:《刑事诉讼法》,高种译,载李贵连、孙家红编:《法政速成科讲义录:全11册》(叁),广西师范大学出版社2015年版,第257~258页。

偿之规定。"①该条款采纳了板仓松太郎关于私诉之请求范围的观点，采用广义上的"损害赔偿"替代了日本法上"损害赔偿和返还原物"的请求范围。而王仁铎在《天津府属试办审判厅章程理由书》第95条之按语所述公诉附带私诉之理由，也是采纳了板仓松太郎关于私诉之程序价值的观点，从便宜查明证据、节约司法资源、提高结案效率、维护司法公信力四个方面进行了阐述。② 可以说，板仓松太郎在日本法政大学法政速成科所授刑事附带民事诉讼理论，直接影响了刑事附带民事诉讼在清末的引入。

(二)冈田朝太郎对私诉理论的体系化建构

在板仓松太郎担任日本法政法大学法政速成科刑事诉讼法教员期间，该校刑法课教员便是由东京帝国大学法科大学教授、法学博士冈田朝太郎担任的。③ 一直以来，学界对冈田朝太郎的关注集中于刑法领域，对其在清末编纂刑事诉讼法上之影响鲜有研究。④ 而清末刑事附带民事诉讼的另一个重要理论渊源，就是冈田朝太郎来华担任京师法律学堂刑法及刑事诉讼法教习时所授的刑事诉讼法理论。1906年9月29日，冈田朝太郎应清廷礼聘，出任钦命修订法律馆调查员兼法律学堂教习，协助修律大臣沈家本从事立法调查、法律教育以及近代法典编纂工作。⑤ 冈

---

① 《天津府属试办审判厅章程》，载《北洋政法学报》1906年第10期。

② 参见《天津府属试办审判厅章程理由书》第95条，载《北洋法政学报》1907年第33期。

③ 参见日本法政大学大学史资料委员会编：《清国留学生法政速成科纪事》，裴敬伟译，李贵连校，广西师范大学出版社2015年版，第82页。

④ 关于冈田朝太郎起草《大清新刑律(草案)》的研究，参见杨本娟：《冈田朝太郎与清末法制变革》，南京师范大学2017年博士学位论文，第45~88页；陈新宇：《礼法论争中的冈田朝太郎与赫善心——全球史视野下的晚清修律》，载《华东政法大学学报》2016年第4期等。

⑤ 关于冈田朝太郎应聘来华担任法学教习以及法律馆调查员之始末，参见熊达云：《洋律徂东：中国近代法制的构建与日籍顾问》，社会科学文献出版社2019年版，第217~223页；[日]冈田朝太郎口授：《刑事诉讼法》，汪庚年整理，吴宏耀点校，中国政法大学出版社2012年版，第243页。

田朝太郎虽不是最早将大陆法系刑事附带民事诉讼理论引入中国的日籍学者,却是对清末刑事诉讼法编纂影响最为直接的日籍学者。

冈田朝太郎在京师法律学堂所授刑事诉讼法学内容被汪庚年①、熊氏兄弟②整理出版。③ 虽然内容同样以私诉之定义、请求范围及程序价值为主要论题,但与板仓松太郎不同的是,冈田朝太郎不仅以日本《刑事诉讼法》(1890)为解释对象,还介绍了正处于起草阶段的日本《刑事诉讼法》(1922改正案草案)对刑事附带民事诉讼的修改情况。在法学方法上,冈田朝太郎也并未按照八编制的编纂体例逐条讲授刑事附带民事诉讼,而是在教义学解释的基础上,将私诉纳入刑事诉讼之主体、客体、行为、执行的逻辑体系中,从具体条款中抽象出私诉之主体、客体的法律概念,构建了具有一定体系化思维的刑事附带民事诉讼理论。

首先,冈田朝太郎对私诉作如下定义:"私诉,指返还赃物及赔偿犯罪损害之请求。"任何犯罪行为,必然侵害公益,因此应受刑罚,如果该行为同时侵害私益,则可提起私诉,因此私诉之性质本属民事诉讼,但

---

① 汪庚年(1866年~1923年),浙江金华人,1897年举人,年近不惑进入京师法律学堂乙班学习,1911年毕业。在1910年法部举行的第一次全国性法官录用考试中,位列最优等并列第二名。除作为京师法学编辑社的编辑,将京师法律学堂的所有课程讲义资料汇编整理为"法学汇编"丛书(共22册)出版外,汪庚年还编辑出版过《大清现行刑律从纂》。1914年汪庚年携子汪明厥赴日,其余生平不详。关于汪庚年与"法学汇编"丛书的研究,参见熊达云:《洋律徂东:中国近代法制的构建与日籍顾问》,社会科学文献出版社2019年版,第282~297页。

② 该书编者总共四人,熊元楷(1880年~1961年)、熊元襄(1882年~1924年)、熊元翰(1872年~1950年)三兄弟出身安徽宿松书香世家,熊仕昌(1883年~1953年),安徽凤阳人。四人均为举人出生,同在京师法律学堂乙班学习法律,与汪庚年为同班同学,后一同开办安徽法学社,将京师法律学堂所有课程的讲义整理成"法律丛书"(共22册)出版。关于熊氏兄弟与"法律丛书"的研究,参见熊达云:《洋律徂东:中国近代法制的构建与日籍顾问》,社会科学文献出版社2019年版,第287~289页。

③ 本文所引冈田朝太郎关于刑事附带民事诉讼制度的论述,皆引自[日]冈田朝太郎口授:《刑事诉讼法》,汪庚年整理,吴宏耀点校,中国政法大学出版社2012年版,第77~97页;[日]冈田朝太郎口授、熊元襄编:《刑事诉讼法》,李凤鸣点校,上海人民出版社2013年版,第63~84页。

须附带于公诉提起。私诉之性质虽为民事诉讼，但却因犯罪行为而生，因此法国、日本等国设立刑事附带民事诉讼，即附带于公诉而得提出于刑事法庭之民事诉讼。附带私诉之提起，口头、书面均可，提起之时期为公诉第二审判决前，而据日本《刑事诉讼法》（1922 改正案草案）第 449 条，改为公诉第一审判决前，一审判决后不得提起私诉，只能于民事裁判所提起民事诉讼。

其次，私诉之主体包括私诉之原告、被告和第三人。私诉之原告，即"凡因犯罪侵害私益者，皆可为私诉之原告，但私益并不专指个人之利益，还包括国家财产权受损害，因此个人与国家皆可为私诉之原告"。私诉之被告，除公诉被告人外，还包括民事担当人、占有赃物者、公诉被告人之相续者（承继人）三类。[①] 除原告被告外，有利害关系人第三人也可作为私诉之主体参与诉讼。

再次，私诉之客体，即私诉之请求范围。依据世界各国所采私诉之客体的不同，私诉权可分为：限定私诉权，即基于犯罪之部分民事诉讼之私诉权；完全私诉权，即基于犯罪之一切民事诉讼之私诉权。无论立法上采取何种私诉权，因私诉权属被害人之私权，可自由处分，故赔偿损害、返还赃物或其他回复损害可一并请求、部分抛弃或全部抛弃。日本《刑事诉讼法》（1890）第 2 条之规定系限定私诉权，私诉之客体仅包括赔偿损害及返还赃物。其中"损害"并非专指财产上之损害，还包括实体法上所有可以赔偿之损害，故名誉、自由、节操上之损害均可请求赔偿。"赃物"分两种，即因犯罪行为取得占有（如盗窃、抢劫、积极欺

① 民事担当人，包括日本《民法典》（1898）第 714 条上对第三人造成损害的无民事行为能力人之监督义务者，以及第 715 条之未尽注意义务导致被用人（被雇佣者）因执行业务对第三人造成损害之使用加害人（雇佣者）；占有赃物者，即日本《民法典》（1898）第 192、193 条上占有赃物且非公诉被告人、民事担当人之第三人；公诉被告人之相续者（承继人），即公诉被告人死亡后承继私诉债务之人，如果提起私诉在先、公诉被告人死亡在后，则由刑事审判庭继续审理，反之则另行提起单独的民事诉讼。参见［日］冈田朝太郎口授：《刑事诉讼法》，汪庚年整理，吴宏耀点校，中国政法大学出版社 2012 年版，第 86～88 页。

诈)或继续占有之物(如消极欺诈),除贿赂、赌博之赃物不得请求返还外,其余赃物如由犯人占有,无论有无请求皆应返还。由于该条所定私诉之客体范围过于狭窄,日本《刑事诉讼法》(1922改正案草案)第448条拟采全部私诉权,即除赔偿损害、返还赃物以外,如私诉请求离婚其他请求回复损害均为私诉之客体。①

最后,冈田朝太郎同样认为,刑事附带民事诉讼之程序价值在于其公正性与经济性,具体来说有三:一是便益原告,得援用裁判官及检事所搜集证据。二是便益被告,得援用同一辩护方法,一并辩护公诉及私诉。三是便益裁判,公诉判决与私诉判决出于一人,不致有矛盾冲突之弊。

除此之外,冈田朝太郎还结合了清末中国的实际情况,从程序之效率价值认为清末刑事诉讼法的编纂应该引入刑事附带民事诉讼。他认为,中国素尚繁文,官场习为迟缓,将来实行诉讼法应以简便为主,如果不引入刑事附带民事诉讼,案件在刑、民审判厅辗转必多贻误,因此由审判厅管辖因犯罪所生民诉更为便利。

在冈田朝太郎理论的影响下,《各级审判厅试办章程》第47条采纳了其关于私诉之客体的论述,规定:"于公诉时,并要求追还赃物、赔偿损害及恢复名誉者,曰附带私诉。"②从而承继并完善了1906年《天津府属审判厅试办章程》第99条。而冈田朝太郎直接参与起草的1910年《民事刑事诉讼暂行章程(草案)》,更是直接采用了与日本《刑事诉讼法》(1922改正案)相同的"私诉独立成编"的编纂体例,将《天津附属试办审判厅章程》《各级审判厅章程》中仅有一条的公诉附带私诉制度扩

① 日本《刑事诉讼法》(1922改正案草案)第448条规定:"凡言因犯罪损害者,得为回复其损害,而对于公诉被告人及其他可提起私诉。"在大正十一年最终颁行的第75号法律日本《刑事诉讼法》(1922改正案)(大正十一年法律第75号)中,此条更改为第九编"私诉"第一章"通则"第567条规定:"因犯罪请求恢复其身体、自由、名誉、财产及其他损害者,得于公诉时,对公诉被告人提起附带私诉。"

② 《京师高等以下各级审判厅章程》第47条,载《政治官报·法制章程类》1907年第47期。

张至十二条,并分“私诉第一审程序”“上诉及再审”两章。

如果说,坂田朝太郎对刑事附带民事诉讼的教义学解释影响了清末刑事附带民事诉讼的引入,那么,冈田朝太郎对刑事附带民事诉讼的体系化建构则推动了清末刑事附带民事诉讼的完善。

三、译介者对刑事附带民事诉讼的认识

日本刑事附带民事诉讼理论在清末的传播过程中,除了日籍专家的讲授与法科学生的学习外,更为重要的一点就在于理论译介者本身对于刑事附带民事诉讼制度的理解。如前文所述,虽然高种、萧仲祁、邹麟书、王崇铭、周仲曾、汪庚年、熊氏兄弟分别将板仓松太郎和冈田朝太郎的刑事诉讼法授课内容编译出版,但只有萧仲祁①在其编译的《刑事诉讼法》撰写了凡论,从一名接受西方法学教育的法学生角度阐述了他对日本刑事诉讼法的认识,并对清末刑事诉讼法的编纂提出了十条建议,其中,区分公诉与私诉、引入刑事附带民事诉讼便是建议之一。

(一)区分公诉、私诉的建议

在凡论中,首先,萧仲祁回顾了大陆法系刑事诉讼法如何经由希腊时期(罗马法)、罗马时期(教会法)最终发展至法国时期(大陆法)。萧仲祁认为,希腊时期(罗马法)对刑事诉讼法最大的贡献就在于区分了公诉与私诉:在罗马法上,犯罪被分为危害公众的公罪与危害一人的私罪,公罪一般人皆可起诉,私罪仅被害人及其亲族可起诉,此乃公诉、私诉之起源。② 而这种区分也一直延续到法国《刑事诉讼法》。

---

① 萧仲祁(1873 年~1967 年),字理蘅(礼衡),号荔垣,湘乡县潭市镇人。1903 年中乡试,1905 年于日本法政大学清国留学生法政速成科第一班毕业。1909 年萧仲祁回国,任东北督署科长及奉天省兴京府怀仁县知县。1912 年 9 月,任国民党湖南支部政事副主任。1913 年 2 月,任湖南都督府司法司次长,继任实业司长,5 月兼任内务司司长。关于萧仲祁的详细生平,参见日本法政大学大学史资料委员会编:《清国留学生法政速成科纪事》,裴敬伟译,李贵连校,广西师范大学出版社 2015 年版,第 178 页;博雅人物网 2022 年 10 月 16 日,http://ren.bytravel.cn/history/8/xiaozhongqi.html。

② 参见萧仲祁编:《刑事诉讼法(法政粹编科目)》,东京并木活版所 1905 年版,第 2 页。

其次,萧仲祁介绍了日本如何经由明治维新移植法国《刑事诉讼法》,从而恢复司法主权,废除与西欧各国不平等条约中的治外法权。日本维新之初,西欧各国以"内外交涉刑罚失平、日本固有传统法乃暴戾残酷之手段"为由,纷纷建立领事裁判政府。① 为修改不平等条约,废除治外法权,日本仿照法国治罪法制定刑事诉讼法,1877年7月法国法律博士巴利拿(即波索纳德)开始起草《治罪法》,1880年颁行,1890年修改为《刑事诉讼法》,至1899年,各国纷纷与日本修改条约,自此民、刑交涉案件皆由日本裁判。②

最后,在萧仲祁看来,日本通过移植大陆法系刑事诉讼法恢复司法主权、废除列强领事裁判权的做法,"其效验可谓著矣……各编构成秩序无非准天则人情而斟酌至当者,其为内外国人之所信守也,固宜我国"。③ 萧仲祁提出,应该效仿日本编纂大陆法系刑事诉讼法的方式,并总结出十条经验作为清末修律编纂刑事诉讼法的建议:一是改纠问主义为弹劾主义,二是增置区裁判所,三是确定诉讼事件之管辖,四是区分公诉与私诉,五是采取预审之制,六是采确定判决之制,七是采取缺席判决、对席裁判之制,八是定诉讼期间,九是设时效,十是定讼费。④

(二)刑事附带民事诉讼的必要性

在区分公诉与私诉的建议中,萧仲祁分别从比较法律史、法律社会学及抵御领事裁判权三个方面论述了刑事诉讼法编纂时引入刑事附带民事诉讼的必要性。

第一,萧仲祁从比较法律史的视角论述了中西在犯罪与刑罚上的认知差异。"一犯罪事件发生,有公罪、私罪之别。对于公罪则起公诉,

① 参见萧仲祁编:《刑事诉讼法(法政粹编科目)》,东京并木活版所1905年版,第5页。

② 参见萧仲祁编:《刑事诉讼法(法政粹编科目)》,东京并木活版所1905年版,第6页。

③ 萧仲祁编:《刑事诉讼法(法政粹编科目)》,东京并木活版所1905年版,第10页。

④ 参见萧仲祁编:《刑事诉讼法(法政粹编科目)》,东京并木活版所1905年版,第10~17页。

对于私罪则起私诉。如一盗案,以国家法律论之则犯公罪,以个人财产论之则犯私罪,国家由公诉处以刑罚,被害者亦可附起私诉要求赔偿损害,此欧洲古法也。中国无公诉、私诉之别,其治罪也并非为被害者,谓因'背逆天理、代天刑罚'而已。"①欧洲对犯罪与刑罚的理解自古以来是以被侵害之客体为起点的,当犯罪侵害之客体为国家(或社会)之公益,则适用公诉程序,当犯罪侵害之客体为个人之私益,则适用附带私诉程序。而中国传统法对犯罪与刑罚的理解不是以被侵害之客体为起点的,而是以"治罪",即惩罚犯罪为起点的。犯罪行为之所以要被除以刑罚,不是因为其侵犯了何种利益,而是违背了天理,须代天刑罚。

第二,萧仲祁从法律社会学的视角,基于对清末犯罪行为所致损害案件的实际处理情况的观察,提出应该区分公诉、私诉,引入刑事附带民事诉讼。"窃盗案偶有返还赃物者,辗转苛求,其所得亦仅矣,岂惟得不偿失,且因拖延扰累至'有命案不敢为尸亲,盗案不敢为失主'之谚,禁暴安民之意何在乎?今宜于检事提诉之时,准被害者附带私诉请求赔偿(日本刑法别有赔偿制度)则民得聊生矣。"②

第三,萧仲祁在凡论中总结道,如想实现华洋交涉案件之持平,包括区分公诉、私诉在内的十条建议,应"切实施行不可,何者如中国与他国人讼事交涉……彼有公诉、私诉之别而中国无之,则不能强他国人之服中国地方官裁判也。明甚不归中国地方官裁判,而归其领事裁判,其轻重失平不待言"。③

作为清末西方法学教育的接受者、西方法学理论的译介者之代表,萧仲祁在凡论中所著,可以说是清末修律者对待近代大陆法系刑事诉讼乃至整个司法制度的态度的缩影。学习包括刑事附带民事诉讼在内的西方刑事诉讼制度,很多时候并非基于对诉讼法理的充分理解,而更多是一种对日本移植法国刑事诉讼法的效仿,从而希冀废除西方列强

① 萧仲祁编:《刑事诉讼法(法政粹编科目)》,东京并木活版所1905年版,第12页。

② 参见萧仲祁编:《刑事诉讼法(法政粹编科目)》,东京并木活版所1905年版,第12~13页。

③ 萧仲祁编:《刑事诉讼法(法政粹编科目)》,东京并木活版所1905年版,第18页。

在华的领事裁判权,恢复司法主权。

结 语

清末刑事附代民事诉讼立法的理论渊源,主要是对日本法政大学法政速成科刑事诉讼法教员板仓松太郎,及京师法律学堂刑事诉讼法教习冈田朝太郎所授刑事诉讼法课程的编译。而板仓松太郎与冈田朝太郎在刑事诉讼法课程中所授刑事附带民事诉讼理论,以对日本《刑事诉讼法》(1890)总则编中私诉条款的教义学解释为主。可以说,坂田仓太郎对刑事附带民事诉讼的教义学解释,影响了清末刑事附带民事诉讼引入,而冈田朝太郎对刑事附带民事诉讼的体系化建构,对清末刑事诉讼法编纂的参与,则推动了清末刑事附带民事诉讼立法的完善。

清末编纂刑事诉讼法之所以设立刑事附带民事诉讼,一方面是因为公诉附带私诉制度本身具有“便宜查明证据、节约司法资源、提高结案效率、维护司法公信力”的程序正义性和程序经济性价值;另一方面则是将其作为西方刑事诉讼法的特点之一,通过效仿日本移植法国刑事诉讼法的做法,希冀废除西方列强在华的领事裁判权,恢复司法主权。

在日本刑事诉讼法理论传入中国的过程中,以萧仲祁为代表的西方法学教育的接受者、西方法学理论的译介者,对实体法与诉讼法、刑事诉讼与民事诉讼以及公诉与私诉的区分的认识,更多仅仅是一种法律工具主义式的期待:日本通过司法制度改革废除了治外法权,只要如法炮制日本的司法制度,中国也可在短时间内恢复司法主权。归根到底,包括刑事附带民事诉讼在内,清末学习西方刑事诉讼法制度修律的核心目的不是“以法治国”,而是“以法强国”。

尽管如此,1910年《民事刑事诉讼暂行章程(草案)》、1911年《大清刑事诉讼律(草案)》并未来得及施行,但清末区分公诉、私诉的刑事诉讼法立法理念以及刑事附带民事诉讼理论,在民国刑事诉讼法的编纂中均被承继。进入民国后,司法部于1914年9月15日颁布《私诉暂行规则》(共34条)。①

① 参见《私诉暂行规则》,载《司法公报》1914年第1期。

1921年,北洋政府在《大清刑事诉讼律(草案)》的基础上编成《刑事诉讼法条例》,于总则编第3条至第10条规定了刑事附带民事诉讼条款。① 自此,沈家本在清末制定的"私诉单行法"立法计划,终于在民国完成。此后,中国历次刑事诉讼法的编纂均设有刑事附带民事诉讼,并一直延续至今。②

这一切,既离不开以板仓松太郎、冈田朝太郎为代表的外籍法律专家对近代法学理论的传播,也离不开以萧仲祁、汪庚年为代表的译介者对近代法学理论的探索,作为"西法东渐"过程中真正连接起东西方法律文明的纽带,这些"拓荒人"及其贡献应被永远铭记。

① 参见吴宏耀、种松志编:《中国刑事诉讼法典百年(上册)》,中国政法大学出版社2012年版,第278页。

② 立法计划为:先制定"私诉单行法",待民律、商律制定后,再编入刑事诉讼律,以期完密。参见《沈家本等奏〈刑事诉讼律草案〉告成装册呈览折》,载《吉林司法官报·奏章》1911年第9期。

清末民初时期家国关系转型探析
——从法律史视角考察

刘柯铭*

[摘要]清末民初，中国受到“西学”理念的影响，无论在政治体制还是思想观念上都发生了前所未有的变化，家国关系也随之断裂、重构。家国关系的转型直接推动了中国近代法律制度的变革，同时揭示了其底层逻辑法律价值的转向。本文通过对这一时期公法以及私法历史文本的分析，探究家国关系转型的形与神，并对其原因进行体系解释。

[关键词]清末民初；家国关系；民族精神；私利保护

引　言

晚清时期，西方国家的入侵使中国传统法律观念遭受冲击，“差序格局”的政治体系开始崩塌，中国被迫卷入近代国际体系中。同时，随着西方法律制度与思想的广泛传播，中国官员以及有志之士开始质疑中国传统法律价值对维护国家政权稳定的作用，并且试图通过学习西方法律体系对我国律法进行变革。而这不仅是法律形式内容上的转变，而且体现了作为传统法律根基的家国关系的转型。

人伦尊卑的等级秩序使家与国在组织结构上呈现一体性，这种形式也促使传统法律形成“家国同构”的立法理念。然而近代列强对清代“纲常伦理”的思想冲击动摇了“家国同构”这一传统法律底蕴。家国关系的转型直接表现在清末民初时期频繁的修律活动中，因此，本文希望以清末民初法律变革为视角，通过梳理蕴含家国关系的法律文本，深入法律内在精神，探究家国关系的具体转型并对其本质予以解释。

* 刘柯铭，中南财经政法大学法学院法律史专业2022级博士研究生。

一、形之变:家国关系转型的实在法表现

清末民初时期,西方列强的强大使政府认识到中西悬殊的国力差距,传统“家国同构”理念无法支撑政权稳固,需要通过改革摆脱当前政权动荡的困境。与此同时,西方制度与思想恰好可以为家国关系的转型提供借鉴的路径,政府与有识之士便以此为切入点,开始重新审视并尝试对传统家国关系进行调整,沈家本所主导的变法运动希望通过削弱“家”在公法领域地位,奠定中国近代法律公、私分立的基础;近代中国的启蒙知识分子康有为等人也由此开始反思传统法律体系,并对家族主义进行批判,建议通过“去家化”来保证国家的独立性,1904 年,《江苏》杂志上所发表的《家庭革命说》便明确指出:

> 家庭革命者何也?脱家庭之羁轭而为政治上之活动是也,割家族之恋爱而求政治上快乐是也,抉家族之封蔀而开政治上之智识是也,破家族之圈限而为政治上之牺牲是也,去家族之奴隶而立政治上之法人是也,铲家族之恶果而收政治上之荣誉是也。①

这种思想观念的转变首先在修律活动中具象化,立法者通过公、私分立,一方面在公法领域强调国家主权的重要地位;另一方面在私法领域加强对私人权利保护。

(一)公法领域:国家权力的集中

“家国同构”理念的转型在法律变革中首先表现在公法中“家”功能的弱化。由于传统中国社会赋予“家”核心地位,家庭伦理规范既是社会政治伦理规则设置的蓝本,也是国家建构的范本,②一旦“家”受到

---

① 家庭立宪者:《家庭革命说》,载《江苏》1904 年第 7 期。转引自许纪霖:《家国天下:现代中国的个人、国家与世界认同》,上海人民出版社 2017 年版,第 7 页。

② 参见任剑涛:《浪漫想象:家哲学与家国同构的解释遗阙》,载《探索与争鸣》2022 年第 5 期。

影响,“国”的政权就会发生动荡。然而西方平等、自由的观念使个人逐渐突破家庭伦理的束缚,动摇了“家”建立的根本,这同时使国家政权陷入困境。为达到保障国家稳定的目的,晚清政府也开始试图在公法中削弱“家”的影响,在实体法和程序法两个角度均强化了统治阶级的地位,发挥国家主权的重要作用。

从实体法视角来看,修律者在律法修订过程中,通过弱化纲常伦理在刑律中的影响,提升政权统治地位。主要表现为以下特点:其一,清末民初的立法通过对家长权力的削弱,降低“家”在公法领域的影响力。根据《大清律例》:

> 其子孙违犯教令,而祖父母、父母(不依法决罚而横加殴打)非理殴杀者,杖一百;故杀者(无违犯教令之罪,为故杀),杖六十徒一年。嫡、继、慈、养母杀者(终与亲母有间,殴杀、故杀),各加一等;致令绝嗣者(殴杀、故杀),绞。若违犯教令,而依法决罚,邂逅致死,及过失杀者,各勿论。[①]

根据此条律法可知,祖父母、父母具有亲自惩戒权,如果子孙犯有重罪,即使祖父母、父母故意将子孙致死,仍可享有一定的刑罚豁免权。而在 1907 年《刑律草案》中,家长的此项特权被取消,一旦祖父母、父母致子孙死亡,就应当承担刑事责任。[②] 由此可以看出,在公法领域,亲属的权力开始受到限制,传统礼法合一的法律体系开始式微,近代中国法律开始趋向西方平等、公正理念发展,刑法上开始脱离原有的家族共同体,立法上不再向家长权威倾斜。

其二,“伦理纲常”的弱化在针对家族成员的定罪量刑中有所体现。正如“亲属相奸”条款的规定,尽管针对该条款取舍引起了礼教派和法

① 《大清律例》,田涛、郑秦点校,法律出版社 1999 年版,第 463 页。

② 参见高汉成主编:《〈大清新刑律〉立法资料汇编》,社会科学文献出版社 2011 年版,第 142 页。

理派极大的争议，但从清末民初修律的历史脉络看，亲属相奸的量刑程度已经逐渐减弱，对家族成员的严格要求程度减轻，以此弱化公法领域对“家”的过分规制，并借机使国家政权在公法中处于主导地位。

从程序法视角来看，修律者通过诉讼审判方式的规范，规制非正式诉讼途径，从而加强公权力的集中。由于“家国同构”的影响，传统社会在审判程序上呈现国家司法与家族司法并存的局面，家族族长即拥有听断族内大小案件的权力，①也正是由于家族司法的存在，民众大多选择通过非正式的方式解决纠纷，以此也导致“厌讼”情形频繁。而这种以家族主义为中心的理念在清末刑事诉讼律法变革过程中逐渐式微，从抽象原则到具体内容上均体现了朝向国家主义的转变。

在审判原则上，清末民初的修律活动对审判的程序进行严格规制，要求程序法定，试图通过立法削弱家族司法的影响。正如《大清刑事民事诉讼律草案》第76条的规定：“凡裁判均须遵照定律。若律无正条，无论何项行为，不得判为有罪。”由此可见，律法对裁判的程序要依法行使，同时也暗含了否定家族司法这一非正式裁判手段的影响，并以此弱化“家”在程序法事项上的干预。

在具体内容方面，加强民众参与审判程度，以达到依据国家司法手段解决纠纷的目的，保障公权力手段的集中。清末民初时期，修律者为降低家族内部权力对公权力集中的影响，通过设立陪审制度调取民众参与审判的积极性。《大清刑事民事诉讼律草案》第四章第208～234条，通过在陪审员的设立目的、选任资格、回避制度等相关规定对陪审员进行较为全面设立，以此强化司法审判的公正，调动民众选择国家司法途径解决争议的积极性，借此达到在程序法方面家国关系的断裂。

（二）私法领域：个人权利的加强

家国关系的转变也体现在私法中对个人权利保障力度的加大。传统中国社会是以血缘共同体为基础进行构建，但由于近代中国社会商事交易的不断频繁，个体间的互动增多，家族对其成员过分约束与限制

① 参见朱勇：《清代宗族法研究》，法律出版社2017年版，第71～72页。

无法帮助不同家族间个体的纠纷解决提供便利,同时人权思想在中国的兴起,使个体希望享有权利,因此,修律者通过顺应民意,通过弱化“家”与个体的联系,直接发挥个体在社会稳定中的作用。

一方面,通过限制公权力对私人行为的干预,赋予家庭成员的平等地位,从而突出个体所享有的自由权利,而这更多体现在夫妻双方对离婚的自由处分权利的加强。在《大清律例》中,离婚制度延续了传统礼法合一的法律体系,对违反“礼义”以及居丧期间嫁娶的行为,法律可以强制离异。① 而随着西方法律的影响,修律者开始注重人格与性别平等,《大清民律草案》中规定离婚的权利开始归夫妻个人所有,而非国家。② 由此可见,从传统社会公权力对私人关系进行强制性干预到近代社会开始给予私人权利的修律上看,暗合了家国关系的转型,突出个人而弱化血缘共同体的约束。传统中国仅仅将婚姻放置于“国”与“家”的联系层面去探讨,使其作为家族共同体产生或者消灭的方式,只强调个体对家族的作用而忽略私人意志在其中的本来作用。但在清末民初时期,夫妻自由意志开始作为离婚的判断标准,强化个人权利在其中的地位,以此减少公权力在私人行为之间的影响,从而更高效维护私益。

另一方面,修律者对人格权立法的加强,为个人在社会中享有私利提供正当性基础,突出个人在社会、国家中的直接作用。民族国家的形成不仅要求国家不受外来势力控制,不屈从于任何他国的权威,各主权国家一律平等,还要求国家应当由国民组成,强化主权在民的思想。③ 因此,在私人意识不断扩张的清末民初时期,近代中国的官员与学者也倡导将对私人人格的保护纳入修律范围,强化个人在保障政权稳定的重要地位。

《大清民律草案》的修律者通过对《瑞士民法典》以及《德国民法

① 参见赵刘洋:《妇女、家庭与法律实践:清代以来的法律社会史》,广西师范大学出版社2021年版,第79页。

② 参见赵刘洋:《妇女、家庭与法律实践:清代以来的法律社会史》,广西师范大学出版社2021年版,第140页。

③ 参见张春林:《解构与构建:近代天下观向国家观转变历程解析》,载《福建论坛(人文社会科学版)》2018年第1期。

典》的效仿,将人格权制度引入中国。《大清民律草案》第 49 ~ 55 条分别规定了禁止抛弃民事能力、人格权的救济、自由权以及姓名权四项权利,[①]后三项权利都是对人格权的规定,尽管律法只是粗略规定了人格权的一般条款,但这些条款均体现了近代中国对个人权利保护的肯定,确立了人格权保护在清末民初时期的重要性以及需求的现实性。此外,人格权的相关规定在随后权力的发展中也为大理院在判例中所援引,大理院的历年判例均倾向于将《大清民律草案》侵权法中规定的生命、身体、名誉这三种人格关系赋予法定人格权地位,参照人格权的相关规定请求损害赔偿以及慰抚金的救济。[②] 由此可见,清末民初时期的法律开始填补立法规定的空白,重视私人权利的保护。个人逐渐脱离中国传统法律文化中的家族伦理的约束,形成以国民为核心的社会共同体。

无论是在婚姻家庭领域强调夫妻双方自由合意,还是通过人格权的立法加强对个人权利的保护,实际上均体现了对个人自由的重视。一方面,对现有法律变革,减少了公权力领域对私人合意的限制;另一方面,对人格权利的强调推动社会与个体的直接联系,反映了"国""家""人"三者关系的重新构建,传统社会"家国同构"体系也随着法律朝向权利平等、自由价值观的发展同时,形成"国民—国家"社会形态。

二、神之变:家国关系转型的内在精神要素

随着立法模式和立法内容的变革,家国关系逐渐朝近代化转型,而转型的背后实际还蕴含着对西方民族意识共同体以及个人意志保护价值理念的本土化吸收。

(一)"民族意识共同体"的形成

在清末民初法律变革的过程中看,我国家国关系的转型实质上是

① 参见《大清民律草案·民国民律草案》,杨立新点校,吉林出版社 2002 年版,第 7 ~ 8 页。

② 参见俞江:《近代中国的人格权立法与学术研究》,载张生主编:《中国法律近代化论集》(第二卷),中国政法大学出版社 2009 年版,第 55 页。

共同体意识形态的转变,传统“家国同构”逐渐转变为近代以民族精神为意识统一的民族共同体,而其中更体现了民族精神发挥的作用。

甲午战争战败后,留日风潮逐渐兴起,梁启超等知识分子也随着风潮远渡日本,学习法律文化,并借其思想为己用,铸造一种具有国家主义内涵的“中国魂”:

此主义既行,于是各民族咸汲汲然务养其特性,发挥而光大之。自风俗、习惯、法律、文学、美术,皆自尊其本族所固有,而与他族相竞争,如群虎互睨,莫肯相下。[①]

而清末民初时期的“民族精神”实际上受到了来自德国的浪漫主义思潮的影响。德意志民族主义实际上就是在多元文化的基础上,对民族文化与精神的统一化的共同体意识的强调。在政治上,中国与德意志民族都呈现内部松散、外部广延的政治形式,但德国借助民族精神实现了国家在意识形态上的一体化,在动荡不安的清末民初时期,近代中国急需保障国家主权的统一,因此,清末民初时期,政府借民族精神之内涵将其塑造为民族意识共同体,并以中国法律为载体进行革新发展是当时保证国家稳定的唯一选择。

一方面,民族意识共同体保障了中国传统法文化思想在近代立法变革中的继受,维持了法律变革过程中社会秩序的稳定。从历史法学的视角看,法律是一个历史延续之物,当下的法律是过去世代法律的继续生长。[②] 因此,历史法学派所主张的当代立法并非凭空捏造,而是以从历史中提炼的民族精神为根本,将其与当代社会的需求相结合,以此寻求现代法律争端的解决。近代中国对民族精神思想的继受也并非一种完全西化的照搬,而是将传统法律观念的认同与近代社会局势相融合,共同铸造民族意识共同体,并希望借此达到政权稳定的目的。尽管并未实现最终目的,但民族意识共同体的精神在国家发展过程中仍然

① 参见梁启超:《论民族竞争之大势》,载张品兴编:《梁启超全集》(第二册),北京出版社1999年版,第887页。

② 参见唐丰鹤:《法律的民族精神正当性》,载《浙江学刊》2016年第4期。

发挥着一定的作用。

另一方面,民族意识共同体的生成为国家主权的确立提供思想基础,有助于提升政府组织行动力。在“天下观”解体后,近代中国的国家观在民族意识共同体的基础上建立起来。正如梁启超所说:“今日欲救中国,无他术焉,亦先建设一民族主义之国家而已。”①通过民族精神形成统一的民族意识共同体,以此作为国家主权的核心,使国家权力的行使存在“为保护国民与民族为目的”的正当性基础,通过目的正当化赋予国家自主权力,同时也使国家权力所发挥的公共性与社会作用得到充分解释。

综上所述,中华民族精神作为推动中国近代化发展的“工具”,塑造了中华民族共同体意识。民族意识共同体在近代中国并非是一个从无到有的产物,而是将中国传统法价值与西方近现代思想相融合的理念,通过西方法文化的引入促成中国民族精神具象化。民族精神在中国的生根从根本上推动中国迈向近代化阶段,以历史经验的总结为方式,将传统理念的认同与社会基础相结合,既暗含了“中体西用”的变法理念,同时也为民族意识共同体在家国关系的重构上提供思想基础。与此同时,正是由于民族意识共同体的产生,为中国提供了一种完全不同于传统家国关系的新意识形态,尽管民族意识共同体并未帮助近代中国真正意义上的走向强大,但仍使统治阶级清楚认识到,国家的稳定发展需要在意识一体化的基础上才可能实现。

(二)私人保护意识的觉醒

家国关系的转型以及民族意识共同体产生的背后,更体现了个人权利保护意识在其中发挥作用。西方自由、平等价值观念的输入使律法的修订开始注重人权的保障,个人意志的保护逐渐取代传统法文化的“三纲五常”,居于核心地位。

人权思想是欧洲人文主义思想的重要内容,它是与中世纪神权政

① 参见张春林:《中国近代国家权力思想的形成论析》,载《福建论坛(人文社会科学版)》2020年第6期。

治及封建制度斗争下的产物,在近代启蒙运动兴起后日渐兴盛。[①] 人文主义思想突出强调对个人权利与人格的保障,而这一点也被清末民初的学者接受,他们开始仿照西方进行我国公民的人格权等基本权利进行相关立法保护。这一时期的中国学者突出强调个人主义,认为个人之于团体,将个人从家庭身份中脱离,从国家视角赋予个人国民身份。他们反对"化家为国"的基本观念,并不认为家族规约与国家法律在精神上的一元性能够推动中国律法进入近代化阶段,与西方法律接轨。基于此,他们开始对传统法律文化中的家族伦理进行抨击,同时将当时中国社会的混乱秩序归因于"礼法合一"。因此,在近代中国,西方国家所主张的私人自由意志在中国开始得以继受,而这一思想观念的引入也为近代中国亟待解决的国家动荡局势提供临时救济方向,彰显近代中国对个人权利保护的合理性。

个人作为国家的基本单位,对个人权利的保护有助于维护国家社会秩序的稳定。在将个人从家庭中脱离的清末民初时期,个人利益的保障逐渐成为国家社会稳定的根本。个人利益作为国家秩序稳定的基石,只有其权利得到保障,通过法律规范和保障私人利益不受损害,才会为国家的富强提供坚实保障。正如干春松教授所认为的,"民族相争的时代,政府需要凝聚国民,将民众的力量转化为国家竞争力,各以其'实利主义'的原则,与世界上最智慧的民族相抗衡,然后才能同享世界之利益,而不至被人倾夺"。[②] 此外,康有为、[③]严复、[④]孙中山[⑤]等思想家也都强调了国家政治的维护需要以"利民"为基础。

---

① 参见杨天宏:《中国的近代转型与传统制约》,四川人民出版社 2021 年版,第 264 页。

② 干春松:《文明论视野下的民族与国家(上)——杨度〈金铁主义论〉中的民族观与国家观》,载《现代哲学》2021 年第 3 期。

③ 康有为:《大同书》,载姜义华等编校:《康有为全集》,中国人民大学出版社 2007 年版,第 91 页。

④ 严复:《原强》(修订稿),载王栻主编:《严复集》(第一册),中华书局 1986 年版,第 27 页。

⑤ 孙中山:《孙文学说》,载《孙中山全集》(第六卷),人民出版社 2015 年版,第 212 页。

然而,清末民初时期对私人利益的保护并非完全基于保护个人的目的,更体现了将个人作为"公益的构成要素"以此保障国家主义的社会伦理指引。近代中国的个人意志并不仅作为自由意志的体现,还蕴含了以保障国家公共秩序,缓解政权动荡局势的目的。学者们将人从"家"区分出来时并未将人作为权利的主体,而是将个人视为公权力稳定的基本构成单位,个人虽然开始脱离家族的约束,但也逐步陷入公权力的束缚,权力主体将法律视为约束个人的工具,限制个人的真正价值,通过控制个人为国家带来实质利益,而这是中国传统纲常伦理无法为公权力提供的。但个人意志的引入实际上是中国近代化阶段的必然选择,只有通过公益约束私利的方式,保障民众在意识上的统一,形成民族意识共同体,才能保障国家主权意识的稳定,从而应对当时动荡不安、内忧外患的格局。

三、家国关系转型的历史解释

清末民初时期的法律发生了巨大的变革,而法律变革的内涵则体现了家国关系从传统中国的"家国同构"转型为"国民—国家"社会意识共同体的构建,其中更包含了民族精神和个人权利保护意识的共同作用,近代中国正是在两方面的影响下维持国家主权的完整。

一方面,清末民初时期政权的稳定需要统一的意识主体来支撑,然而中国"家国同构"形态并未在意识上形成统一,致使国家构建的根基薄弱。因此,政府试图通过法律,将西方民族精神本土化,形成具有本土特色的意识形态共同体,通过民族意识共同体所表现的一致性来保障国家的发展。另一方面,人权思想在中国的兴起也为家国关系的转型提供重构方向。人权思想在法律变革中的引入使个人作为独立主体参与社会发展,享有权利与义务,增强社会内源性发展,发挥能动调节作用。正如伍廷芳所言:

> 凡人于法律界内,不出范围,可以自由行事,无人可为拘制,如有稍涉拘制,而不依法律者,即可执拘制之人,起诉于法

官,或官或民,犯者一律惩治……此之所谓自由也。[1]

基于此,中国近代社会开始通过人权意识维持社会的基本运作,并通过加强权利义务的平等,突显对私人权利的重视程度。

回看中国家国关系历史脉络,清末民初时期家国思想的转变可谓中国近代化进程的开端,并在法制发展层面为中国的进一步发展提供立法路径和法律思维上的指引。

一方面,通过法律移植,吸收西方国家制度优势,加强国际社会的融入。清末民初时期的变法实际就是从对西方国家法律进行移植开始的。无论是《现行刑律》《破产法》,还是《大清民律草案》等法律,立法都是通过仿照德国、日本等大陆法系国家的法律进行整理,填补近代中国律法空白。而通过对制度的学习和借鉴,为我国寻找立法路径提供便利,为政体变革导致社会与制度的不兼容提供了衔接的建议。此外,正是通过制度和思想的学习,也使中国政府与民众迫切希望同国际社会建立沟通、交流渠道,加强中国的近代化进程的完善。

另一方面,法律思维也在家国关系转型过程中发生潜移默化的转变,促使中国法制发展进程逐步走向法制体系化的方向。修律者的立法思维从在传统社会中"重公权、轻私权"到近代公、私并重的理念转变实际表现了国家的开放对法制发展的促进。修律者在开放的视野下依据中西法律经验的结合,打破原有壁垒,推动中国近代化,尽管在结果上并未取得明显进展,但这也为中国近现代在立法中的法制思维提供借鉴路径。

结　语

清末民初时期的家国关系从"家国同构"朝向"国民—国家"共同体转型的整个过程,实际上更体现了公权与私利从失衡趋向动态稳定

① 伍廷芳:《中华民国图治刍议》,载丁贤俊、喻作凤编:《伍廷芳集》(下册),中华书局1993年版,第611页。

的过程。传统中国社会以“家”为基本单位进行构建,由于国法并不完备,国法对大量社会关系的调整尚处于空白,进而影响国法的社会效力,因此需要家法作为补充而存在,有效调整责任关系。[①] 然而家法亦通过公权力手段进行调整,这也使传统中国呈现公权主导局势,私权受到严格制约。然而,严格限制私权并无法应对社会政治伦理的动态变化,这种以公权力主导的“家国同构”关系对于“天下观”之下的古代中国具有显著效果,却无法应对清末民初时期的列强侵入的动荡局势。

清末民初时期,公权导向的权力配置由于受到西方国家的法律制度和思想的影响,私权主张开始兴起,致使权力配置失衡,从而使政权动荡。而由于法律本身的稳定性、普遍性和有效性,[②]政府与学者通过在立法视角保障私人利益在国家社会构建的地位,以维护近代中国政权统治的稳定。修律者开始在公法领域逐渐削弱家主权力在家庭内部上的影响,使权力集中于国家,在私法领域将个人从家族共同体中脱离出,强调个人权利的重要性,达到以私权为基础的公权稳定,其根本目的就是实现公益与私利的动态平衡,并以此为基础建立“国民—国家”社会意识共同体。

尽管将私利作为维护政权的工具并非长久之策,但这是近代中国社会自我挽救的必要路径,只有以权利为根基,才有助于在意识形态上达成统一,从而帮助近代中国摆脱当时的艰难处境。

---

① 参见岳庆平:《中国的家与国》,吉林文史出版社 1990 年版,第 202 页。

② 参见刘玮:《公益与私利:亚里士多德实践哲学研究》,北京大学出版社 2019 年版,第 171 页。

哲美森视角下的中国继承制度
——以《中国评论》所载哲美森译文为中心

杜娇锦*

[**摘要**]本文以哲美森刊载于《中国评论》的中国法律典籍摘译为研究对象，在梳理译文整体逻辑结构的基础上，明确哲美森视角下中国继承制度对内实现家庭延续、对外连接家庭与人口土地制度的重要作用；由此从家庭身份继承与家庭财产继承两个方面具体展开对中国继承制度的论述，前者包含严格身份继承的原因、身份继承的基本原则、身份继承人的范围与次序以及身份继承的具体规则，后者则包含家庭财产的继承范围、家庭财产的继承人、影响继承的家庭角色；最后通过总结哲美森对中西方继承制度的比较，特别是与罗马法继承制度的比较，得以对19世纪至20世纪来华英人群体推动中西法律文明交流的情况管中窥豹。

[**关键词**]哲美森；《中国评论》；身份继承；财产继承

引　言

作为19世纪至20世纪来华英人群体中的重要一员，哲美森(George Jamieson,1843年~1920年)出生于苏格兰东北部原班夫郡(Banffshire)，其于1864年取得阿伯丁大学(University of Aberdeen)硕士学位。① 同年，年仅21岁的哲美森通过竞争性考试以英国外交部门翻译学员(student interpreter)的身份来到中国。直至20世纪初，哲美森有数十年的时光都在中国度过，其生活轨迹涉及中国上海、台湾、福州、焦作等地，其所担任的职务也涉猎外交、司法、财政、商贸等各

---

* 杜娇锦，安徽财贸职业学院教师，法学硕士。

① 参见李洋：《〈中国评论〉所载英国汉学家哲美森译〈大清律例〉篇章述评》，载《国际汉学》2021年第1期。

领域，可以说他一生的事业都与中国紧密相连，其本人也被认为是当之无愧的中国问题专家。① 同时，哲美森在终身挚爱的法律事业上也颇有建树，其于1871年～1873年先后在内殿律师会馆、中殿律师会馆学习，并于1880年获得中殿律师会馆（the Middle Temple）授予的律师（the Bar）资格，②在此后广泛参与驻华的法律工作的过程中，哲美森不断积累着数量众多、类型多样的审判实例，并有机会立足西法视角来深入观察清代法律的实施现状。就这样拥有良好西方文化和法律教育背景的哲美森，结合自身中国生活数十年的经验，使其对清代社会与法律产生了独特的见解，这一点在其围绕《大清律例》等清代法律典籍的翻译研究中体现得淋漓尽致。

此外，刊载哲美森系列译文的《中国评论》（*The China Review*; Or, *Notes and Queries on the Far East*,1872—1901）也值得关注，其作为“英美汉学的代表刊物”，刊载的文章多为类似于哲美森译文这样的长篇专题文章。③ 该刊物主要面向西文读者介绍中国法律与社会现状，在中西法律交流史上具有重要地位。因此无论是基于哲美森丰富的知识背景与个人经历，还是考虑到刊载其译文的《中国评论》，哲美森以《大清律例》等清代法律典籍为翻译对象的研究都非常值得探讨。

目前，从学界既有文献中可以看出，囿于哲美森所译中国古代法律典籍所载期刊《中国评论》未引起足够的重视等原因，对哲美森译文进行过研究的学者数量较少。其中触及继承主题的学者数量就更为稀少，其中较为突出的学者有苏亦工、于明、李洋以及刘瑞。

作为第一位围绕哲美森展开专门研究的学者，苏亦工的《中法西用：中国传统法律及习惯在香港》对哲美森关于清代继承制度的观点有

① *A Great China Expert*, The North – China Daily News (1864—1951), 28 February 1921, at 12.

② *A Great China Expert*, The North – China Daily News (1864—1951), 28 February 1921, at 12.

③ 参见李秀清：《〈中国评论〉中的中国法律及其研究价值》，载《比较法研究》2017年第2期。

着零星的论述,涉及继承中的财产转移、收养成立条件、继承规则的稳定性以及继承人资格与次序。[①] 虽然苏亦工并未就哲美森形成专门性成果,但是其研究足以为后继学者点亮引路明灯。在针对哲美森进行专门研究的后继学者中,于明在《晚清西方视角中的中国家庭法——以哲美森译〈刑案汇览〉为中心》中集中呈现了哲美森关于清代继承制度的独到见解,一方面注重对宗法秩序的维护;另一方面注重强调"血缘"与"情感"的纽带以缓解立嗣的情法冲突。[②] 而李洋的《〈中国评论〉所载英国汉学家哲美森译〈大清律例〉篇章述评》则通过对哲美森译文中涉及《大清律例》的部分进行了全面评述,指出哲美森从家庭财产继承为起点,重构了一个以家庭为中心的律典体系,同时在比较法视野下对哲美森围绕清代继承制度的观点进行了评析。[③] 较之于其他学者,刘瑞在《寡妇作为受托人:乔治·哲美森对清朝寡妇"继承权"的翻译》和《香港华人遗嘱:哲美森对清代继承法的翻译与香港司法机构对华人遗嘱的理解》中对哲美森的翻译模式进行了专门研究,因刘瑞具有翻译专业研究背景,其研究成果在法律翻译研究视角与方法上都更具有跨学科的特色。

综上所述,围绕哲美森译文中涉及清代继承制度进行研究的学术成果虽然各有所长,但是研究材料的使用多从哲美森所译的《大清律例》或《刑案汇览》中择其一,并未将二者结合讨论;此外,既有研究成果或偏重概述性研究而细致性不足,或选取继承制度的某一问题予以专门探讨,研究都难免不够全面。由此,笔者期望在细致梳理哲美森译文逻辑体系的基础上,从家庭身份继承和家庭财产继承两个方面对哲美森译笔下的清代继承制度进行详细论述,最后借助哲美森的比较法视

① 参见苏亦工:《中法西用:中国传统法律及习惯在香港》,社会科学文献出版社2002年版,第273、297~298、348~350页。

② 参见于明:《晚清西方视角中的中国家庭法——以哲美森译〈刑案汇览〉为中心》,载《法学研究》2019年第3期。

③ 参见李洋:《〈中国评论〉所载英国汉学家哲美森译〈大清律例〉篇章述评》,载《国际汉学》2021年第1期。

角了解西人对清代继承制度的认识,以图丰富有关哲美森的研究,并对中西法律文化交流的研究有所助益。

一、哲美森译作的体系概览

哲美森针对《大清律例》的翻译均以“Translations from the Lü-Li, or General Code of Laws of the Chinese Empire”命名,分别载于《中国评论》的第 8 卷、第 9 卷以及第 10 卷,具体包含第 8 卷的第 1 期、第 4 期、第 5 期以及第 6 期,第 9 卷的第 3 期与第 6 期,第 10 卷的第 2 期,①一共七篇,按照《中国评论》相应期数的出版时间,这些译作的发表时间从 1879 年涵盖至 1881 年,相对比较集中。从翻译的内容而言,所涉及的《大清律例》条款也相对集中,除了第 8 卷第 1 期的内容主要涉及《兵律 · 关津》外,其余均分布在《户律》的《户役》、《田宅》及《婚姻》中,②具体如表 1 所示:

表 1　哲美森译文所涉《大清律例》条目统计

《中国评论》所载期数	涉及篇目	具体条目
第 8 卷第 1 期	《兵律 · 关津》	“私出外境及违禁下海”(225)
第 8 卷第 4 期	《户律 · 户役》	“立嫡子违法”(78)、“别籍异财”(87)、“卑幼私擅用财”(88)
第 8 卷第 5 期	《户律 · 户役》	“脱漏户口”(75)、“人户以籍为定”(76)
第 8 卷第 6 期	《户律 · 户役》	“私创庵院及私度僧道”(77)、“赋役不均”(80)、“禁革主保里长”(83)、“逃避差役”(84)、“收养孤老”(89)

① G. Jamieson, *Translations from the Lü-Li, or General Code of Laws of the Chinese Empire*, *The China Review* 8.1(1879 - 1880), 1 - 18; 8.4 (1879 - 1880), 193 - 205; 8.5 (1879 - 1880), 259 - 276; 8.6 (1879 - 1880), 357 - 363; 9.3 (1880 - 1881), 129 - 136; 9.6 (1880 - 1881), 343 - 350; 10.2 (1881 - 1882), 77 - 99.

② 条标的回译主要参见《大清律例》,田涛、郑秦点校,法律出版社 1998 年版。

续表

《中国评论》所载期数	涉及篇目	具体条目
第9卷第3期	《户律·田宅》	“欺隐田粮”(90)、“检踏灾伤田粮”(91)
第9卷第6期	《户律·田宅》	“盗卖田宅”(93)、“典买田宅”(95)
第10卷第2期	《户律·婚姻》	“男女婚姻”(101)、“典雇妻女”(102)、“妻妾失序”(103)、“居丧嫁娶”(105)、“父母囚禁嫁娶”(106)、“同姓为婚”(107)、“尊卑为婚”(108)、“娶亲属妻妾”(109)、“强占良家妻女”(112)、“娶乐人为妻妾”(113)、“僧道娶妻”(114)、“良贱为婚姻”(115)、“出妻”(116)、“嫁娶违律主婚媒人罪”(117)

而哲美森针对《刑案汇览》的翻译仅有一篇,以“Cases in Chinese Criminal Law”命名,载于《中国评论》第10卷的第6期,出版于1882年5月。从篇目数量上来说,远远少于哲美森针对《大清律例》的翻译篇目,在内容上具体涉及《刑案汇览》的卷七、卷八及卷九的9个案例,①其中关于立嗣继承有2个案例,其余7个案例均涉及婚姻关系,具体如表2所示:

表2 哲美森译文所涉《刑案汇览》案例统计

所涉及《刑案汇览》卷数	涉及条目	具体案例
卷七	户律户役·立嫡子违法有案	本宗无人准继同姓不宗为嗣(“李四案”)
		同宗及已告逐之人均不准继(“李龙见案”)
	户律婚姻·男女婚姻有案	定婚改嫁虽已生子应归前夫(“王万春案”)
	户律婚姻·居丧嫁娶有案	居丧改嫁由母主婚酌免离异(“任统信案”)

① 案例的回译可参见(清)祝庆琪编:《刑案汇览全编》,杨一凡、尤韶华点校,法律出版社2007年版。

续表

所涉及《刑案汇览》卷数	涉及条目	具体案例
卷七	户律婚姻·父母囚禁嫁娶有案	夫犯罪监禁妻因贫擅自改嫁（"孔昭池案"）
卷八	户律婚姻·娶亲属妻妾有案	娶未婚弟妇为妻系尊长主婚（"刘七案"）
卷九	户律婚姻·强占良家妻女有案	图产空言逼嫁大功弟妻自尽（"郭世那案"）
		家长强卖奴仆之媳与人为妾（"韦士荣案"）
	户律婚姻·嫁娶违律主婚媒人罪有案	嫁娶违律之妇于夫卑幼有犯

通观哲美森以中国传统法律典籍为翻译对象的研究，可以清晰地发现其在翻译材料的选取与所译材料之间逻辑的构建上都有着自己的考量。哲美森首先将目光落在有关中国规范全国范围内海陆关口运行与鸦片立法的律例上，哲美森作为中西方交流大潮中的一分子，考虑到他的英国人身份，再叠加当时中外交流中工业文明对农业文明所具有的殖民主义意味的审视目光，在初次深入接触中国社会与中国法律制度的过程中，他首先关注中国对外交流通道畅通与否以及与英国关系深远的鸦片立法是否具有其天然的合理性，在完成关于中国对外交流的律例研究之后，哲美森又怀着极大的兴趣从内部展开对中国社会与法律的分析，着眼点就落在了中国社会结构最具有核心地位的单位——家庭，其所译律例自然就出自《户律》。面对如何以该部分律例为切入点从内部分析中国社会与法律，哲美森选择在尊重所译律例在《大清律例》中原本排序的基础上，通过律例文本的相互联系将各部分主题进行适当的安排，具体而言，哲美森先阐明"户"所代表的中国传统家庭及其继承制度，又从中延伸出对人口登记制度与国家税收的研究，通过有关个人公共服务（差役）的分析自然而然谈到了土地税与国家税收的关系，在以上内容中完整呈现其对土地制度的相关研究。在完成

以上内容后,哲美森又将目光着眼于婚姻制度对于家庭构建与延续的重要意义,对有关婚姻的律例几乎进行了全面的翻译与分析,将从内部视角进行研究的重心又重新聚焦至家庭。最后哲美森为了读者更好地理解中国继承与婚姻法,特地翻译了《刑案汇览》的部分案例对中国婚姻与继承制度进行了解释与补充。这样通过对《大清律例》和《刑案汇览》部分内容的翻译与分析,哲美森构建起一个内外视角兼具、主题环环相扣、脉络清晰明了的有关中国社会与中国法律的知识结构,如图1所示:

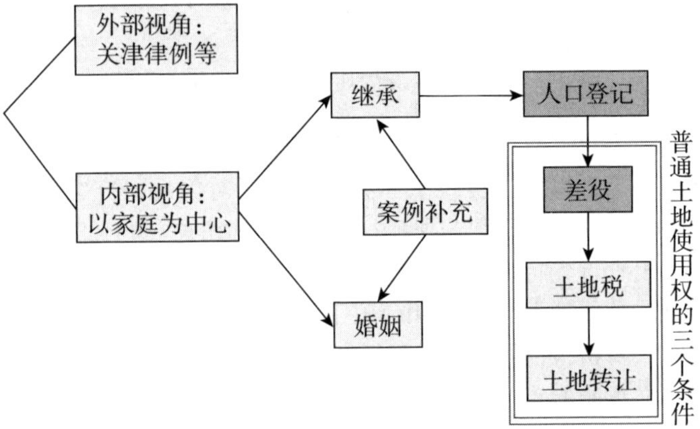

图1　哲美森译文的逻辑结构

通过对哲美森译文的整体梳理可以看出,继承制度虽然在哲美森的整体译文中占比较小,但是它在哲美森构建其理解中国社会的知识框架中具有承上启下的重要作用。具体而言,继承制度不仅在内规定了家庭作为独特整体如何进行延续,而且在外又成为了连接家庭与哲美森后续译文主题的桥梁,因此该部分在哲美森译文体系中的重要性不容忽视。

通过对哲美森集中研究继承制度的第2篇译文以及《刑案汇览》的两个继承案件的分析可知,哲美森对中国继承制度的研究分析主要从继承权(succession)与遗产继承(inheritance)两个方面展开,[1]前者更多指家庭身份层面的继承,即《户律·户役》中的"立嫡子违法"(78),而后者指的是家庭财产分配上的继承,即《户律·户役》中的"别籍异财"(87)与"卑幼私擅用财"(88),这二者共同规定了在中国传统社会中家庭如何作为独特统一体实现延续。[2]

二、家庭身份继承

(一)严格家庭身份继承的原因

在中国传统社会中,人们对血脉继承的重视原因始于对祖先祭祀的重视,为了更好地履行这一义务,人们对严格家庭身份继承、维持家族血统有着执着的追求。这一点虽然在法典中没有提到,但是在日常习俗的发展中可以看到继承的一系列规则是与履行祭祖义务相适应的。[3] 每个家族都有代表各自家族的祠堂,具体由家族的诸代祖先牌位组成,这些均由长子等维持家庭主线脉络延续的人来负责照管并代代相传,并且他们还要负责定期执行具有特殊含义的仪式纪念先祖,因此一旦出现直系继承人缺失,就会出现祖先牌位因缺乏照管而发生分散、丢失的巨大风险,[4]这对于重视祖先祭祀与血脉传承的中国传统家族而言无疑是最大的噩梦,因此哲美森认为古老的祭祖习俗是中国继承法得以形成的主要因素之一。[5]

---

① See G. Jamieson, "Translations from the Lü-Li, or General Code of Law of the Chinese Empire (Continued from page 27)", *The China Review*, 8.4 (1879 - 1880), 194.

② See G. Jamieson, "Translations from the Lü-Li, or General Code of Law of the Chinese Empire (Continued from page 27)", *The China Review*, 8.4 (1879 - 1880), 194.

③ See G. Jamieson, "Translations from the Lü-Li, or General Code of Law of the Chinese Empire (Continued from page 27)", *The China Review*, 8.4 (1879 - 1880), 201.

④ See G. Jamieson, "Translations from the Lü-Li, or General Code of Law of the Chinese Empire (Continued from page 27)", *The China Review*, 8.4 (1879 - 1880), 201.

⑤ See G. Jamieson, "Translations from the Lü-Li, or General Code of Law of the Chinese Empire (Continued from page 27)", *The China Review*, 8.4 (1879 - 1880), 201.

(二)家庭身份继承的基本原则——维持家庭主线的延续

在中国传统社会中,人们对血脉继承的重视始于对祖先祭祀的重视,为了更好地履行这一义务,人们对严格家庭身份继承、维持家族血统有着执着的追求。这一点虽然在法典中没有提到,但是在日常习俗的发展中可以看到继承的一系列规则是与履行祭祖义务相适应的。①

在父母去世后,家庭身份继承的基本原则是维持原本家庭的主线不动摇,以长子作为主线家庭的身份继承者,余子选择分家的话,可以从本户分离出去登记为新的"户",即其余诸子不继承原本家庭首领的身份,而是开创新的家庭,作为自己本身家庭的主线向下延续。而如果家庭缺乏直系后代,那么将从旁系血统中选择合适的人选维持主线的延续,使主线家庭始终保持它的存在,就像最初创立者还在一样(it is as if the original founders were still alive),长子的身份继承意味着其能够获得对祖先牌位和其他家族存在标志的全部监护权。② 除此之外,长子还能获得对家族余子的一般控制权,这一点类似于父亲对儿子在家庭事务中的控制权。③

(三)家庭身份继承人的资格范围与次序

首先,哲美森指出同宗女性及其后代被排除了获得家庭身份继承的资格。④ 家庭继承局限于同宗,即同姓的宗亲,这里的"宗"在哲美森看来对应的就是民法中的父系亲属的概念(the Agnates of the Civil Law)。⑤

---

① See G. Jamieson, "Translations from the Lü-Li, or General Code of Law of the Chinese Empire (Continued from page 27)", *The China Review*, 8. 4 (1879 – 1880), 201.

② See G. Jamieson, "Translations from the Lü-Li, or General Code of Law of the Chinese Empire (Continued from page 27)", *The China Review*, 8. 4 (1879 – 1880), 198.

③ See G. Jamieson, "Translations from the Lü-Li, or General Code of Law of the Chinese Empire (Continued from page 27)", *The China Review*, 8. 4 (1879 – 1880), 198.

④ See G. Jamieson, "Translations from the Lü-Li, or General Code of Law of the Chinese Empire (Continued from page 27)", *The China Review*, 8. 4 (1879 – 1880), 197.

⑤ See G. Jamieson, "Translations from the Lü-Li, or General Code of Law of the Chinese Empire (Continued from page 27)", *The China Review*, 8. 4 (1879 – 1880), 197.

由于同宗女性虽为同宗血亲,但是其在后期通过婚姻缔结实现了宗亲关系从父族向夫族的转移,在血缘上虽然仍是同宗血亲,但是其与其子嗣在宗法继承关系上与父族并无联系,他们均是其夫族继承关系上的同姓宗亲。为了保障各自家族继承的独立性,甚至在穷尽本族同宗男性宗亲及其后裔仍找不到合适的继承人的情况下,同宗女性的后裔都不能凭借母系血缘对外祖父家族提出继承的主张,①即便他们在与被继承人的血缘关系密切性上往往高于最终确定的继承人。这从根本上杜绝了同宗女性宗亲及其后裔参与外祖父家族继承的可能性,也就保证了各自家族在家庭身份继承上的互不干涉,沿着各自的脉络向下延续。在排除了同宗女性及其后裔的家庭身份继承资格后,并不意味着其他所有的同宗男性及其后裔在家庭身份继承上处于同一起跑线,哲美森同样指出他们中也存在一定的继承次序。具体来说:

排在首位的是被继承者的儿子及其直系后裔,②即被继承者的长子及其合法婚姻所生的子嗣。哲美森所指的长子,在这里应当被理解为正妻所出的嫡长子,如果没有嫡子,则妾生子按照长幼次序继承。③

排在第二位的是被继承者兄弟们的儿子,即被继承者的侄子们。④针对侄子们如何继承的问题,哲美森引用了一个中国俗语——"长房无子次房长子,次房无子长房次子"⑤——一个家庭的兄弟俩,哥哥如果没有儿子,就可以过继弟弟的长子来继承长房的家庭主线,因为在兄弟俩

① See G. Jamieson, "Translations from the Lü-Li, or General Code of Law of the Chinese Empire (Continued from page 27)", *The China Review*, 8.4 (1879 - 1880), 199.

② See G. Jamieson, "Translations from the Lü-Li, or General Code of Law of the Chinese Empire (Continued from page 27)", *The China Review*, 8.4 (1879 - 1880), 198.

③ See G. Jamieson, "Translations from the Lü-Li, or General Code of Law of the Chinese Empire (Continued from page 27)", *The China Review*, 8.4 (1879 - 1880), 198.

④ See G. Jamieson, "Translations from the Lü-Li, or General Code of Law of the Chinese Empire (Continued from page 27)", *The China Review*, 8.4 (1879 - 1880), 198.

⑤ See G. Jamieson, "Translations from the Lü-Li, or General Code of Law of the Chinese Empire (Continued from page 27)", *The China Review*, 8.4 (1879 - 1880), 198.

的家庭中,优先考虑的是维持长房家庭主线的连续性,因此可以牺牲次房长子对次房的继承权,但是就家族地位而言,对于次房长子而言,这并不能算一种牺牲,他的家族地位在过继的过程中得到了很大的提升;反过来说,如果弟弟没有儿子,就可以过继哥哥的次子来作为继承人,不能过继长子的原因在于,长子要负责延续长房的家庭主线,而次子可以退出原有家庭担负起叔叔家庭主线继承的重任,这样不会造成两个家庭继承的交叉与混乱,同时这样继承产生的效果就是完全断绝了继承人与原本所在家庭的联系,就像他已经死亡,并取代了其被继承人亲生儿子的地位。①

排在被继承人侄子们之后的就是关系更远的侄子们,按照次序依次为堂侄,再从侄以及族侄。② 他们的关系远近程度是由他们的父亲与被继承人的关系远近决定的,他们的父亲对应的依次为堂兄弟、再从兄弟、族兄弟。随着他们的亲缘关系与被继承人距离越远,他们所具有的优先权就相对越弱。

对于同宗男性血亲及其后裔的继承顺序,哲美森以图表形式予以清晰形象的说明(如图 2),③在同宗范围内的家庭身份继承中,首先排除女性及其后裔,其次自己的子嗣具有天然的继承权利,如果没有自己的子嗣,那么将按照图中的次序分别考虑侄子、堂侄、再从侄,最后到族侄。在这个过程中,我们可以看到继承的次序在亲缘和世代上均是由近及远的。④

---

① See G. Jamieson, "Translations from the Lü-Li, or General Code of Law of the Chinese Empire (Continued from page 27)", *The China Review*, 8. 4 (1879 - 1880), 198.

② See G. Jamieson, "Translations from the Lü-Li, or General Code of Law of the Chinese Empire (Continued from page 27)", *The China Review*, 8. 4 (1879 - 1880), 199.

③ 笔者为便于读者理解,在不改变哲美森译文原图原意的基础上进行了重新绘制,原图参见 G. Jamieson, "Translations from the Lü-Li, or General Code of Law of the Chinese Empire (Continued from page 27)", *The China Review*, 8. 4 (1879 - 1880), 198。

④ See G. Jamieson, "Translations from the Lü-Li, or General Code of Law of the Chinese Empire (Continued from page 27)", *The China Review*, 8. 4 (1879 - 1880), 198.

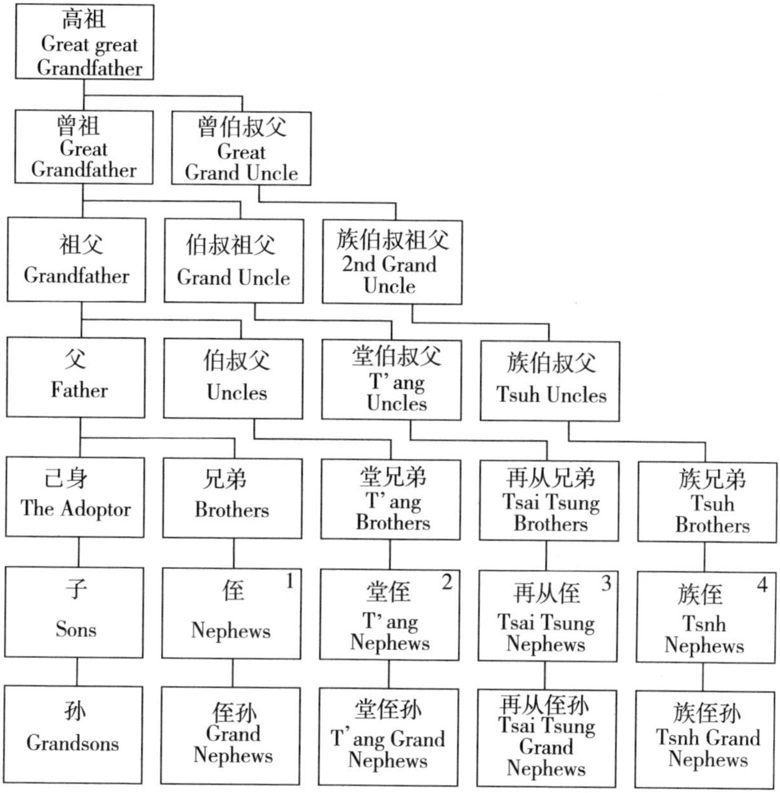

图2　哲美森总结的同宗继承人关系

在过继收养的具体流程上，无论是知情人范围还是过继收养仪式，都要确保其公开性。在知情人范围这一实质条件上，继承关系的变动需要所有家庭成员知情，因为过继收养行为决定了被收养人宗族地位与继承关系的变动，同时关系着家族内部各分支之间继承关系的厘清，因此任何私人约定的继承都不可能得到实现。① 在形式条件上

① See G. Jamieson, "Translations from the Lü-Li, or General Code of Law of the Chinese Empire (Continued from page 27)", *The China Review*, 8.4 (1879 - 1880), 199.

要求过继的仪式需要在公开场合进行,并随着重要家庭活动的所有仪式,新加入的家庭成员要在新家庭的祖先牌位前表达恭敬,缺乏这一仪式的后果就是继承关系的无效,家庭成员关系不会发生任何变动。① 同时仪式需要家族尊长的监督,一般行使这一权力的是家族中地位最高、年龄最长的成员,在这一过程中执行监督的尊长能够赋予该收养关系合法性。这里需要提到的就是在家族内部事务中,尊长这一群体能够对大多数家庭事务实现自治,像过继收养这类行为在这哲美森看来就属于典型的家法(family law),而非皇法(imperial law),②只要家族内部在该问题上能够达成一致,没有明显不公,那么中国传统社会的行政管理者们会乐于支持家族尊长们的意见,不会对其决定进行干扰。在实质上就是将以家庭为单位的细节事务的管理权力下放到各个家族以族长为代表的尊长手中,这样能够极大提升基层管理的效率,使官员能够将更多的精力集中到相对重要的行政事务上,这也就意味着像过继收养这类家族内部能够决定并赋予其法律合法性的细节事务就需要获得家族尊长的认可,尤其是那些超出常规的收养继承关系就更是如此了。

所谓超出常规的收养关系,指继承人并不在同宗男性宗亲及其后裔中产生,大部分原因是穷尽同宗血亲也未能找到合适的人选作为继承人。中国传统社会对这种情形也作出了补充,即允许任命血缘关系更远的亲族,如果这样都没有办法解决继承人空缺的问题,那么将允许被继承人选择同姓的人作为继承人,哲美森针对这类同姓不宗的收养给出了"李四案"作为案例支撑。③

---

① See G. Jamieson, "Translations from the Lü-Li, or General Code of Law of the Chinese Empire (Continued from page 27)", *The China Review*, 8.4 (1879 - 1880), 199.

② See G. Jamieson, "Translations from the Lü-Li, or General Code of Law of the Chinese Empire (Continued from page 27)", *The China Review*, 8.4 (1879 - 1880), 199.

③ See G. Jamieson, "Cases in Chinese Criminal Law, in The China Review", *The China Review*, 10.6(1881 - 1882), 358 - 359. 该案原题为"本宗无人准继同姓不宗为嗣"。参见(清)祝庆琪编:《刑案汇览全编》卷七《户律户役·立嫡子违法》,杨一凡、尤韶华点校,法律出版社2007年版,第472页。

在“李四案”中，李四因过失杀人被判流放，但因其身为独子，尚有年迈的母亲需要赡养，因此代为上诉请求减免刑罚，经查得知李四幼年父亲早逝，母亲改嫁，后被李双怀的遗孀收养，此时正是其晚年需要李四赡养的时候，这里的突出问题就是该收养是否合法？如果合法，那么李四就有权利作为需要赡养父母的独子获得刑罚的减免，如果不合法，那么就不能享受这项刑罚减免政策。最后经过查证在李双怀的同姓宗亲中没有能够承继其位的亲属，再加上李四成为李双怀的嗣子已经有四十年之久，可见该收养关系是诚实的（in good faith），[①]该收养的合法性是能够得到各方认可的。

允许同姓不宗者的收养关系成立是基于同姓可以追溯到同一个祖先的原则，即大家默认相同的姓氏在形式上已经标记了他们之间具有极为古老的血缘联系，即便这一丝血缘关系稀薄异常，甚至可能实际上这个人根本与被继承人毫无血缘关系，但是也不妨碍他成为继承人。

哲美森强调在中国律法中找不到独立于亲属要求的自由收养权（the right of free adoption independently of the claims of kin），[②]即不存在血缘关系的陌生人（adopted strangers by blood）不能通过收养被纳入同宗的范围内，这是中国法律所不认可的。[③]因此在穷尽同宗血亲和血缘稍远亲属之后，在同姓之中寻找合适的继承人就是最后的兜底措施了，如果还是找不到满足继承条件的人，那么这个家族主线就相当于走上了末路，迎接它的只能是被强制终止、不能继续传承的结局。

（四）家庭身份继承的基本规则

哲美森指出家庭身份继承的基本规则是需要在世代连续性上保持家族存在不得中断或重叠（no break nor overlapping in the continuity of

① See G. Jamieson, “Cases in Chinese Criminal Law, in The China Review”, *The China Review*, 10. 6 (1881 – 1882), 359.

② See G. Jamieson, “Translations from the Lü-Li, or General Code of Law of the Chinese Empire (Continued from page 27)”, *The China Review*, 8. 4 (1879 – 1880), 199.

③ See G. Jamieson, “Translations from the Lü-Li, or General Code of Law of the Chinese Empire (Continued from page 27)”, *The China Review*, 8. 4 (1879 – 1880), 197.

the generations of a family's existence),即被继承人在没有男性后代的情况下,其兄弟的儿子要优先于兄弟本身或兄弟的孙子。[①] 如果选择被继承人的兄弟们,二者处于同一世代,就会出现世代的重叠,而直接选择兄弟们的孙子作为继承人,那么就会出现世代的中断,缺失了子一辈的这一环。其实这本质上指的就是在世代关系上,被收养的个人在收养前后都必须处在家族谱系中同一位置,[②]即被收养的个人与他需要填补的空位应为同辈。在原始家庭构成中,通过血统等级对家庭成员进行划分是清晰而明确的,被继承人的儿子们是一个等级。孙子们是下一个等级,再往下的等级就是由曾孙们所组成,代际之间的界限宽阔而清晰(a broad and distinct line would be drawn between one generation and another),[③]选择高于或低于该等级的成员作为继承人显然都是有悖于自然规律的。但是这一原则在现实实行中并非没有变通,当需要填补的空缺同辈均无在世之人可以作为继承人时,这样的变通就出现了,哲美森通过列举"李龙见案"给出了案例支持。[④]

农夫李会白有妻有妾,但是无子,因此晚年收养了胞兄的次子李玉振作为自己的嗣子,而李玉振懒惰而大意,因此李会白担心其会挥霍家产,于是向县令呈告将其从家庭继承序列中驱逐出去,同时收养了与自己同姓但没有血缘关系的朋友的第四子李嗣业,后者非常聪颖好学,在学业上也有所成就,深受养父李会白的喜爱,但不幸的是,李会白的妻

---

① See G. Jamieson, "Translations from the Lü-Li, or General Code of Law of the Chinese Empire (Continued from page 27)", *The China Review*, 8. 4 (1879 - 1880), 198.

② See G. Jamieson, "Translations from the Lü-Li, or General Code of Law of the Chinese Empire (Continued from page 27)", *The China Review*, 8. 4 (1879 - 1880), 198.

③ See G. Jamieson, "Translations from the Lü-Li, or General Code of Law of the Chinese Empire (Continued from page 27)", *The China Review*, 8. 4 (1879 - 1880), 198.

④ See G. Jamieson, "Cases in Chinese Criminal Law, in The China Review", *The China Review*, 10. 6(1881 - 1882), 359. 该案原题为"同宗及已告逐之人均不准继"。参见(清)祝庆琪编:《刑案汇览全编》卷七《户律户役·立嫡子违法》,杨一凡、尤韶华点校,法律出版社 2007 年版,第 473 页。

妾对于李嗣业的看法不一,由于李嗣业被李会白交予妾室抚养,[1]在李会白死后,妾室出于嫉妒提起诉讼,要求剥夺李嗣业的继承权,理由是李嗣业虽为同姓,但非宗亲,因此这样的任命是非法的,要求将李玉振的儿子,即李会白胞兄的孙子李龙见过继为养孙。最终刑部裁定李嗣业与李龙见均不符合继承的条件而被取消继承资格,李嗣业是因为同姓而非同宗,不具有血缘关系而被取消继承资格,李龙见则是其父李玉振因行为不端被李会白驱逐而丧失继承资格,这样的继承资格上的缺陷也就天然地延续到了作为儿子的李龙见身上,二者均被要求放弃所拥有的家产,退出继承的序列。随后官方开始为李会白确定的真正继承人,在同宗血亲的子嗣中,李会白除了李玉振外,还有三个与李玉振同辈的侄子,但是他们三个均为独生子,不符合同宗过继的条件,因此不能被收养,但是其中一个已故的侄子有一个儿子名为李元良,因此最终决定收养已故的侄子为嗣子,李元良则承继为孙子来继承李会白的家业。

从本案中可以看出,继承呈现一定的方向性,其选择范围是以被继承人的子一辈作为基准点向下延伸。假设,需要填补的是该被收养人的儿子,那么就只能选择与之同辈的人选,如果没有就只能向下一辈顺延,在孙子辈寻找合适的人选,可见选择继承人是要沿着血缘脉络寻找与被继承者所处家族血脉等级要低的阶层,但是这并不代表突破了"昭穆相当"这一继承的基本规则,因为就像李龙见案中所体现的,虽然现实中最终被选定为继承人的是李元良,但是为了防止世代连续性的中断,先将李元良已故的父亲收养为嗣子,随后李元良基于父亲的嗣子身份自动获取了继承身份,作为孙子进入了李会白家庭的继承序列,这本质上也是符合"昭穆相当"规则的。虽然哲美森无法确定与上一代亲缘关系更远的堂侄、再从侄以及族侄相比,侄孙是否仍然具有继承的优先性,但是最起码可以肯定的是侄孙的继承次序要优先于同姓不宗者的

① 参见(清)祝庆琪编:《刑案汇览全编》卷七《户律户役 · 立嫡子违法》,杨一凡、尤韶华点校,法律出版社 2007 年版,第 473 页。

继承次序,至少在通过已故成员补充世代连续性之后没有什么理由可以拒绝继承顺序上侄孙跟随侄子出现。①

总体来说,并没有任何一条继承规则是绝对的,可以完全违背收养人的意愿,强迫其接受自己不情愿的被收养对象,否则就会像哲美森所说——整个收养制度将成为一种永远无法获得突破的必然结果,这是一种难以让人忍受的状态。② 但是同时哲美森也承认,他并不能找到确切的规则来说明收养人的主观意愿在多大程度上可以优先于亲缘关系的客观存在,③不过普遍能够得到承认的两个默认的规则:一是收养人不能越过整个血缘阶层来选择一个和自己世代更远的人来作为继承人,但是他具有在适当阶层内部的数个人选中选择自己中意的人选的权利,因为在该血缘阶层内部,这数个人选对于收养人来说,他们的条件是基本相近的,④也就是说,每一次继承次序后推均是在穷尽前一对象群体也找不到合适的继承人选的情况下,才能转向下一个群体范围进行选择,一般就不会存在直接跳过侄子这一群体或者侄子中还有健在可以作为继承人的情况下,在堂侄的范围内选择继承人,后面的也是以此类推。二是如果收养人本身是家庭内部的地位较高的成员,那么他在继承人选择的自由性上就远远高于地位较低的家庭成员,⑤毕竟在一般家庭事务上,尊长亲属具有更大的控制权,而卑幼亲属则要具有更多的服从性。

① See G. Jamieson, "Translations from the Lü-Li, or General Code of Law of the Chinese Empire (Continued from page 27)", *The China Review*, 8.4 (1879 – 1880), 201.

② See G. Jamieson, "Translations from the Lü-Li, or General Code of Law of the Chinese Empire (Continued from page 27)", *The China Review*, 8.4 (1879 – 1880), 198.

③ See G. Jamieson, "Translations from the Lü-Li, or General Code of Law of the Chinese Empire (Continued from page 27)", *The China Review*, 8.4 (1879 – 1880), 198.

④ See G. Jamieson, "Translations from the Lü-Li, or General Code of Law of the Chinese Empire (Continued from page 27)", *The China Review*, 8.4 (1879 – 1880), 199.

⑤ See G. Jamieson, "Translations from the Lü-Li, or General Code of Law of the Chinese Empire (Continued from page 27)", *The China Review*, 8.4 (1879 – 1880), 199.

三、家庭财产继承

(一)分配继承的财产范围

要想明确家庭财产如何分配继承,就需要先明确被纳入分配继承范围的财产有哪些。在哲美森看来,在发生被继承人死亡等分配家庭财产的事由之前,家庭是一个不可分割的整体,父亲,即家主作为名义上的所有者,拥有家庭内部所产生的一切财产,这其中就包括历代祖先创造的财产、本代家主的财富积累以及家主的儿子们所获得的所有财产。[①] 这些财产都存入家庭的共同基金(common fund),[②]任何人都无法仅凭自己的意愿对其采取强制分割或者选择退出,只有在经协商一致或者家主作为家族首领死亡的情形下,[③]才能开启家庭财产分配继承的程序。虽然这些财产名义上都属于父亲,不代表儿子们对这些财产毫无话语权,他们对继承家庭财产具有一定的预期利益,即便这是父亲作为名义所有人都无法剥夺的。[④]

(二)一般继承人与特别继承人

1. 一般继承人

首先,具有家庭财产继承权利的是父亲的所有儿子及其男性后裔。[⑤]无论这些儿子是嫡子还是庶子,在财产继承上均具有平等的权利,[⑥]如

---

① See G. Jamieson, "Translations from the Lü-Li, or General Code of Law of the Chinese Empire (Continued from page 27)", *The China Review*, 8.4 (1879 - 1880), 201.

② See G. Jamieson, "Translations from the Lü-Li, or General Code of Law of the Chinese Empire (Continued from page 27)", *The China Review*, 8.4 (1879 - 1880), 201.

③ See G. Jamieson, "Translations from the Lü-Li, or General Code of Law of the Chinese Empire (Continued from page 27)", *The China Review*, 8.4 (1879 - 1880), 201.

④ See G. Jamieson, "Translations from the Lü-Li, or General Code of Law of the Chinese Empire (Continued from page 27)", *The China Review*, 8.4 (1879 - 1880), 201.

⑤ See G. Jamieson, "Translations from the Lü-Li, or General Code of Law of the Chinese Empire (Continued from page 27)", *The China Review*, 8.4 (1879 - 1880), 202.

⑥ See G. Jamieson, "Translations from the Lü-Li, or General Code of Law of the Chinese Empire (Continued from page 27)", *The China Review*, 8.4 (1879 - 1880), 198.

果是儿子已逝,那么其子,即被继承人的孙子们将分割其父亲所应得的财产份额。同时需要注意的是儿子们平分财产并不是绝对的,这里需要考虑到(嫡)长子作为家族主线的继承者,需要负担起家族祭祀、看顾祖先牌位的职责,因此为了保障家族主枝的抗风险性,那么(嫡)长子会比其余的弟弟在财产分割上天然具有优势,能够获得更大的财产份额。在特殊情况下,儿子们的财产分配继承也会做出一定的调整,哲美森列举了两种情况,第一种情况是在财产发生分配继承之前,作为继承人的某个儿子就已经去世,那么他的遗产将会返回到家庭的共同基金,然后按照财产继承分配的一般规则在发生财产分配继承事由时,转移给死者的儿子或者收养的继承人,①这里依据一般规则的前提是这个家庭在家庭财产分配继承前,与逝者同辈的兄弟们都一直共同生活。② 如果出现其中有人长年在外任官或贸易,那么就会出现第二种特殊情况——作为继承人的某个儿子常年不在家,那么家庭在组成以及财产收入上都会出现部分解散,那么这个脱离家庭在外的儿子就会被认为是“单独成立的”(separately established),③他的收入并不会进入家庭的共同基金待继承时进行统一分配,他是否愿意分享这些财产利益将取决于他离家时所做出的具体安排。④

其次,具有家庭财产继承权利的是没有直接继承人情况下,由父亲收养或者家族长老任命的继承人,在通常情况下,他们具有家庭财产的全部继承权。⑤ 这其实就是在无子情况下,家庭通过收养程序纳入家庭

① See G. Jamieson, “Translations from the Lü-Li, or General Code of Law of the Chinese Empire (Continued from page 27)”, *The China Review*, 8.4 (1879 – 1880), 201.

② See G. Jamieson, “Translations from the Lü-Li, or General Code of Law of the Chinese Empire (Continued from page 27)”, *The China Review*, 8.4 (1879 – 1880), 201 – 202.

③ See G. Jamieson, “Translations from the Lü-Li, or General Code of Law of the Chinese Empire (Continued from page 27)”, *The China Review*, 8.4 (1879 – 1880), 202.

④ See G. Jamieson, “Translations from the Lü-Li, or General Code of Law of the Chinese Empire (Continued from page 27)”, *The China Review*, 8.4 (1879 – 1880), 202.

⑤ See G. Jamieson, “Translations from the Lü-Li, or General Code of Law of the Chinese Empire (Continued from page 27)”, *The China Review*, 8.4 (1879 – 1880), 203.

继承序列中的家庭成员，在法律地位上，他们具有与亲生子相同的地位，而且一般情况下，这样的收养关系中多为独生子，也就意味着他要独立承担赡养父母、继承血脉以及照看宗祠的职责，因此也就不存在家庭财产在继承过程中的分配问题。此外，在没有亲生子作为继承人而需要通过收养来确定法定继承人的情况下，还存在两类特殊的家庭财产继承人，一个是非正式收养关系中的养子，即义子，①另一个是通过招婿加入到岳父家庭的女婿，这二者的具体内容将在下文的特殊继承人部分进行详细的论述。

最后，具有家庭财产继承权利的是被继承人的女儿以及血缘关系尽可能近的女性亲属，②一般而言，家庭中的女性后裔，如果已经出嫁，那么在家庭还存在男性后裔的情况下，她们是无权对家庭财产提出继承要求的，因为她们继承关系的基础——宗族关系已经发生了转移，本质上她们已经不再是父族的成员，因此无权继承父族的家族财产是无可厚非的，而对于未出嫁的女性后裔，那么将会根据具体情况商定，在分配家族财产前为其保留其婚嫁所需的费用。③ 而当该家族遇到不仅丧失了所有可继承家庭财产的男性后裔，而且也无法通过收养等程序确定合法的继承人的情形时，作为最后能将家庭财产保留在家族层面的措施就只有将家庭财产的继承权利授予被继承人的女儿以及血缘关系尽可能亲近的女性亲属，这是避免家族财产被收归政府所有的最后一道屏障，而这些女性继承人之间如何确定财产分配的次序与份额，哲美森认为这些虽然没有被明确提及，但是大概会类比男性继承规则来进行具体的财产分配。④

---

① See G. Jamieson, "Translations from the Lü-Li, or General Code of Law of the Chinese Empire (Continued from page 27)", *The China Review*, 8. 4 (1879 - 1880), 204.

② See G. Jamieson, "Translations from the Lü-Li, or General Code of Law of the Chinese Empire (Continued from page 27)", *The China Review*, 8. 4 (1879 - 1880), 204.

③ See G. Jamieson, "Translations from the Lü-Li, or General Code of Law of the Chinese Empire (Continued from page 27)", *The China Review*, 8. 4 (1879 - 1880), 202.

④ See G. Jamieson, "Translations from the Lü-Li, or General Code of Law of the Chinese Empire (Continued from page 27)", *The China Review*, 8. 4 (1879 - 1880), 204.

在通过以上三大类一般继承人之后,家庭财产继承后继无人的风险仍然存在,因此哲美森认为家庭财产女性继承人之后的国家没收才是家庭财产继承过程的最后一步(final step in the process),[①]但是哲美森也暗示国家没收仅仅是名义上的最后一步,因为在尽可能的情况下,国家一般不会反对任何形式的财产继承,无论是通过同宗关系还是通过姻亲关系(relations of any kind whether by consanguinity or affinity),只要继承者愿意用所继承的遗产来承担该灭绝家庭(the extinct family)家族墓地日常祭拜清扫的费用开支,[②]那么政府就会允许该财产继承的进行,也就是说,在实际继承中真正遇到财产入官的绝户之家相当有限,就像继承本身所属"家法"一样,政府所代表的"皇法"尽可能地将类似事务的处理权限下放,尽可能不干预家族在家族内务事物上的运作,某种意义上来说,绝户之家财产入官这一规则刻意的"形同虚设"是尊重家族在"家法"领域自治权的体现。

2. 特别继承人

通过翻译"立嫡子违法"(78)相关例文,[③]哲美森指出除了前文这样真正产生法律效果的正式收养,还存在一种非常普遍的非正式收养。在这种收养关系中,养子被称为义子,养父母与义子的亲生父母保持着亲密的友谊,养父养母仅仅依靠对义子的培养、教育来与义子之间建立一种互相尊重、喜爱的亲密关系,这样的关系在心理上能给双方带来很大的心理抚慰,但是这种关系在本质上并不产生像正式收养那样的法律效果——使养子获得等同于亲生子的法律地位,因此非正式收养关系中的义子也就不会获得由该地位产生的任何权利,[④]但是这里哲美森

---

① See G. Jamieson, "Translations from the Lü-Li, or General Code of Law of the Chinese Empire (Continued from page 27)", *The China Review*, 8.4 (1879 - 1880), 204.

② See G. Jamieson, "Translations from the Lü-Li, or General Code of Law of the Chinese Empire (Continued from page 27)", *The China Review*, 8.4 (1879 - 1880), 204.

③ 参见《大清律例》卷八《户律 · 户役 · 立嫡子违法》,田涛、郑秦点校,法律出版社1998年版,第197～180页。

④ See G. Jamieson, "Translations from the Lü-Li, or General Code of Law of the Chinese Empire (Continued from page 27)", *The China Review*, 8.4 (1879 - 1880), 203.

认为的任何权利指的应该是关于家庭身份继承方面，而在家庭财产继承方面并不意味着非正式收养关系的义子丝毫没有继承的可能，因为非正式收养关系虽然不能将义子纳为正式的家庭成员，但在某种程度上，他获得了养父母家庭的准家庭成员身份，①如果出现养父母与自己的法定继承人之间感情淡薄，那么后者就没有权力谋求阻断养父母与义子之间的情感联系，并以此来剥夺其在家庭财产分配中获得一定份额的权利，②至于非正式收养的义子能够获得多少份额，哲美森认为应当取决于养父母对义子的喜爱程度（proportionately to the regard entertained towards the recipient），原则上不会超出家庭财产总量的一半。③ 但是也有例外情况，如果该养父母的法定继承人与养父母之间不具有血缘关系，那么法定继承人与非正式收养的义子之间在血缘层面基本上属于同一起跑线，如果养父母更喜欢非正式收养的义子，那么他就有可能在家庭财产分配继承中获得超过法定继承人的财产份额，在哲美森看来，尊重被继承人基于情感联系给予义子财产份额的分配意愿已经是中国法律对于被继承人在家庭财产分配意愿的唯一让步了，④因为在事实上，被继承人只能严格按照自己或亲生子或养子的垂直脉络转移自己的家庭财产，在继承发生时呈现的就是家庭财产的垂直下降，但是一旦出现非正式收养的义子作为准家庭成员被养父引入财产分配继承的行列，那么将会出现家庭财产垂直下降的意外，财产继承脉络从被继承人名下开始出现分叉（divide），⑤因为非正式收养的义子在血缘关系以及

---

① See G. Jamieson, "Translations from the Lü-Li, or General Code of Law of the Chinese Empire (Continued from page 27)", *The China Review*, 8. 4 (1879 - 1880), 203.

② See G. Jamieson, "Translations from the Lü-Li, or General Code of Law of the Chinese Empire (Continued from page 27)", *The China Review*, 8. 4 (1879 - 1880), 203.

③ See G. Jamieson, "Translations from the Lü-Li, or General Code of Law of the Chinese Empire (Continued from page 27)", *The China Review*, 8. 4 (1879 - 1880), 203.

④ See G. Jamieson, "Translations from the Lü-Li, or General Code of Law of the Chinese Empire (Continued from page 27)", *The China Review*, 8. 4 (1879 - 1880), 203.

⑤ See G. Jamieson, "Translations from the Lü-Li, or General Code of Law of the Chinese Empire (Continued from page 27)", *The China Review*, 8. 4 (1879 - 1880), 203.

宗族关系上都与养父的家庭脉络无关,所以分配其家庭财产,无论继承的份额为多少,这在本质上都是家庭财产继承中的财产向外流失,法律愿意容忍这种远超传统继承观念的行为就可见法律为尊重被继承人针对非正式收养关系的财产分配意愿而作出让步是非常不易的,因此哲美森为其冠上"唯一让步"是可以理解的了。

从义子自身角度而言,虽然他在获取养父母因疼爱他分配的家族财产份额时,不用承担家族继承的责任,也不用为跟随养父的姓氏而改变自己的名字,但是他仍需要与共享家庭财产的新家庭进行交涉(speak with the new family)。[①] 在笔者理解看来,义子能否顺利获得养父给予的家庭财产还需要与养父的法定继承人进行协商,毕竟这部分财产相当于是后者法定应得的,在对家庭财产分配最具有话语权的养父去世之后,法定继承人是否会损害自己继承利益给予被父亲更疼爱的义子以家庭财产份额,也就只能取决于其是否会如实尊重已逝父亲的意愿了。因此无论是关于非正式收养财产继承的法律规定,还是在该规定的具体落实,其严格程度都如哲美森所说非正式收养的财产继承规则只能算是半个例外(half an exception),[②]因为其要实现从理论层面到现实层面的跨越无疑是困难重重。即便非正式收养的义子能够从仁慈的法定继承人手中拿到养父对自己疼爱的财产馈赠,他继承这部分家庭财产也不是毫无条件的,这部分财产给予的理由是养父与义子之间拥有和谐幸福的关系,因此可以说是义子因为本人深受养父喜爱而获得参与家庭财产分配的机会,那么这就意味着这部分财产是针对义子个人的奖励而不能随其回到其原本的家庭中,因为前文提到参与家庭财产分配的财产范围包含儿子们所获得的财产,但是义子从养父获得的财产份额在这里具有豁免资格,这部分财产不能进入义子原本家庭的公共财产范围并参与其家庭财产继承的分配,否则义子就必须将养父所给予的财产份额重

① See G. Jamieson, "Translations from the Lü-Li, or General Code of Law of the Chinese Empire (Continued from page 27)", *The China Review*, 8.4 (1879 - 1880), 203.

② See G. Jamieson, "Translations from the Lü-Li, or General Code of Law of the Chinese Empire (Continued from page 27)", *The China Review*, 8.4 (1879 - 1880), 203.

新返还给养父的家庭，简而言之，在这一过程中养父的财产份额不能落入义子亲生父亲的一般财产中进行再分配（redistribution）。[①] 不过对于义子而言，接受养父的财产份额并不影响其正常获得自己生父的家庭财产，[②]二者并不是相互排斥的，这还是根源于义子并没有发生宗族关系层面的位置转移，他还是处于其亲生父亲的家庭继承序列中，这一点并不会因与养父建立非正式收养关系而发生改变。总的来看，针对没有亲生子作为继承人而选择通过正式收养确定法定继承人的情况，无论是该正式收养的法定继承人还是非正式收养的义子，也无论是前者独自继承还是后者参与继承，他们都能够获得家庭财产全部继承权。[③]

虽然非正式收养关系中的义子能够获得养父家庭财产的继承是法律对被继承人意愿的体贴让步，但其能否落到实处还值得怀疑，因此严格意义上，关于非正式收养关系中的家庭财产继承不能视为法律层面上具有普遍性的例外规定，但是另一个在法律上完全获得支持的例外就是特定类型的女婿，即招婿（Chao-hsü）。[④] 在仅有女性后裔的家庭，被继承人可以为女儿的婚姻选择招婿，也就是要求女婿脱离自己的宗族，转移至岳父的家族关系中，在这一过程中，招赘进入岳家的女婿丧失了在原本家庭的继承权利，而赘婿的身份既不能使其获得妻子的父姓，也不能成为妻子家族在身份继承意义上的传承人，其仅能获得的是与该家族的法定继承人均分家族财产的权力。

哲美森称招婿与岳父的关系为"准收养"（quasi adoption），[⑤]因为一

---

① See G. Jamieson, "Translations from the Lü-Li, or General Code of Law of the Chinese Empire (Continued from page 27)", *The China Review*, 8. 4 (1879 – 1880), 203.

② See G. Jamieson, "Translations from the Lü-Li, or General Code of Law of the Chinese Empire (Continued from page 27)", *The China Review*, 8. 4 (1879 – 1880), 203.

③ See G. Jamieson, "Translations from the Lü-Li, or General Code of Law of the Chinese Empire (Continued from page 27)", *The China Review*, 8. 4 (1879 – 1880), 203.

④ See G. Jamieson, "Translations from the Lü-Li, or General Code of Law of the Chinese Empire (Continued from page 27)", *The China Review*, 8. 4 (1879 – 1880), 203.

⑤ See G. Jamieson, "Translations from the Lü-Li, or General Code of Law of the Chinese Empire (Continued from page 27)", *The China Review*, 8. 4 (1879 – 1880), 203.

定意义上他们的关系非常贴近于非正式收养中养父与义子关系,因为二者存在两处相同点:一是二者均不需要更改自己的姓氏;二是二者也不会获得家族身份继承上的利益;那么哲美森仅认为其是"准收养",而非收养又是基于哪些原因呢?笔者认为原因出在二者的不同点上,主要有四处:一是二者继承家庭财产的原因不同,非正式收养关系产生于养父与义子的亲密关系,而招赘的女婿凭借的是与被继承人女性后裔建立的婚姻关系。二是二者与被继承人生活联系紧密性不同,虽然没有证据表明非正式收养关系中的义子是否与养父母共同生活,但是考虑到养父母与其亲生父母之间的良好关系,再加上养子并未退出其原生家庭的继承序列,因此可以认定非正式收养的义子在日常生活的紧密性要低于招赘的女婿,因为后者在身份继承与财产继承上完全脱离其父族,而选择与妻子的亲族共同生活。三是二者受益程度不同,义子的继承份额并不稳定,可能只有基于良好关系的少数财产继承,也可能是喜爱胜过法定继承人的过半数财产继承,这样份额的不稳定性大概率是因为非正式收养的义子仍然可以凭借从其生父处继承应得的财产份额作为保障自己利益的兜底措施,而招赘的女婿稳定地拥有与法定继承人均分家族财产的权利,这对应的就是招婿无法从自己父族再获得任何利益,与岳家法定继承人均分家庭财产已经是招婿能够接受的最低标准了。四是二者继承家庭财产的附加条件不同,正如前文所言,非正式收养关系中,义子获得养父家族财产的基本要求是这部分财产不能纳入其生父家庭财产进行再分配,切实要求这部分财产的继承只能有利于义子的利益,而招赘的女婿则需要其完全退出其父族的继承序列,不再享有原本家族在身份继承与财产继承上的利益,这与非正式收养关系中的义子相比,招赘的女婿们所面对的附加条件无疑是苛刻的。

以上看似复杂的家庭财产继承关系,哲美森将其称为继承原则的一般性陈述①。笔者认为家庭财产继承关系其实可以用表3来呈现,会

① See G. Jamieson, "Translations from the Lü-Li, or General Code of Law of the Chinese Empire (Continued from page 27)", *The China Review*, 8.4 (1879 - 1880), 204.

更加简洁明了。

表3 哲美森译文中财产继承一般性规则总结

继承情形	身份继承人	财产继承人	关系定性	财产份额继承规则
有亲生子	(嫡)长子	诸子	父子关系	(嫡)长子略多其余诸子均分
无亲生子	养子	养子	正式收养关系	仅有养子,与亲生子继承规则相同
		义子	非正式收养关系	取决于养父对其的喜爱程度,原则上不超过总数的一半,极端情况下可能会超过没有血缘关系的养子份额
		招婿	准收养关系	与养子均分
	无继承人	以女儿为代表的女性亲属	父女等亲属关系	类比男性继承规则
以上均无,家族财产入官(相当于虚设)				

(三)影响家庭财产分配继承的重要角色

哲美森首先提出影响财产分配继承的角色是遗孀,本身针对遗孀并没有特别的法律规定,但是这一角色在财产继承中也得到了很好的照顾。① 在这里需要分情况看待,首先,如果她是被继承人的遗孀,那么她作为家庭所有继承者的母亲,将获得崇高的地位,甚至可以拒绝儿子们的财产分割请求,那么在实质上,被继承人的遗孀作为家庭地位最崇高的尊长亲属就获得了整个家庭遗产的控制权,尽管在名义上这些财产是她的儿子们的。② 其次,如果是继承人的遗孀,那么在财产分配继

① See G. Jamieson, "Translations from the Lü-Li, or General Code of Law of the Chinese Empire (Continued from page 27)", *The China Review*, 8.4 (1879 - 1880), 202.

② See G. Jamieson, "Translations from the Lü-Li, or General Code of Law of the Chinese Empire (Continued from page 27)", *The China Review*, 8.4 (1879 - 1880), 202.

承前,其丈夫也就是被继承人的儿子去世,她作为自己小家庭内部地位最高的尊长亲属,就可以获得其丈夫应得的财产份额,并为其子或其收养的继承人行使保存和管理这部分财产份额的权力。相对来说,被继承人遗孀的角色影响力更大,她在家庭中有着最为崇高的地位,其决定影响着所有低于其血缘阶层的卑幼亲属。虽然在针对"卑幼私擅用财"(88)的翻译中,哲美森认为尊长的翻译包含"父、祖"(the father or grandfather class)和"兄"(the elder brother class),但是否包含"母"(mother class),其对此表示怀疑。① 但是抛开立法层面的规定,在人们所遵从的财产继承习惯方面,被继承人遗孀发挥着巨大的影响力,以至于与之相关的财产继承习俗甚至被哲美森形容为是无所不能的(all-powerful),②典型的例子就是在转让任何一部分家庭财产的过程中,习俗在形式上公平地禁止任何未经被继承人遗孀批准的交易,③只要家庭财产没有进行分配继承,那么任何一部分财产所有权的变动都需要被继承人遗孀的参与才能使交易达成。虽然不能肯定在这个过程中,被继承人遗孀是否与继承人们共享这些家庭财产的所有权,但是能够肯定的是,在中国传统社会中人们普遍认同被继承人遗孀身为母亲在家庭财产处理上的话语权,以至于没有买家会贸然从儿子们手中接手未经母亲同意转让的家庭财产,这其中蕴含着巨大的风险。

除了遗孀对家庭财产分配继承的影响外,还能够影响家庭遗产继承的就是父亲这一角色,哲美森认为需要承认的是父亲无权在本质上使儿子们的财产分配方案发生偏离,④因为一般情况下,无论是通过遗

① See G. Jamieson, "Translations from the Lü-Li, or General Code of Law of the Chinese Empire (Continued from page 27)", *The China Review*, 8.4 (1879 - 1880), 202.

② See G. Jamieson, "Translations from the Lü-Li, or General Code of Law of the Chinese Empire (Continued from page 27)", *The China Review*, 8.4 (1879 - 1880), 202.

③ See G. Jamieson, "Translations from the Lü-Li, or General Code of Law of the Chinese Empire (Continued from page 27)", *The China Review*, 8.4 (1879 - 1880), 202.

④ See G. Jamieson, "Translations from the Lü-Li, or General Code of Law of the Chinese Empire (Continued from page 27)", *The China Review*, 8.4 (1879 - 1880), 202.

嘱还是生前赠与,作为被继承人都不能剥夺任何一个儿子应得财产份额的全部或者相当大的部分(an equal or at least a substantial share),①父亲的权力仅限于在特殊情况下部分增加或减少某些继承人应得的份额。虽然父亲作为被继承人在他的一生中可以任意抵押或出售他的财产,但是当他逝世后,儿子们基于血缘与宗法关系的继承利益就开始出现,因此他不能任意剥夺某个儿子的继承权,同时他也不能放纵自己的情感,慷慨地将家庭财产分配给毫无血缘的陌生人,②这种慷他人之慨的行为无疑是在损害儿子们的继承利益。哲美森提到的最极端情况就是当一个儿子无可救药到无法满足父亲的期待时,父亲可以选择向政府当局告发,并在祠堂中当着所有亲人的面将其逐出家门,彻底斩断其与家族在宗族继承层面的联系,只要没有这样的极端处理方式,那么就无法剥夺他在家庭财产分配中的应得份额。③

四、继承制度的中西互鉴

由于哲美森自身受过良好的西方法律教育,因此在观察与介绍中国继承制度的过程中,总是倾向于将中国继承制度与西方继承制度,特别是罗马法中的继承制度进行比较,具体而言有以下四点。

一是哲美森认为与其他古代制度相比,母亲这一角色在中国传统家庭财产分配继承占据显赫地位(prominent position),这是中国法律所独有的特点之一。④ 与之相对应的是,在罗马法中,母亲作为去世丈夫的遗孀,其监护权将全权交由其具有行为能力的儿子,在有数名儿子的

---

① See G. Jamieson, "Translations from the Lü-Li, or General Code of Law of the Chinese Empire (Continued from page 27)", *The China Review*, 8.4 (1879 - 1880), 202.

② See G. Jamieson, "Translations from the Lü-Li, or General Code of Law of the Chinese Empire (Continued from page 27)", *The China Review*, 8.4 (1879 - 1880), 203.

③ See G. Jamieson, "Translations from the Lü-Li, or General Code of Law of the Chinese Empire (Continued from page 27)", *The China Review*, 8.4 (1879 - 1880), 202.

④ See G. Jamieson, "Translations from the Lü-Li, or General Code of Law of the Chinese Empire (Continued from page 27)", *The China Review*, 8.4 (1879 - 1880), 202.

情况下,则可共同监护。[①] 这时罗马法中的母亲地位远远达不到中国社会中母亲在丈夫去世后的家庭地位,哲美森认为根源还是在中国悠久的祭祖习俗,[②]虽然在中国传统社会中注重父系血统传承,并不意味着女性成员就会被忽略,一般而言,作为妻子,其家庭地位取决于其丈夫在家族血缘阶层的地位,也就意味着只要丈夫的地位足够尊崇,那么妻子也能够得到相应的尊重,家庭成员尚且活着已是如此,那么已经不在人世的家庭成员亦是如此,即在家庭主线继承的历代祖先牌位中,女性家庭成员享受着与男性家庭成员无上的崇敬。既然母亲作为被继承人的遗孀,与其他还在世的家庭成员相比,她已经是地位最高的家庭成员了,其死后也会被当作神明一样来崇拜,那么在她还活着的时候却要像罗马法中家主遗孀一样,受制于需要处处向自己表达崇敬之情的人,哲美森认为这是不合适的。[③]

二是哲美森认为中国法律中的继承是对被继承人所有权利与所有义务的一并继承,虽然这在法典中没有被明确提及,[④]而罗马法的继承最初也是概括继承主义(successio per universitas),即继承人对被继承人一切财物和财产上的一切权利义务的"一揽子"继承,[⑤]或者用哲美森的说法——继承是穿上了被继承人法律外衣(the legal clothing of the person succeeded)[⑥]——会更为形象直观。因此就继承的实质而言,中国法律的继承与罗马法的继承具有很高的相似性,但是哲美森也指出了中国的继承人是否有权力拒绝继承是需要分情况讨论的,对于亲生

① 参见周枏:《罗马法原论》,商务印书馆 2014 年版,第 213 页。

② See G. Jamieson, "Translations from the Lü-Li, or General Code of Law of the Chinese Empire (Continued from page 27)", *The China Review*, 8.4 (1879 - 1880), 202.

③ See G. Jamieson, "Translations from the Lü-Li, or General Code of Law of the Chinese Empire (Continued from page 27)", *The China Review*, 8.4 (1879 - 1880), 202.

④ See G. Jamieson, "Translations from the Lü-Li, or General Code of Law of the Chinese Empire (Continued from page 27)", *The China Review*, 8.4 (1879 - 1880), 203.

⑤ 参见周枏:《罗马法原论》,商务印书馆 2014 年版,第 488 ~ 489 页。

⑥ See G. Jamieson, "Translations from the Lü-Li, or General Code of Law of the Chinese Empire (Continued from page 27)", *The China Review*, 8.4 (1879 - 1880), 204.

子而言,这样的继承是伴随着无法斩断的血脉而来,是他们在任何情况下都无法拒绝承担的连带责任,而收养的法定继承人,即具有血缘关系的养子在尚未被收养的时候,似乎并不能违背其意愿或者其亲生父母的意愿,强迫其进行自己无力偿还债务的继承,①如果认可这样的继承可能催生许多为转移债务压力而进行的虚假收养,这会极大扰乱中国社会传统的宗族关系与继承秩序。

三是财产保佐人的设置。中国传统社会中,认为父亲作为家主拥有对家庭一切财产的自由处分权,这一点在罗马法中也是得到普遍承认的,这就造成了我们形成了一种感觉——似乎其本人在使用这些财产的过程中不受到任何限制,但是实际上在罗马法中对此进行了具有阻却性质的制度设计,罗马法规定最近的族亲通过充当财产保佐人来阻止浪费人(prodigus)挥霍滥用其通过法定继承的祖产,以致于损害浪费人的法定继承人的利益。② 哲美森认为中国社会应当也存在过类似的制度,只不过是已经荒废,③没能在他深入中国社会的时期被发现。

四是哲美森否认了中国法律中父亲作为家主进行遗嘱或遗赠的权力。④ 家主的遗嘱仅限于两种方式,或口头传达或书面传达,对此没有特定规则的约束。⑤ 而就内容而言,也主要是两个方面,一是对家族财产分配继承的细节问题进行安排,这是他作为被继承人仅有的一些权力自由。二是对子孙后辈进行无关财产等利益分配上的道德

① See G. Jamieson, "Translations from the Lü-Li, or General Code of Law of the Chinese Empire (Continued from page 27)", *The China Review*, 8. 4 (1879 - 1880), 204.

② 参见周枏:《罗马法原论》,商务印书馆 2014 年版,第 298 页。

③ See G. Jamieson, "Translations from the Lü-Li, or General Code of Law of the Chinese Empire (Continued from page 27)", *The China Review*, 8. 4 (1879 - 1880), 204.

④ See G. Jamieson, "Translations from the Lü-Li, or General Code of Law of the Chinese Empire (Continued from page 27)", *The China Review*, 8. 4 (1879 - 1880), 204.

⑤ See G. Jamieson, "Translations from the Lü-Li, or General Code of Law of the Chinese Empire (Continued from page 27)", *The China Review*, 8. 4 (1879 - 1880), 204.

告诫。[①] 但是无论如何,父亲的遗嘱都不会对继承的大体分配方案作出实质性改变,除非继承人们出于孝顺进行了符合遗嘱安排的继承分配。[②] 本质上来说,哲美森认为现代意义上的遗嘱是一个相对新兴的事务,是民法通过历代律师的解释与阐述所诞生的产物,实际上其在原始人类的自发习俗中是无处可寻的。[③] 在像中国这样的传统社会中,家族利益的整体性与不可侵犯性决定了以遗嘱、遗赠为代表的家族继承的自由传承模式注定没有办法获得容纳它存在的社会空间,作为外来者想从家族手中分走共同财产份额,其所面对的家族阻却势力是十分强大的,只有在社会和民族的不断发展中,个人权利的不断凸显,以维护家族利益为目的的社会结构发生改变,才有可能使遗嘱、遗赠逐渐发挥作用。因此哲美森将是否承认遗嘱、遗赠作为评价中国社会是否具有自我发展的弹性与力量的最重要的标志,如果中国存在遗嘱、遗赠,那么就比任何通过其他证据可以推测中国有的事物,都能证明这个国家有弹性和自我发展的能力,[④]在他看来,中国社会既不存在遗嘱、遗赠,也不存在与之类似的可以作为同样表现社会自我发展弹性与能力的其他指标,即便哲美森作为一个熟悉中国社会、难得具有对中国社会和民族抱有积极立场的学者,但是其言语之间还是无法摆脱以欧洲为中心的殖民视角来观察中国社会的窠臼。

结 语

本文在既有学术成果的基础上,通过以哲美森刊载于《中国评论》

① See G. Jamieson, "Translations from the Lü-Li, or General Code of Law of the Chinese Empire (Continued from page 27)", *The China Review*, 8. 4 (1879 – 1880), 204.

② See G. Jamieson, "Translations from the Lü-Li, or General Code of Law of the Chinese Empire (Continued from page 27)", *The China Review*, 8. 4 (1879 – 1880), 205.

③ See G. Jamieson, "Translations from the Lü-Li, or General Code of Law of the Chinese Empire (Continued from page 27)", *The China Review*, 8. 4 (1879 – 1880), 205.

④ See G. Jamieson, "Translations from the Lü-Li, or General Code of Law of the Chinese Empire (Continued from page 27)", *The China Review*, 8. 4 (1879 – 1880), 205.

的中国法律典籍摘译为研究对象,在梳理译文整体逻辑结构的基础上,从家庭身份继承与家庭财产继承两个方面对哲美森视角下的中国继承制度进行了全面的剖析,最后通过总结哲美森关于中西方继承制度比较的观点,得以一窥19世纪至20世纪中西法律文化交流的滂滂大潮。哲美森作为来华英人中的重要一员,广泛参与了英国在华外交、司法、商事等诸多方面的事务,尽管哲美森难以真正摆脱殖民者自恃肩负开化野蛮民族责任的傲慢,但是与其同时期甚至后来的西方学者相比,哲美森对中华民族持有相当大的敬畏与尊重,在深入理解的基础上花费大量心血对《大清律例》与《刑案汇览》进行了具有针对性、选择性、重构性的翻译,特别是对《大清律例》例文的翻译与《刑案汇览》的首创性翻译,无论是紧随哲美森学术研究思路的阿拉巴德(Alabaster,1872年~1950年),①还是期望通过研究哲美森译作来了解西人如何观察和理解中国的中国学者,都对哲美森所付出的努力给予了一致的肯定。由此可见,中西法律文化在历史、地理等各种因素的影响下发展得差异巨大,但语言不通等差异并不能成为不同法律文明之间交流的壁垒。尽管这些交流的目的、手段等存在其各自的时代局限性,但是不得不承认正是有许许多多类似哲美森的学者愿意依托本身深厚的西方法律文化背景,竭力学习、理解并向西方受众积极推介中国传统法律文化,在客观上起到了中国传统法律文化走出去的效果,仅从这一点而言,哲美森所付出的努力就值得在中西法律文化交流史上留下浓墨重彩的一笔。

---

① See Ernest Alabaster, *Notes and Commentaries on Chinese Criminal Law and Cognate Topic*, Luzac & C. London, 1899, p. xiii.

为何《清帝逊位诏书》不必被视为“政治契约”
——重思该诏书的宪制意义

赵 涵*

[摘要]关于《清帝逊位诏书》的性质和作用一问题，自学界纪念辛亥革命百年始便新见频出，但始终未曾达成一致。该文本提及了清帝逊位、统治权移转、统一民国政府的组建等多重事项，涉及清王室、南方民军、袁世凯等多重主体，此中关系虚虚实实、错综复杂。有相当一部分学者倾向于将该文本视为一份能够实现人民主权的政治契约，然而反对的声音却认为其是毫无宪制意义与法律效力、仅能反映革命建国正当性的一纸空文。前者在实体文本和理论假设这两个维度上都存在诸多理论困境，但该文本不必被视为政治契约亦自有一番用处，争议双方局限于政治契约之解释能否成立，忽视了该文本作为诏书的本质以及产生的缘由。《清帝逊位诏书》固然蕴含一定的近现代政治元素，但大致还是延续了中国古代君主颁布退位诏书的历史传统，并有其独特而复杂的现实基础，因此它的意义值得被重新审视。

[关键词]清帝逊位诏书；契约；主权移转；退位诏书

辛亥革命百年之际，学术界掀起了对《清帝逊位诏书》①的研究热潮，在许多政治学、宪法学领域的学者看来，这一文本的价值因激进的革命史观长期占据主导地位而被人们忽视或低估，其作为一种政治契约对于政权的平稳过渡、国家的统一、民族的团结都起到了举足轻重的

* 赵涵，清华大学法学院博士研究生。

① 本文指包括优待条件在内的《清帝逊位诏书》的系列诏书，学术界亦存在“清帝《逊位诏书》”（譬如徐炳：《引言 大革命与大妥协》，载《环球法律评论》2011 年第 5 期；杨昂：《清帝〈逊位诏书〉在中华民族统一上的法律意义》，载《环球法律评论》2011 年第 5 期）等写法。本文采用“《清帝逊位诏书》”这一多数表述，且本文出现的“退位”“逊位”“禅位”所指含义相同。

作用(以下简称契约说);当然也有学者认为上述观点是对《清帝逊位诏书》价值的过分夸大,进而否定其作为政治契约的性质并且坚持辛亥革命在民国构建中的正统地位和主要作用(以下简称革命说)。① 两派观点看似在学术界形成了一种非黑即白的对抗局面,但在《清帝逊位诏书》的地位与价值这一问题的认识上都存在一定的局限性。契约说的学者过于注重契约理论的搭建,却过分淡化了诏书文本背后革命与议和的暗潮汹涌,而革命说的学者为了捍卫革命的正统地位便全然否定《清帝逊位诏书》的宪制意义与约束力,甚至将其视为一纸空文,这样的评价亦有些绝对。另外,从目前的研究来看,“政治契约”“契约”“社会契约”“契约性文件”等相关语词被随意混用,②所谓的“契约”缺乏一个

① 对于民国建国的正当性基础之讨论,凌斌教授曾在《从汤武到辛亥:建国正当性的革命论传统——兼论〈清帝逊位诏书〉的法学解读》一文中根据革命正当性与建国正当性的关系将学界的观点划分为“革命建国论”与“协议建国论”两大类,后者将《清帝逊位诏书》视为一种政治契约,而前者则立足于契约的法理以及汤武革命的历史传统对契约说进行质疑。参见凌斌:《从汤武到辛亥:建国正当性的革命论传统——兼论〈清帝逊位诏书〉的法学解读》,“中国古代法制与秩序国际学术研讨会”会议论文,2011 年 10 月 29 日于北京。本文将这两派观点简称为“契约说”与“革命说”。

② 譬如“有贺氏已将清帝逊位系列诏书解释为一个政治契约”(参见章永乐:《旧邦新造:1911 - 1917》,北京大学出版社 2011 年版,第 65 页);“就法理而言,《逊位诏书》与诸《优待条件》既属南北方双方的政治契约,则蒙方是缔约一方中之一部分,因此诏书对其有当然的法律效力”;“尽管‘禅让’之制就其内涵外延而言都与西方近代政治法律传统与规范难具可比性,但南北双方又以高明的政治技术,将逊位过程嫁接于近代法律意义上的交战团体之间签订政治契约以转移主权的模式,并将之公诸万国,从而获得了近代意义上的国际法的承认”;“二制作契约:《逊位诏书》作者及版本之比较”(参见杨昂:《清帝〈逊位诏书〉在中华民族统一上的法律意义》,载《环球法律评论》2011 年第 5 期);“可见革命建国同样包含了政治精英达成‘政治妥协’、缔结‘社会契约’的过程,但是与协议建国不同的是,政治妥协和社会契约并不构成革命建国的政治基础”(参见凌斌:《从汤武到辛亥:建国正当性的革命论传统——兼论〈清帝逊位诏书〉的法学解读》,“中国古代法制与秩序国际学术研讨会”会议论文,2011 年 10 月 29 日于北京);“这份契约性的逊位诏书,其基本前提是……”(高全喜:《立宪时刻:论〈清帝逊位诏书〉》,广西师范大学出版社 2011 年版,第 90 页),“通过契约性的宪法性文件——《清帝逊位诏书》”(高全喜:《立宪时刻:论〈清帝逊位诏书〉》,广西师范大学出版社 2011 年版,第 111 页);“通过这个双方认同的具有宪法意义的逊位契约”;“以《逊位诏书》这份契约性文件所规定的清帝逊位”(高全喜:《立宪时刻:论〈清帝逊位诏书〉》,广西师范大学出版社 2011 年版,第 97 ~ 98 页)等。

明确统一的定义或解释,且契约说内部也存在“实体契约”与“契约假设”的论证分歧,或将完整的文本视为真实存在的具有政治性质的契约或协议,或只是以卢梭的“社会契约论”等理论为模型,以诏书文本为材料来重新构建一种国家主权移转、实现五族共和的叙事,或者虚实相杂、兼而有之。“革命说”与“契约说”以及“契约说”内部的分歧实际上反映了学者们在“清帝逊位”这一事件所包含的内容以及所涉及各方势力的影响上认识不一。在笔者看来,无论《清帝逊位诏书》措辞如何冠冕堂皇,其背后客观存在一个关于国家构建的完整历史背景,更为值得关注的应当是支撑这一文本产生的南北议和等诸多阶段性事实的历史意义,而不是争夺“唯一正统”的地位,尤其不应当也没必要以某种抽象的理论假设来炮制某种“唯一正统”。“《清帝逊位诏书》能否被视为政治契约”与“《清帝逊位诏书》是否具有宪制意义”属于两个不同的问题,并非只有政治契约这种实体文本或理论假设才具有国家构建之价值,是以既无依据也无必要将宪制问题同“契约”与“非契约”之争捆绑在一起,并将后者的结论作为判断该文本是否具有宪制意义的唯一标准。

一、实体契约叙事混乱的理论困境

契约说的部分学者倾向于将整个《清帝逊位诏书》解释为一份政治契约,把契约双方设定为清王室与中华民国(国民)——这里的中华民国应当指南北统一之后的中华民国或“未来的中华民国”[①]。但既然是将整个《清帝逊位诏书》视为一份实实在在的政治契约,就应当依据文本中的全部事项构建起明确、完整的契约关系,而不能就其中的只言片语进行恣意解读,由此对于政治契约的解释就应当在内容上叙事完整,在逻辑上一以贯之。有贺长雄提出的“清皇室主动向民国让

① 参见高全喜:《立宪时刻:论〈清帝逊位诏书〉》,广西师范大学出版社2011年版,第85页。

与主权的‘主权移转说’”[1]仅仅对应了诏书文本中“特率皇帝将统治权公诸全国,定为共和立宪国体”这一事项,而《清帝逊位诏书》涉及清王室、南方民军、袁世凯、非汉族群、普通百姓等不同主体之间的多重事项,如何以一个实体的政治契约文本将它们囊括便成了一个棘手的问题。

(一)“代表”理论的困境——谁来代表与代表谁

章永乐教授在引入“代表”的元素以解释契约关系时发现,袁世凯“在不同的时间段,他既扮演了甲方代表,也扮演了乙方代表”[2],且由于优待条件在清方与民军方面的商定,“南方临时政府认为自己应该是清帝逊位诏书体现的政治契约乙方代表”[3]。

如果依循章永乐教授的分析思路,我们最终会导出两个诡异的结论:一是袁世凯在不同时间段分别担任甲方代表和乙方代表,其中的乙方代表这一身份还是甲方委任;二是乙方在不同时间段拥有南方临时政府和袁世凯两个代表(见图1)。以下诏为分界线将时间拆分为两段,梳理袁世凯在各阶段扮演的角色,表面上看似乎做到了内容的叙事完整,实际上却是将多个主体不同一的事项杂糅进一个主体同一的契约关系,从而使清王室、袁世凯的内阁政府以及南方临时政府三者之间的关系变得混乱且存在颇多漏洞,具体而言:

---

① 章永乐:《旧邦新造:1911－1917》,北京大学出版社2011年版,第57页。

② 章永乐:《旧邦新造:1911－1917》,北京大学出版社2011年版,第65~66页。

③ 在章永乐教授看来,政治契约的甲乙双方分别是清王室和全体国民,由甲方向乙方移转统治权或主权,后者因无法以整体形式参与到契约中来故而需要一个代表,由此分析得出一个诡异的局面:袁世凯在下诏前是甲方代表并以总理大臣的身份在诏书上作了副署,但从《清帝逊位诏书》的内容来看,清王室又似乎委任了袁世凯为未来的“临时共和政府”首脑以作为全体国民的代表,即袁世凯在不同的时间段既扮演了甲方代表也扮演了乙方代表。参见章永乐:《旧邦新造:1911－1917》,北京大学出版社2011年版,第65页。

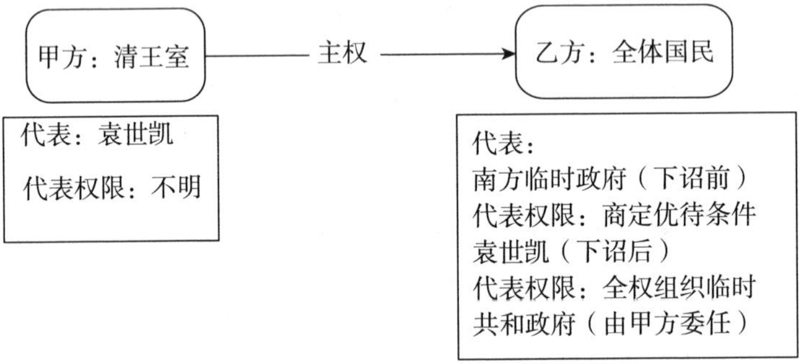

图1　以代表理论解释的政治契约关系

第一,袁世凯作为双方代表的解释缺乏事实和法理依据。首先,袁世凯作为内阁总理原是奉命行事,①他本人并非清王室一员,最多被视为清王室的代理人,况且与民军代表伍廷芳直接进行议和的也是袁世凯内阁全权代表唐绍仪,这更近似于一种转委托的行为而不是代表行为。其次,即使袁世凯在诏书最后作了副署,也仅能证明其“内阁总理大臣”的身份,既不能被想当然地类比为代表或代理的身份,亦不能证实在诏书上副署的其他大臣是否同样具有代表或代理的身份,更无从得知袁世凯代表或代理的权限究竟是并未实现的“议开国会,公决政体”还是其他的主权移转、优待条件、组织临时共和政府等事项。最后,袁世凯作为中华民国全体国民代表的身份理应由全体国民选举产生,而不可能如诏书文本所表述的那样由契约相对方委任。因此,袁世凯在不同时间段分别作为甲方代表和乙方代表的解释是经不起推敲的。

第二,就优待条件这一事项,南方临时政府是作为清王室的相对方而不是相对方的代表。因为无论就事实而言,还是就情理而言,优待条件本是以孙中山为首的南方民军对清王室许诺的优待而并非普通老百姓要给予清王室优待,譬如戴季陶、周浩等报刊工作者,叶绍均等青年

① 诏书明确交代了“特命袁世凯遣员与民军代表讨论大局,议开国会,公决政体”,着重号为笔者所加。

学生，陈翼龙等社会党均对南方临时政府优待逊帝一事表达了强烈不满[①]，就事论事这里不应牵扯上一般的民众，故“代表”的实质落空。更何况同袁世凯不能作为未来全体国民代表一样的道理，未来的全体国民尚未产生，南方临时政府作为“代表”的形式与程序也是不符合法理的。由此可见，袁世凯不可能在不同的时间段分别担任甲方与乙方的代表，乙方也不可能在不同的时间段拥有南方临时政府与袁世凯两个代表。

（二）政治契约双方主体上的分歧

即便不采用代表的理论，如何通过一条契约主线将诏书中的多重事项加以联结终究是一个无法回避的问题，而主线选择的差异也必然导致契约说者在政治契约双方主体认识上的分歧。

不同于上文所分析的“清王室—全体国民（以代表联结）”之模式，学者杨昂就认为政治契约的双方主体应是清政府与南方临时政府，但同样也意识到了诏书的内容并非简单的交战与谈判，便将清帝逊位之事项“嫁接”于此，于是就有了“南北双方又以高明的政治技术，将逊位过程嫁接于近代法律意义上的交战团体之间签订政治契约以转移主权的模式”[②]的表述，这种整合方式同样未能在契约意义上厘清诏书中的所有事项以及不同主体之间的关系，叙事也并不完整。所以无论是像章永乐教授那样以主权移转为主线，再辅之以优待条件的商定以及袁世凯的全权组织临时共和政府等事项，还是像杨昂那样以南北双方为契约的甲乙方，辅之以主权移转等事项，都不过是单纯在为诏书中的多重事项排列组合，甚至在叙事上存在文字游戏之嫌。杨天宏教授与杨昂在对双方主体的认识上是相同的，但未将诏书视为政治契约，而是将“优待条件”的法律关系作为政治契约，南京临时政府为契约甲方，法定代表为孙中山，清政府为乙方，法定代表为清帝，法定代表的指定代理人为内阁总理大臣袁世凯。到这里杨天宏教授的论证属于就事论事，

---

① 参见桑兵：《旭日残阳：清帝退位与接收清朝》，广西师范大学出版社2018年版，第263～264页。

② 杨昂：《清帝〈逊位诏书〉在中华民族统一上的法律意义》，载《环球法律评论》2011年第5期。

并没有强行将其他事项揉进南北议和所达成的约定之中,其实最符合契约形态的事实只是南京临时政府与清政府就皇帝退位一事的妥协与让步,远不至于上升到民国的代表与国内广大民众之众意或公意的高度。同时,杨天宏教授也认识到了这份"政治契约"与寻常协议或契约制定相比的蹩脚之处:法定代表变得不固定了,北方法定代表的代理人袁世凯由于后期成为了统一的民国大总统,成为了政府重组后集南北势力为一体的民国的法定代表,于是这里的契约又转向了主权移转的问题,原先的契约乙方通过单边颁发诏书使己方法定代表的代理人变成了一个"第三方"——原契约双方合并后的统一中华民国——的代表,于是只得承认"优待条件的双边性应无可置疑"。① 也就是说,从南北议和双方主体出发构建的契约依然不能在袁世凯、南北统一政府与中华民国的主体地位上达成一致。

(三)切分契约不可行

或许同样是意识到一份政治契约的模型无法在逻辑上一以贯之的问题,于是就有学者试图根据不同的事项切分出多个契约关系,譬如高全喜教授认为整个《清帝逊位诏书》共包含两层契约性关系,第一层关于清帝让渡权力,第二层关于优待条件,并且"这个关于未来国家性质的契约性规定,是三个优待条件的基础……正是因为《清帝逊位诏书》把如此丰厚的所属财富(物质的和精神的)和平转让与中华民国,所以后者给予前者一定的优待条件,才是成立的、合法的和具有正当性的"。但如果认为诏书中的不同事项能够成立多个契约关系,就意味着要有多对明确、独立的契约主体、客体以及权利义务关系,可问题在于并不是每一事项都分别对应一个单独的契约关系,诏书中有的事项在契约的设想中可能充其量只能算作是一项条件或义务,倘若都算作契约性关系就容易导致不同"契约关系"的相互勾连——同样的问题也存在于章永乐教授和杨天宏教授的解释中。

① 参见杨天宏:《"清室优待条件"的法律性质与违约责任——基于北京政变后摄政内阁逼宫改约的分析》,载《近代史研究》2015年第1期。

高全喜教授认为《清帝逊位诏书》中存在两层契约关系，然而并未释明两层契约关系的主体分别是谁，且混用“契约性关系”与“契约性条件”两个截然不同的说法，实际上阐述的还是主权移转与优待条件两个事项而不是两层契约关系。① 另外，还将一层或是“契约关系”或是“契约性条件/规定”的“将清帝权力转让与一个‘共和立宪国体’”作为另一层同样或是“契约关系”或是“契约性条件/规定”的“三个优待条件”的基础。“基础”之说看似本末相顺实则反之亦然，因为三个优待条件的商定也完全可以说是清帝转让权力的“基础”，这在今天看来似乎有些同时履行抗辩权之意味。延续此逻辑，这个因人为切分而被“散装”的政治契约模式实际上就是一个发生在清王室与一个不明确的——既能参与优待条件的商定又能接受清帝权力让与的“民国政府”之间的权利义务关系，此种解释不仅混淆了南方临时政府、北方政府与未来统一的中华民国政府，还遗漏了袁世凯组织临时共和政府等重要事实。

（四）多方契约不成立

当然，或许还可能存在另一种“糊弄学”解释，即基于“《清帝逊位诏书》是各方反复协商妥协的结果”②这一深入人心的认识，即无论前述理论漏洞，也不计较该“契约”的具体格式、性质、要素，仅将《清帝逊

---

① 原文如此解释：“第一层，作为核心原则的是前面本文分析的对两方（清帝以及清王室与未来的南北商议组建的‘共和立宪国体’以及民国政府，但这个政府实际上又在相当的程度上分化为南京临时政府和北京临时政府两部分）都具有约束力的有关清帝统治权的禅让条件，即共同尊奉将清帝权力转让与一个‘共和立宪国体’。在此基础上，还有一层契约性关系，即清帝让渡权力的三个具体的优待条件，从这份逊位诏书的宪法性意义来看，这三个优待条件是基于上述第一个契约性条件之上的，这个关于未来国家性质的契约性规定是三个优待条件的基础……”参见高全喜：《立宪时刻：论〈清帝逊位诏书〉》，广西师范大学出版社2011年版，第118～119页，着重号为笔者所加。

② 譬如“这个《逊位诏书》名为清廷的诏书，实际上从诏书的酝酿，到起草、修改、定稿与颁布都是各方反复协商妥协的结果”（徐炳《引言 大革命与大妥协》，载《环球法律评论》2011年第5期）；“综合上述材料，《清帝逊位诏书》显然不是出自一人之手，而是南北双方的隆裕太后、袁世凯、孙中山、伍廷芳、唐绍仪、汪精卫、梁士诒、阮忠枢、张元奇、汪荣宝、徐世昌、朱芾煌、李石曾等人反复协商修改的集体智慧的结晶”（庄小燕：《是谁起草了清帝逊位诏书》，载《文史月刊》2010年第12期）。

位诏书》笼统地视为南方临时政府、清王室、袁世凯等主体之间达成的多方契约是否可行呢？这里要注意“契约”“协议”等词虽然常见，却也不能被滥用，围绕该文本的一系列商讨是真，商讨不成的也是真，没必要“言必曰契约”。既要言必曰契约，就得论证参与诏书形成过程的各方当事人对“多方契约”的全部内容均协商一致，但凡有一方对其中一项内容存有异议，多方实体契约的解释同样会沦为一句空话。就以统一政府的组织为例，关于袁世凯在清帝逊位以后组织临时共和政府的权力来源，在《清帝逊位诏书》颁布以前孙中山便早已做出明确指示：“袁须受民国推举，不得由清授权”①，“清帝退位，政权同时消灭，不得私授其臣民”②，而袁世凯以“手下兵队听谁调度”“北方秩序谁任维持”“北京驻使向谁交接”③为由表示拒绝，接受南京临时政府设定的法律框架是虚，借助“五族推戴”“国民托付”之话语独立于革命法统方是实，④用今天的话来说就是袁世凯“意思表示”不真实，甚至根本没有作出完整的意思表示。最终的诏书文本还是呈现为了“由袁世凯以全权组织临时共和政府”，诏书颁布以后孙中山便将阁议众人对于清王朝私自授权于袁世凯一语的不悦电告伍廷芳与唐绍仪，温宗尧亦直截了当地向王宠惠表明“民国必不应仍认清帝有委托全权之柄”⑤并要求删去“由袁世凯以全权组织临时共和政府”一句，足见孙中山等人与袁世凯就袁世凯权力来源一事始终未能协商一致，最后的文本不过是“木已成舟”，可见，“多方契约”的解释因缺乏合意要件亦难逃幻灭。

---

① 《致伍廷芳电》1912年1月20日。转引自桑兵：《旭日残阳：清帝退位与接收清朝》，广西师范大学出版社2018年版，第217页。

② 《复伍廷芳电二件》1912年1月20日。转引自桑兵：《旭日残阳：清帝退位与接收清朝》，广西师范大学出版社2018年版，第217页。

③ 观渡庐编：《共和关键录》(第1编)，著易堂书局1912年版，第82~83页。转引自桑兵：《旭日残阳：清帝退位与接收清朝》，广西师范大学出版社2018年版，第219页。

④ 参见章永乐：《通向法律权威的法律叙事：以民初法统政治为例》，载《地方立法研究》2023年第1期。

⑤ 参见桑兵：《旭日残阳：清帝退位与接收清朝》，广西师范大学出版社2018年版，第257页。

二、主权移转政治契约之假设存在的悖论

有学者认为,“高教授等所言的‘建国’传承了卢梭等人关于‘国家’问题的思考。卢梭以‘社会契约’建国,这只是一种理论的假设,实际上并没有一个真实的‘社会契约’建立起来的国家,卢梭之《社会契约论》主要是对当时其所处的社会的一种思考”①,由此可见还存在另一种假设的“政治契约”。然而即便这种理论假设回避了其余客观层面的事项,不再需要达到前述“内容上叙事完整,逻辑上一以贯之”的标准,而只构建一种立足于人民主权、仅涉及主权移转的政治/社会契约之理论假设,亦存在明显的悖论。

(一)为何是悖论

主权移转政治契约之悖论始于主体条件的不符:清王室作为契约的其中一方是客观存在的,但作为政治契约的另一方——接受主权让与的“全体国民”却是缺席的。

正如凌斌教授指出的,“任何契约的缔约主体都不可能通过该契约本身来创设”②,而必须在先已有一个社会契约已经将这里的“全体国民”或者全国人民创设出来了,而后才能有清王室将主权移交至全体国民手中之说,但作为独立政治人格的全体国民在诏书颁布之前并未形成。较之于西方的社会契约学说,譬如卢梭的社会契约设想要求达到“每个人”“每一个成员”“毫无保留”“全部的力量”之程度③,洛克笔下的政府与国家也是由“每个人和其他人同意建立”④,但对于一个疆域辽阔、地形复杂、人口和民族众多、小农经济长期占据主导地位且拥有

① 吴杰:《传统“天下”与现代“民族国家”的对接——对〈清帝逊位诏书〉宪法意义的反思》,载《甘肃政法学院学报》2014年第1期。

② 凌斌:《从汤武到辛亥:建国正当性的革命论传统——兼论〈清帝逊位诏书〉的法学解读》,“中国古代法制与秩序国际学术研讨会”会议论文,2011年10月29日于北京。

③ 参见[法]卢梭:《社会契约论》,何兆武译,商务印书馆2003年版,第20页。

④ [英]洛克:《政府论》(下篇),叶启芳、瞿菊农译,商务印书馆2011年版,第60页。

千年帝制传统的大国而言,要在清帝退位之前形成一种普遍认同共和的社会契约完全是不切实际的空想,清朝末年的腐朽统治会使部分民众揭竿而起乃至自立为王,但广大小农却既不需要也不应该形成一种主权在民的意识,至少不会在短期内形成,否则辛亥革命又怎会缺乏群众基础呢?于是就连《清帝逊位诏书》——被视为主权移转的"契约"中都极其含糊地表达为"全国人民心理多倾向共和",是"多"而不是"皆""俱",是"倾向"而并非"赞成""要求",这样的条件又怎么形成"全体国民"?倘若要说假设,就需分辨假设的意义,像戴季陶那样认为革命反清与南京临时政府的成立都代表人们的"公意",人民自始就应当拥有主权,而不是从君主这个政治主体那里得到主权,①这种卢梭意义上的将人民主权视作唯一正当的主权形式的主要目的在于彻底切断和清统治者的联系,只可惜"藕"都未断遑论"丝连",这种联系不仅不能被彻底否定和消灭,更要被用以构建完整的"主权","人民主权"的假设就这样在几股势力作用下被撕扯成了自始拥有主权的"人民"和从清统治者处获得的"主权",单独主张虽各有道理,拼凑一处则自相矛盾。

至此,单一的主权移转政治契约之设想便形成了一个悖论:具有独立政治人格的中华民国全体国民存在(A),这是清王室能够移转主权(B)的前提,但只有清王室移转了主权(B),才会导致具有独立政治人格的中华民国全体国民存在(A)这一结果,用字母表达就是"若无A,则无B;若无B,则无A"的死循环,像高全喜教授描述的"清帝逊位—构建现代中国—中华民国和现代人民—中华人民"②这种进路则是沉浸在了"有了B则有A"的美好预设中,而忽视了"若无A,则无B"的内在逻辑。

---

① 参见章永乐:《通向法律权威的法律叙事:以民初法统政治为例》,载《地方立法研究》2023年第1期。

② 参见高全喜:《立宪时刻:论〈清帝逊位诏书〉》,广西师范大学出版社2011年版,第83页。

(二)悖论为何形成

“主权移转说”的指导思想本是一种理想化的假设,有贺氏之所以将清帝退位时的复杂时局理想化和简单化为主权移转的契约自然是为了方便袁世凯的大权独揽,现实若果真如有贺氏所想,诏书就应当是“今天下百姓无一不赞成共和,业已选举代表成立了中华民国政府,故予与皇帝现将统治权让与中华民国之全体国民”这般云云,更不会发生南京临时政府与北方政府的对峙、南北议和的僵持、优待条件的反复商议以及统一民国政府的法统争议等一系列问题。

诚然,主权移转政治契约的设想不要求这样一份移转主权的“契约”真实存在,但即便如此也并不意味着《清帝逊位诏书》能够被类比为社会契约,更不意味着西方学界的社会契约理论能在清末的语境中自圆其说。在卢梭那里,政府作为一种独立的机构,受命于作为主权者的人民,其通过行使行政权来保障法律在个别情况下得到普遍的遵守,此时受制于行政权的人民就成为了臣民,陈端洪教授将这一政治法的基本结构表述为“主权者—政府—臣民”。[①] 但在当时,建立在普遍性的立法行为基础之上的“主权者”根本不存在,况且即便主权能够通过契约来实现移转,契约相对方也必定同清王朝一样属于同一个“中国”才有资格接收主权,但直到清帝退位时尚不存在一个统一的民国政府,单一的主权移转政治契约之设想却以一种近乎反事实的思维,想象清王室将统治权移转给了一个统一的中华民国,甚至与诏书先有“将统治权公诸全国”而后才有“由袁世凯以全权组织临时共和政府”的表述都是矛盾的,因此不难看出“公诸全国”只是一个冠冕堂皇的说辞,统治权能不能被公诸全国、怎样才能公诸全国,都不是清统治者能够决定的,清帝退位只是意味着清统治者放弃统治权,不再能够决定中国的命运,至于今后中国将何去何从,则是由袁世凯的北方政府与南方民军共同决定。由此可见,实体层面的政治契约之所以无法被合理叙事,除了前文所分析的诸多理论漏洞之

① 参见陈端洪:《政治法的平衡结构——卢梭〈社会契约论〉中人民主权的建构原理》,载《政法论坛(中国政法大学学报)》2006 年第 5 期。

外,更深层次的原因在于许多学者陷入了主权移转的悖论中,混淆了实体文本与理论假设这两个不同的维度,无视主权移转双方与优待条件双方的虚实差异而将其熔于一炉(如上文杨昂的“嫁接说”)——当这个在清王室与未来的中华民国(国民)之间的主权移转契约被有贺氏利用,或被今天的契约说者设想之时,优待条件在清王室与南方民军之间的谈判又是确确实实发生的,更不必说袁世凯在南北议和中的各种虚虚实实和翻云覆雨,是以强行将客观的谈判事项与主权移转之假设加以整合必然会使这份“政治契约”的叙事杂乱无章。

(三)“契约”之争的理论反思

针对主权移转论,杨天宏教授曾作出一个重要的纠正,即有贺氏提出的实为“统治权移转”而非“主权移转”。所谓的“统治权”并非博丹定义的“主权”,且无论是当时的日本还是国人都能大致区别“主权”与“统治权”,所谓的主权移转论只是论者在缺乏对基本概念的考证和辨析的基础上展开的宏大叙事,不具有可信度。① 的确,主张契约说的学者并不是首先从基本事实出发,而是对相应事实加以剪辑,来论证契约的预判——无论是实体的政治契约还是假设的政治契约,似乎若不将《清帝逊位诏书》解释为政治契约,该文本的价值便必然会被低估甚至全无宪制意义可言。当然,革命说者将对“政治契约”的批驳迁怒到诏书本身,似乎唯有将该文本贬得近乎一文不值方能彰显和维护革命建国的正统,两派观点都有值得反思之处。

1.“政治契约”的解释对于“事物本身的逻辑”之偏离

“政治契约”之解释之所以会暴露出上述诸多理论漏洞,笔者认为主要是其方法论违背了马克思的一个经典哲学命题——“事物本身的逻辑”不等于“逻辑本身的事物”②。清统治者为何下诏退位、退位诏书如何进行叙述都是具有历史原因和现实基础的,是为“事物本身的逻

① 参见杨天宏:《清帝逊位与“五族共和”——关于中华民国主权承续的“合法性”问题》,载《近代史研究》2014年第2期。

② 参见《马克思恩格斯全集》(第3卷),人民出版社2002年版,第22页。

辑”，而后人若是以社会契约理论进行生搬硬套，那便是塑造了一个“人民主权”话语的“逻辑本身的事物”，如此不仅偏离了史实，更会导致论争止于无谓的僵局。笔者强调“事物本身的逻辑”与相关学者所主张的“历史是建构的”这种“相对主义立场”并不矛盾，但必须明确的是，历史建构的方向应当是使主观的历史不断接近于客观的历史，而绝不是让主观愈发主观从而愈发地不可信，所以无论从怎样的立场、以怎样的视角来建构历史，都不能仅凭个人好恶而“趋利避害”地重组历史。鉴于此，既然契约说者舍本逐末地从契约而非诏书的角度认识《清帝逊位诏书》，若不能合法、合情、合理地论证该文本确如他们所想象的那样作为政治契约而发挥它的功能，那即便有最完备的学说作为支撑，都弥补不了其内在正当性基础的缺失。譬如上文提及的代表理论，倘若置之于英国的政治语境便有其用武之地。按照皮特金的解释，英国早期的议会出于行政和政治便利的考虑会召集骑士与自由民同国王和领主一同参加，而骑士和自由民出席议会的重要作用之一便是在征税、伸冤等重要事项上成为沟通国王与民众的桥梁，因而议会成员必然受到社区意见之制约，也能够通过联合行动来反对国王，这一政治实践经过漫长的发展后来导致了只有议会治理国家的结果，换句话说就是“每个议员都在代全国行为”①，而政府仅是议会意志的执行者、公共力量的代理人，归根结底是主权者与臣民之间的中间人。

此外还需特别注意的是，《清帝逊位诏书》不可能且事实上也并非形成于一个纯粹由各方代表当面平等协商的契约环境中，“在民国初年的混乱政局中，并不存在普遍尊重法律契约的社会氛围，因而类似的契约在民国初年的社会环境下很难说有实质上的效力”②，更不必说连契约之外在形式都不具备的《清帝逊位诏书》；并且也没有任何迹象表明各方力量从一开始便必然奔着一个签订契约的单一目标去，协商仅仅

① [美]汉娜·费尼切尔·皮特金：《代表的概念》，唐海华译，吉林出版集团有限责任公司2014年版，第7页。

② 安劭凡：《清末民初的政治继承与满汉关系浅析——以〈清帝逊位诏书〉为中心》，载《关东学刊》2016年第5期。

是一个多方力量共同努力也是彼此角逐的过程,我们没必要对之进行过度解读和过高定位。之所以诏书会以最终的样子昭告天下,绝不是因为清王室、袁世凯内阁与南方民军等力量在相关问题上均达成了一致,而是他们皆从自身需要出发对诏书的产生施加了影响后,使最终的诏书已是当时最有可能实现己方迫切需求的一个文本,并且即便诏书某些地方表述模糊甚至大有不妥,也还可以借助其他方式加以弥补,譬如孙中山等革命党人仍会通过参议院议定的条件、临时政府约法与内阁制等措施对袁世凯加以约束,因此诏书的形成主要但不能被完全归因于各方势力的平等协商,无论该文本涉及多少谈判的事项,其本质终究不是契约,更不会在整体上发挥契约的功能,因此各方势力“协商”或“妥协”的事实与《清帝逊位诏书》本身并不能划等号,即“谈判的应归谈判,诏书的应归诏书”。而针对《清帝逊位诏书》是南北双方诸人“反复协商修改的集体智慧的结晶”①一说,该文本究竟是智慧之作还是无奈之举抑或无奈本身就能够被评价为智慧,这一点笔者不敢妄言②,但“智慧的结晶”的确是站在今人的视角去审视过去而得出的价值判断,并不能反推当时的各方势力也是在真心实意、群策群力地缔结契约,因此这一说法也并不能成为实体政治契约之叙事或主权移转政治契约之假设的理论和事实基础。

2. 论争双方在诏书价值问题上的思维定式

为了论证《清帝逊位诏书》的宪制意义,主张契约说的学者不约而同地从政治契约的模式进行解释,似乎不言契约,便无法论证诏书对于国家构建的作用。而持革命说的学者对于《清帝逊位诏书》的评价又失

① 张耀杰:《是谁起草了清帝逊位诏书》,载《文史参考》2012年第4期。

② 笔者并非否认南北议和的积极作用,而仅仅认为今日学人在论及清末民初政权鼎革的复杂局势时不应像描述某些西方国家的政治进路那样,亦以“妥协的智慧”一概而论。正如尼采所批判的“一种把一切归结为人类主体、给全部往昔变迁提供和谐形式的历史”,与其以这一轻描淡写的语词去淡化甚至单线化清帝退位的始末,毋宁将这种所谓的“智慧”理解为福柯谱系学下所强调的“产生于权力的纠结状态”,“它只顺应斗争的偶然性”,参见林贤治主编:《福柯集》,上海远东出版社1998年版,第156~157页。

之偏颇。以凌斌教授的观点为例,为了批判契约说对诏书价值的过分拔高,他基于"其在当时和在历史上的实际作用",认定《清帝逊位诏书》是"一份放弃而非让与主权的政治声明",是"一份罪己诏",还是"一份有条件的投降书",其"不足以作为建国的政治基础",并多次将之形容为"一纸空文"①。诚然就亡国之君个人而言,退位之举的确含有消极和单方的"放弃""罪己"或"投降"之意,但也绝对不至于使诏书倒向"一纸空文"的极端,即便这一文本不能被视为一份政治契约,也不足以全盘否定其宪制意义。可见在对《清帝逊位诏书》作用的评价上,无论是政治契约的设想还是传统的革命说都陷入了一个思维定式:"有政治契约的性质则有宪制意义,无政治契约的性质则无宪制意义",但根本问题在于诏书的宪制意义未必非要通过政治契约的性质才能体现,也未必能够在契约意义上得到体现,何况根据前文的分析,无论是实体政治契约之叙事还是人民主权的社会契约之设想均站不住脚。由此观之,契约已然"死亡",但诏书依然是诏书。

三、从诏书之本质看退位诏书的宪制意义

清代的诏书是以皇帝名义发布的让臣民周知的文书,"布告天下曰诏",且在清代的诏令文书中,统治者最为重视诏书的使用②,历代对于诏书的定义也基本一致,该文体总是具有威严与温厚的两面性③,这一点在诸多退位诏书中均无一例外地得到了体现,宣统皇帝在回忆录中

---

① 凌斌:《从汤武到辛亥:建国正当性的革命论传统——兼论〈清帝逊位诏书〉的法学解读》,"中国古代法制与秩序国际学术研讨会"会议论文,2011 年 10 月 29 日于北京。

② 参见雷荣广、姚乐野:《清代文书纲要》,四川大学出版社 1990 年版,第 223 ~ 225 页。

③ 如汉代刘熙《释名 · 释典艺》说:"诏书。诏,照也。人暗不见事宜,则有所犯。以此示之,使昭然,知所有由也。"唐代吕向《文选》注曰:"诏,照也。天子出言,如日之照于天下"。明代黄佐《六艺流别》卷七则说:"诏者何也?以言召也。人有所不知,以言召而示之,使其心昭然也,乃通用之辞。汉以后天子涣号,始专以诏名矣。"参见吴承学、刘湘兰:《诏令类文体(一):诏书》,载《古典文学知识》2008 年第 2 期。

亦称其为“退位诏”①,因此要想准确判断该文本“在当时的实际作用”,毋宁从当时背景下的人们尤其是大清子民,对于这一文本的认知——皇帝的退位诏书出发,对前朝亡国之君下诏退位的传统进行追本溯源,并结合辛亥革命的现实基础对清帝下诏退位及其退位诏书中主要内容的形成缘由进行探析。

(一)下诏退位传统的形成

目前流传下来的退位诏书多集中于魏晋南北朝时期,但像《宋史》中“翰林承旨陶谷出周恭帝禅位制书于袖中,宣徽使引太祖就庭,北面拜受已”,②《新唐书》中“戊午,隋帝逊于位,以刑部尚书萧造、司农少卿裴之隐奉皇帝玺绂于唐王,三让乃受”。③ 这样仅将禅位诏书或仪式一笔带过的文献记载亦有不少,这说明在诸多王朝末年分裂动荡时期,由亡国之君下诏退位俨然形成了一个政治传统(尽管未必连续)。

就流传下来的退位诏书而言,观其内容无非包含三层意思:一是交代退位原因,无非是因自身错失导致失去天命、气数终结;二是交代禅让对象,往往以该对象的贤能、功绩、天命移转与人心归向等方面为支撑④;三是禅位之君的固定话术,将“唐尧虞舜”的禅让与前朝禅位的实例如数家珍般一一罗列⑤。一方面是为受禅者接收旧王朝的政权提供正当性;另一方面也是运用“天下为公,选贤与能”之类的以陈词滥调为自己被迫禅位的屈辱行径辩护,是故后人会认为以《逊位诏书》的形式

① (清)爱新觉罗·溥仪:《我的前半生》,东方出版社1999年版,第47页。

② (元)脱脱等撰:《宋史》卷一至卷一二,中华书局2013年版,第1册,第4页。

③ (宋)欧阳修、宋祁撰:《新唐书》卷一至卷一〇,中华书局2013年版,第1册,第6页。

④ 譬如东汉皇帝的禅位诏书曰“然仰瞻天文……行运在乎曹氏……天下为公,选贤与能,故唐尧不私於厥子,而名播於无穷……禅位于魏王”;梁皇帝的禅位诏书曰“鼎命斯坠……相国陈王,有命自天……今便逊位别宫,敬禅于陈”。

⑤ 譬如东晋皇帝的禅位诏书中“一依唐虞、汉魏故事”;刘宋皇帝的禅位诏书中“一依唐虞、魏晋故事”;南齐皇帝的禅位诏书中“依唐虞、晋宋故事”。

实现天命流转的事例好像是“皇帝的新装”①。即便其中内容不乏自欺欺人的意味，但下诏退位之举既然能够成为乱世之中的一个政治传统，不得不承认退位诏书这种文本在政权频繁更迭的环境下必然具有特定的价值，诚然一纸退位诏书不能说是“存在即合理”，但如果能够被后世不断效仿则必然能见其合理之处，它对于亡国之君个人而言或许只是一纸投降书或罪己诏，但对于大国构建却具有深刻的意义。

（二）退位诏书的宪制意义

正如《清帝逊位诏书》本身不是一个契约或协议文本，它同样也不是一纸投降书或罪己诏。投降书仅能宣告军事上的失败，罪己诏也只是对个人执政生涯的检讨，二者与“天命”并无直接联系，但退位诏的含义更为丰富，影响更为深远，不仅预示着亡国之君失去天命，更宣示了一方到另一方的天命流转，也即继位者的正当性。倘若历史上没有退位诏的传统，可以想见不仅人人皆可以军事征服作为新政权建立的唯一合法依据，臣民亦可肆意谋分裂、独立而不再有唯一正统的自觉与统一天下的意识，乱世中的疆域大国或许早以不可逆转之势分裂成为多个独立的小国，即便小国之间通过军事征服又不断发生吞并，也不再具

① 参见吴杰：《传统“天下”与现代“民族国家”的对接——对〈清帝逊位诏书〉宪法意义的反思》，载《甘肃政法学院学报》2014 年第 1 期。对于中国古代王朝更迭的“天命”“人心”之说，许多学者将“天命”最终归结为“人心”，譬如高全喜教授认为“天命所归的实质不啻为‘民心所向’”（参见高全喜：《立宪时刻：论〈清帝逊位诏书〉》，广西师范大学出版社 2011 年版，第 145 页），凌斌教授认为古典天命观“从‘天命所归’出发，最终指向的是‘人心所向’”（参见凌斌：《从汤武到辛亥：建国正当性的革命论传统——兼论〈清帝逊位诏书〉的法学解读》，“中国古代法制与秩序国际学术研讨会”会议论文，2011 年 10 月 29 日于北京），这对于汤武革命这样的众望所归的义举固然是真实写照，但对于魏晋南北朝以及五代十国等长期分裂动荡的时期而言，受禅者即便政治上有所建树，但一则摆脱不了谋朝篡位之嫌，再则终归未能塑造统一、稳定的局面，给百姓提供长期和平、安定的生活，并且显而易见的一点在于除了尧舜禹的禅让，后世所谓的禅让均是被迫禅让，是故退位诏书中之所以刻意强调“天命”“人心”之说，连同禅位程序上的“三辞而诏不许，然后受之”一样，最直接的用途便是“绝天下之谤”［（明）罗贯中：《三国演义》，人民文学出版社 2013 年版，第 656 页］，是上位者对于自身合法性存疑的掩饰以及对“人心所向”缺失的弥补。

有“大一统”的中华之认同,而只剩下“胜者为王,败者为寇”的军事征服标准。因此退位诏书对于国家构建的意义就在于解决了谁来延续天命并代替上一王朝继续肩负统一天下之使命的问题,布告天下以尊奉禅位者的态度继续尊奉受禅者,使天下人在新的王朝之下依然保持着同样的大中华的认同,从而使“天命”真正能够一脉相承,为大国今后的命运指引了一条唯一可行的路。

后世之所以会形成“分久必合,合久必分”①的概括,以及“晋国规模如魏王,陈留踪迹似山阳。重行受禅台前事,回首当年止自伤”②这样的讽刺与叹息,将不同君主的禅位之举想象成一个封闭的循环结构,将就于退位诏书不断地在新旧朝君主与天下臣民的潜意识里强化了“大一统”的观念,从这一意义上说,退位诏书中的“人心归向”也绝非妄言,因为“大一统,意味着受命于天的天子只有一个,也意味着中央王朝正朔的唯一性,无论是汉族建立的区域性政权,还是少数民族建立的地方政权,都以统一天下为己任”。③ 人心思统一,即便尚有同唯一合法政权并存的其他势力,也是日后应当被统一的对象,因为这个疆域大国存在唯一的合法政权才是常态。学者所谓的“皇帝的新衣”无论上演多少次,前提也都是坚持一个“皇帝”的原则或常态,至于这个政权能够维持多久则是治理绩效的问题——受禅者必须通过和平而有效的统治来弥补自身得位的不正,使“不法”逐渐“合法化”,倘若受禅者因自身过错失去“天命”与“人心”,同样会有下一任受禅者的出现。

凌斌教授曾对退位诏书的效力或作用提出过质疑:“有谁会服从已经死去的君主、可汗或是‘活佛’呢?”④这一主张意在证无,但其实稍加思考便不难发现民众“服从”的可能性是很大的。君主的宣告声明天然

---

① (明)罗贯中:《三国演义》,人民文学出版社 2013 年版,第 1 页。

② (明)罗贯中:《三国演义》,人民文学出版社 2013 年版,第 979 页。

③ 常安:《统一多民族国家的宪制变迁》,中国民主法制出版社 2015 年版,第 21 页。

④ 凌斌:《从汤武到辛亥:建国正当性的革命论传统——兼论〈清帝逊位诏书〉的法学解读》,“中国古代法制与秩序国际学术研讨会”会议论文,2011 年 10 月 29 日于北京。

具有法律的效应①,“‘诏书’、‘上谕’等皇帝谕令,从体例及效力上看,原是中国特有之政治文献,征诸法理及比较法学,无不视为重要的法律渊源”。② 因此君主退位绝不等同于“死去”,对于天下臣民而言,退位诏书依然是诏书,是君主在退位之前拟好的圣意,是一道即便会引来天下之谤但依然具有法律约束力的遗命,不会因为君主即将退位而失去效力。更重要的一点在于要切忌拿今天的眼光审视过去,在今人看来“天命”与“人心”之说以及退位诏书所反映的“大一统”之理念似乎都只是虚空的口号,但古人却奉为圭臬,不在于它能否得到今天科学的检验,而在于它在当时能够发挥作用——“有用”就是它的效力。倘若退位诏书果真不具有效力,受禅者又何必多此一举?倘若认为下退位诏的君主不是君主,或者君主已死,其实是陷入了一种诡辩,但即便这个统治者即将倒台,但至少其在发出这项命令、让天下臣民知悉的那一刻,其依然是君主,进而才是皇位归谁的问题,其中的道理在于,作为具体的人的君主会死,会进行交接,但统治权或君主之位也即“天命”依然存在。中世纪的西欧亦有“国王的两个身体”之说,只要君主一天还是君主,还坐着龙椅或戴着王冠,其皇/王位都会赋予这个具体的继位者以正当性,也只有从上一任君主手中接续这种正当性,国家才能以完整的形态继续运转。

四、《清帝逊位诏书》产生的现实基础及其宪制意义

清帝为何下诏退位、退位诏书的内容何以产生皆有其“事物本身的逻辑”,作为一纸以皇帝名义布告天下的文书,《清帝逊位诏书》由如下若干事项构成:解释退位的原因——“民军起事”“生灵涂炭”“讨论大局……尚无确当办法”;向天下宣布国体变更——“定为共和立宪国体”;为袁世凯日后独揽大权提供依据——“由袁世凯以全权组织临时

---

① “王朝的法律体系建立在王朝开创者的政令之上,皇帝的宣告声明,自然具有法律的效应。”参见[美]陆威仪:《早期中华帝国:秦与汉》,王兴亮译,中信出版社 2016 年版。

② 杨昂:《清帝〈逊位诏书〉在中华民族统一上的法律意义》,载《环球法律评论》2011 年第 5 期。

共和政府”;维系“五族共和”;公示优待条件。根据前文的分析,这些内容涉及多方势力在不同事项上的相互博弈,且最终的文本也并非基于一个完整的合意,而只是一个虚虚实实的权宜之计。较之于过去的退位诏,《清帝逊位诏书》虽然遵循了“胁迫退位—天命流转”的基本叙事,但其产生也有独特的现实基础,其中参与各方的初衷与最终文本所产生的结果或发挥的功能亦有着一定程度的出入。接下来笔者将从清统治者下诏退位的现实原因、南方民军与清王室商议退位与优待的缘由对《清帝逊位诏书》的宪制意义加以分析。

(一)真意还是被迫:清统治者为何下诏退位

基于下诏退位的传统,清帝逊位的真实原因实际上与前朝禅位之君几无二致,依然是由于自身过错而失去天命和人心,为了自身将来能被善待以及息事宁人的目的而不得不退位。即便今日学者或能将诏书文本解释为一份政治契约,但笔者认为清王室对于清帝退位一事根本不存在近现代意义上的契约精神或妥协的政治智慧,原因有三。其一,契约或妥协尚有自主选择的余地,但在民军不断施压、袁世凯步步逼宫与诸多列强作壁上观的情况下,清统治者除了退位别无选择。其二,清王室对于南方民军与袁世凯的态度始终持一种封建君主对臣民的态度。革命之初,清方多称革命方为“革匪”“革党”①,并且伍廷芳曾因此致电袁世凯“妄以土匪污损名誉”“群情颇愤”,认为“土匪二字,清廷以诬民军久矣”②;对于袁世凯,清王室更是充满了“袁世凯是不是曹操”③的猜忌。其三,在优待条件的商定上,隆裕太后等人以保留大清皇帝尊

① 如“革匪余党勾结工程营辎重营,突于十九夜八(点)钟响应”,“顷据瑞澂电奏现驻湖北工程营辎重营勾结革党为乱”,“顷据瑞澂电奏现驻湖北工程营辎重营勾结革党为乱”,载《宣统政纪》第61卷,宣统三年八月下,《清实录》第60册,中华书局1987年版影印叙,第1095、1096页,参见朱文亮:《辛亥鼎革之际“民军”称谓考略——兼论清帝逊位诏书的性质》,载《近代史研究》2014年第2期。

② 《宣统三年十月二十八日上海民军议和总代表伍廷芳致袁世凯电》,载中国史学会编:《辛亥革命》(8)。转引自朱文亮:《辛亥鼎革之际“民军”称谓考略——兼论清帝逊位诏书的性质》,载《近代史研究》2014年第2期。

③ 参见(清)爱新觉罗·溥仪:《我的前半生》,东方出版社1999年版,第42、44页。

号、不用“逊位”二字等事关清统治者尊荣的事项来作为宣布共和的条件,[①]这也就是第三点原因所在,清王室对于民军所主张的“共和”并无好感更谈不上认同。从伍廷芳致袁世凯电报中能够窥见清廷曾怀“以争一君位之故,流全国之血”的坚决[②],隆裕太后等人在御前会议中也明确表示“何尝要共和”“没有主共和的道理”,才会在把革命党打败与战败连优待条件也落不着之间举棋不定[③]。此外,诏书的开头还将“九夏沸腾,生灵涂炭”“商辍於途,士露於野”“国体一日不决,故民生一日不安”种种乱象主要归咎于“民军起事”,而只字不提清末统治的诸多错处,其作为被迫禅位的亡国之君之不忿跃然纸上,虽然不可否认清帝逊位在客观上确实缓解了国内的紧张局势,为人民带来了相对的和平与稳定,但实际的功能并不等同于目的或初衷,所以像“顺乎天命和民心的义举”[④]“包含着传统中华的不忍之心和忠恕体恤之道”[⑤]之类的褒扬实在是言过其实,即便追溯到前朝的诸多退位诏,无论措辞多么恳切,始终无法掩盖其被迫的真意。当然被迫也有被迫的意义和功能,这种默示的意思恰好印证和加强了君主受命于天的道理,有利于保留其政治身体和国家大一统的话语,“在中国古代,胁迫的因素通常也是被作为‘民意’的表达,从而进入‘禅让’的规范观念结构,证明‘天命转移’的发生”。[⑥]

(二)革命还是妥协:南方民军为何同意政权的和平让渡

倘若以汤武革命的视角来看,辛亥革命最理想的结果莫过于革命

---

① 参见杨天宏:《“清室优待条件”的法律性质与违约责任》在,载《近代史研究》2015 年第 1 期。

② 参见观渡庐编:《共和关键录》(第 1 编),著易堂书局 1912 年版,第 86 ~ 87 页。转引自桑兵:《旭日残阳:清帝退位与接收清朝》,广西师范大学出版社 2018 年版,第 231 页。

③ 参见(清)爱新觉罗·溥仪:《我的前半生》,东方出版社 1999 年版,第 44 ~ 45 页。

④ 高全喜:《立宪时刻:论〈清帝逊位诏书〉》,广西师范大学出版社 2011 年版,第 148 页。

⑤ 高全喜:《立宪时刻:论〈清帝逊位诏书〉》,广西师范大学出版社 2011 年版,第 103 页。

⑥ 章永乐:《重审辛亥革命中的南北议和》,载《清史研究》2023 年第 1 期。

党人能够势如破竹地光复全国各省以及满蒙回藏地区,将清统治者与拥清势力尽数铲除,使举国上下皆认同共和,清王朝自动覆灭,再在原来的清王朝统治范围内重新建立起中华民国,由统一的中华民国接续主权,但现实却截然不同,不仅革命党人远不具备光复全国的军事力量,举国上下对于共和的认同也有限。

首先,是军事力量的对比,“至辛亥革命时,全国新军约为二十四万一千人,其中北洋系为十四万五千人,非北洋系九万六千人”,在北京还有“被清政府倚为心腹劲旅的禁卫军”①,出于清朝牢固统治之下的北方直隶、河南、山东和东北三省“连成一个整块”与南方形成对峙,奉天等地的活动家还必须顾及日本等帝国主义势力对中国领土的觊觎而不敢轻易独立,此外文献也多有反映各省的革命党人组织松散且内部多有分歧和矛盾,且这些弱点自辛亥革命之后的二次革命等运动中仍然存在。② 其次,无论是清廷还是南京临时政府,1911 年至 1912 年政权过渡时期的财政已处于破产的边缘,而英、法、美、德、日、俄六大列强之间却达成了这样一个共识:除非能形成一个稳定的能够代表整个民国的政府,否则拒绝对清廷和南京临时政府任何一方提供贷款,而南北议和中的最大赢家袁世凯成为临时大总统后随即获得了列强的财政资助,从而让政府继续运作下去,③这中间虽掺杂了袁世凯的私心,但近代中国财政上

① 金冲及、胡绳武:《辛亥革命史稿》(第3卷),上海人民出版社 1991 年版,第 389 页。

② 如“革命党的组织也很松散,内部很不一致……起义一旦取得成功,原来的组织便无形消失,革命党人之间还发生种种矛盾和摩擦,使旧势力有隙可乘”,参见金冲及、胡绳武:《辛亥革命史稿》(第3卷),上海人民出版社 1991 年版,第 432 页;“七月十二日,江西都督李烈钧起兵讨袁,军于湖口……然袁先有准备,军事布置与其能力,非满清之窳弱可比;而讨袁军起过迟,坐失时机,揭橥所在,不及排满与推翻专制之易于鼓动;又各省各自为谋,不能统一,而民党内部黄克强氏每事与中山先生左……民党信誉,亦有使民众怀疑之处”,参见白蕉:《袁世凯与中华民国》,中华书局 2007 年版,第 51～52 页;“当时,反袁运动不善于结成广泛的联盟。国民党本身在省自治问题上就是四分五裂的”,参见[美]费正清编:《剑桥中华民国史:1912－1949 年》上卷,杨品泉等译,中国社会科学出版社 1993 年版,第 261 页。

③ 参见章永乐:《重审辛亥革命中的南北议和》,载《清史研究》2023 年第 1 期。

对于列强的过分依赖也是半殖民地性质的必然后果。最后,就时人观念上,拥清势力依然无比强大,一方面有清廷贵族鱼死网破的想法、蒙古王公对和议的强烈反对、宗社党的顽固抵抗、部分清廷贵族与外国势力的勾结①,退位之议尚未水到渠成而被民军方面意外披露引发的拥清势力强烈反弹②,以及反对逊位乃至武力勤王的嚣声突起③等史实皆可佐证;另一方面共和观念也并非深入人心,因为在小农经济依然占据主导地位的清末,广大地区的农民依然习惯日出而作、日落而息的生活模式,"外界的信息不易传递到他们中间去,更不易为他们所真正理解"④,就像鲁迅笔下的阿Q从某处听说"革命党便是造反",农民们对于共和与帝制变故的反映也仅仅是剪辫子、盘辫子与放鞭子⑤。后期的总统府顾问古德诺"民智卑下,其所素习者,专制之政体而已""人民亦无参与政事之机会,以养成其政治之经验"之言虽是专为袁世凯称帝辩护,但也是清末民初普通大众思想文化水平与革命者分离的真实写照,读史的人若是忽略这些社会文化状况,"都只注意于政治方面,实在是挂一漏万的"⑥。

由此可见,若要革命党人凭借一己之力直接以武力推翻清王朝、根除一切封建势力并建立统一的民国政府几乎是难以想象的,所以才必须通过南北议和以及袁世凯介入逼迫清统治者自己下诏退位,这并不是革命党向封建势力的妥协,而是在南北对峙与列强环伺的危急关头的必要之法,"与爆发新军对抗、南北分裂、各省血战的惨烈后果相比

① 参见常安:《"五族共和"宪政实践新论》,载《宁夏社会科学》2010年第5期。

② 参见桑兵:《旭日残阳:清帝退位与接收清朝》,广西师范大学出版社2018年版,第212页。

③ 参见桑兵:《旭日残阳:清帝退位与接收清朝》,广西师范大学出版社2018年版,第229页。

④ 金冲及、胡绳武:《辛亥革命史稿》(第3卷),上海人民出版社1991年版,第427页。

⑤ 参见鲁迅的小说《阿Q正传》与《风波》等。

⑥ 吕思勉:《中国通史》,民主与建设出版社2015年版,第199页。

较,清帝逊位、和平让渡政权这一结果更为现实可行"[①]。而为了建立一个统一的中华民国,南方民军只能诉诸一条武力与和谈相结合的革命路径,而在此过程中,作为议和成果的《清帝逊位诏书》为南方民军减少了大量的武力损耗,也正由于诏书将帝制的终结布告天下,才更能保障共和国的根基在日后一次次的危机中存留下来,可以说和谈乃至于后期清室与民国在双双"违约"之间的斗争也是革命所必不可少的一部分,不能因此便否定革命的成功性和历史意义,甚至以此拔高所谓的"政治契约"的地位,一路高歌猛进的武力征讨或是各方势力大团结的宏大叙事固然动人,但与不断试错的现实比起来就无比单薄了。更何况,清帝的"授权"对于满蒙回藏等族的团结和统一国家的维系具有较大意义。

结　语

"现代批评家经常责备卢梭明显采用历史的叙事方法却完全不合历史,其实他纯粹是在构建理想图景,和十七八世纪盛行的使用虚假的历史概念的叙事方式相比,应该庆幸《社会契约论》并没有给予历史多少重要性"[②],但无论是对于当时那些主要基于政治斗争之动机的学人而言,还是对于今天主张契约说的学者而言,他们都忽略了近代西方社会契约特有的叙事方式和目的,忽略了其中"实践的真实性"的一面以及人民主权与个人自由的和谐统一的本质关系[③],而直接进行生搬硬套,也无怪乎会遭到对立阵营的极力批判。

后现代主义的史学观曾极力否认历史的连贯性,反对"移情"(empathy)[④],怀疑一切,但倘若按照这样的逻辑,历史本身就带有神秘

① 孙燕京、周增光:《辛壬之际旗籍权贵集团的政治心态》,载《历史研究》2012年第5期。

② 参见陈端洪:《宪治与主权》,法律出版社2007年版,第73页。

③ 参见陈端洪:《宪治与主权》,法律出版社2007年版,第68~96页。

④ 即"进入古人的处境,融会古人的观点,以真正了解历史(以过去的观点看历史)"。参见杜维运:《史学方法论》,北京大学出版社2006年版,第332~337页。

性,“有些事永远非局外人所得而知”,那么历史学家们费尽心思对历史进行求证和解读又有什么意义呢?其意义并不在于得出一个非此即彼的结论,而恰恰是作为一种补偏救弊的良药而发挥作用。契约说者与革命说者之间的那场学术论争距今已十余载,如今再重思旧题从表面上看似乎不具有太大的研究意义,但一场论争,如果只是让后人记住其阵营划分,而忘却其中最内核的东西与真实的历史语境,那么这样的论争或者徒劳无功,又或者从未结束。即便当年“政治契约”之争的双方如何地针锋相对,也总有为其所共同忽视的空白,本文在这一问题上旨在“努力使人们看见那些仅因其一目了然而不为所见的东西”[①],才不惜笔墨和气力地对政治契约之解释存在的理论缺陷加以反思,并立足于前朝君主下诏退位的历史传统与清帝退位时复杂多变的现实基础对《清帝逊位诏书》这一文本的宪制进行重新审视。

桑兵教授曾指出中国近代史研究中存在的“观念先行任意取证”“事实未明急于说理”以及“以时代意见取代历史意见”[②]等弊病,虽然不同领域学者对某一史实的研究视角各异,也未必要严格遵循陈寅恪、傅斯年教授所倡导的长编考异与比较研究相结合之法,但如果过分重视某种现代的学术理论的构建而忽视了观点背后证据的收集,那么历史的真相便会被时代意见所淡化,被镜花水月所替代。笔者立足于“事物本身的逻辑”对政治契约设想提出质疑,正是希望涉及国家构成或者制度的研究在分析某些文本、措施或制度的作用时更少地分化成“全有”“全无”这两个极端,更不要执着于对“唯一”的判断,而是以一种类似于发生学的方法设身处地地去思考这个文本、措施或制度究竟为何形成、具备什么样的社会基础或条件,考虑若没有它们是否还存在其他的替代措施或备选方案可以使情况变得更好。在对《清帝逊位诏书》的价值认定问题上,一方面还是要承认清帝下诏退位的事出有因,而大可

① Michel Foucault, *Foucault Live: Collected Interviews*, 1961 – 1984, edited by Sylvere Lotringer, Semiotext(e), 1989, p. 58.

② 参见桑兵:《旭日残阳:清帝退位与接收清朝》,广西师范大学出版社 2018 年版,第 15 ~ 16 页。

不必以今天一些流行的学术理论对其加以过分拔高;另一方面也要同情当时各方势力利用这一文本帮助应对政府统一、五族共和等宪制问题的不得不然,给予前人试错的机会,为后人能够"重新凝聚'解释共同体'"[①]作铺垫,进而在中华民族之内部自身"求得其独特精神之所在"[②],并心平气和地向前走去。

① 参见章永乐:《通向法律权威的法律叙事:以民初法统政治为例》,载《地方立法研究》2023年第1期。

② 钱穆:《国史大纲》(上册),商务印书馆1999年版,第11页。

吧城华人公堂与近代中国商事习惯法*

路晓霞**

[摘要]吧达维亚华人公堂对商事纠纷的裁处权限,除了对小额经济纠纷的裁判权及大额经济纠纷的调解权外,还有对于吧城司法机关、吧城市政府及唐孤贫养济院疑虑不明案件的查察事实权及对华人礼法的解释权。蓄项经营管理并实现增值是公堂的重要职能之一。研究公堂的商事纠纷裁处与蓄项经营管理,可以让我们管窥吧城华人的数簿规例、担保制度、合伙制度、借贷制度、典当制度、租赁制度、土地买卖制度以及违约责任制度等,不仅可以丰富我们对中华法系创新性发展的研究,而且可以助益于我们对比较法律文化的研究。

[关键词]吧达维亚华人公堂;中华法系;商事习惯法

"一时代之学术,必有其新材料与新问题。取用此材料,以研求问题,则为此时代学术之新潮流。"①近年来,吧达维亚(今印度尼西亚首都雅加达,以下简称吧城)华人公堂留存下来的"东南亚乃至全世界唯一保存最完整的记载城市华侨社会的史料"《公案簿》14 卷出版完成。以《公案簿》为中心,通过梳理、分析吧城华人公堂商事纠纷裁处与经营管理,探讨并总结践行于吧城的近代中国商事习惯法,不仅可以丰富我们对中华法系创新性发展的研究,而且可以助益于我们对比较法律文化的研究。

---

* 本文系汕头职业技术学院重点科研项目"吧达维亚华人法理文化研究——以《公案簿》为中心的考察"(项目批准号 SZK2019Z02)的研究成果。

** 路晓霞,汕头职业技术学院法学副教授。

① 陈寅恪:《金明馆丛稿二编》,生活·读书·新知三联书店 2001 年版,第 236 页。

一、吧城华人公堂及其理事规则

(一)吧城华人公堂

1619年,荷印总督燕·彼得逊·昆(Jan Pieterszoon Coen)任命吧城华人首领苏鸣岗为甲必丹①,以协助其管理吧城华人事务。委任状1620年到达,委任权限为:"现核准苏鸣岗为华人之领袖,有权处理一切民事,并与吾人共策进行。至犯法大罪,并嫁娶生死,俱当申报和兰(荷兰)。据此万历四十八年九月。"②自此,至20世纪初,除经历短暂的法国、英国殖民统治外,吧城华人社会实施了近三百年的荷印殖民机构委任下的华人甲必丹制度。③

17世纪初期,华人首领仅甲必丹一人。随着吧城华人数量的增加,荷兰东印度公司添设雷珍兰④来协助甲必丹管理华人事务:1633年,始设雷珍兰;1639年,增设一位雷珍兰;1696年,再增设二位雷珍兰;1706年,再增设二位雷珍兰。18世纪初开始,公堂形成了一位甲必丹负责、几位雷珍兰协理的组织结构。

17世纪初期,华人首领在甲必丹府办公。1742年,荷印总督伴熊木(Van Imhoff)同意甲必丹林明⑤营置专门的办公场所。林明将址选在吧城城北,仿照中国官署修建。公堂悬挂木刻碑记:"公者平也,平公察理;堂者同也,同堂论事。情有真伪,事有是非,非经公堂察论,曷以表其准!"⑥此即"吧城华人公堂"(以下简称公堂),荷文为"De Chinees

---

① "甲必丹",是荷兰语"kapitein"的音译,原意为上尉军衔。

② 《开吧历代史记》,许云樵点校,载《南洋学报》1953年第1辑,第25页。委任状颁发时间为万历四十八年,即1620年。

③ 法国于1806年至1811年对吧城进行殖民统治;英国于1811年至1816年对吧城进行殖民统治。除此之外,从17世纪初至20世纪40年代,吧城受荷兰殖民机构统治长达三个世纪:1799年之前是荷兰东印度公司统治,之后是荷印殖民政府统治。

④ "雷珍兰",是荷兰语"luitenant"的音译,原意为中尉中衔。

⑤ 林明,也称林明哥或林明公。

⑥ [荷]包乐史、吴凤斌:《18世纪末吧达维亚唐人社会》,厦门大学出版社2002年版,第3页。

Raad of Batavia”。自此,案籍、婚簿以及钫项等有了固定存贮场所,华人甲必丹治理进入了公堂治理阶段。

1750 年,公堂添设朱葛礁,[①]案籍、婚簿、账簿等资料自此有专人负责记录、保管。案籍归档不仅有助于梳理公堂官员的办案思路,而且有助于提升公堂官员的办案能力。《公案簿》留存最早的案籍为 1787 年 10 月公堂裁处的经济纠纷。

公堂建于城北,而城南才是华人商贾聚集之地,也是甲必丹、雷珍兰生意集中之地。19 世纪上半叶,时任甲必丹高长宗在城南中港仔建私人公馆,向荷印总督申请公堂议事在此进行,后经准许。从此,高长宗中港仔私人公馆成为公堂的日常办公场所,高长宗离职后亦如此。1861 年,公堂从高长宗处购得该公馆。[②]

(二)公堂的理事规则

1866 年,公堂总结自成立以来的议事习惯,制定《定公堂列台所任之权条规》(以下简称《条规》)六条。[③] 此六条规定是公堂理事的基本遵循。

1. 集体议处程序

《条规》第 1 条:“公堂设嚒喳唠(审判),玛腰[④]首座同列台及朱俱在座。玛腰讯原、被告供词,朱(朱葛礁)当计供。讯毕,问列台意见和同否? 如不同者,则从多人意见而断。倘有一、二员坚执不从者,必从多人者而判。如一、二不从者,将其意见登在案簿。”

公堂议事,由负责人主持,公堂官员参加,书记员记录。公堂不能形成一致意见时,以多数意见为准形成公堂“议决”;同时,公堂官员有

---

① “朱葛礁”,是荷兰语“secretaris”的音译,原意为书记员。

② 参见恳准公堂蓄项 8000 盾置买公馆,载《公案簿》(第 10 辑),[荷]包乐史、聂德宁、吴凤斌校注,厦门大学出版社 2010 年版,第 420 ~ 422 页。

③ 参见定公堂列台所任之权条规,载《公案簿》(第 11 辑),[荷]包乐史、聂德宁、吴凤斌校注,厦门大学出版社 2012 年版,第 100 ~ 101 页。

④ “玛腰”,是荷兰语“majoor”的音译,原意为少校军衔。1837 年,荷印政府奖励公堂甲必丹陈永元办事勤慎公允,升任其为“玛腰”。自此,公堂负责人由“甲必丹”(上尉)改称为“玛腰”(少校)。

权表达异议,书记员应将异议记录在案。

2. 日常值理规定

《条规》第2条:"公馆逐日二员公勃低(值馆官员)及朱(朱葛礁)在座,如有人投请事务,审勘其是非,朱当依供记明登簿。如小事能和者可判,毕事存案。若不得结局,当详公堂内覆讯定夺。"

公馆逐日安排二位官员及书记员值理。对于日常的华人投请事务,如离婚纠纷、小额经济纠纷等,值理官员能调和的则毕事存案;若不能调和,则提交公堂集体议处。

3. 公堂给婚字规定

《条规》第3条:"公堂要给婚字,二员公勃低同朱在座。公勃低问男女家之主婚人要交寅者男女姓名、住址、年纪、交寅何日,及主婚人姓名、媒妁人姓名。朱记登《婚簿》,令两家主婚人及媒妁人在画押毕,呈与公勃低查察明白。二员公勃低及朱亦画押婚簿,俟另日将婚字遣达氏(公堂衙役)送交男家收执。"

结婚登记是公堂的一项重要行政管理职能。该时代的吧城华人,结婚当事人不仅包括交寅者男女,还包括双方主婚人及媒妁人,是中国传统法上"父母之命、媒妁之言"与近代结婚登记制度的有机融合。

4. 公堂冢地掌理规定

《条规》第4条:"凡人要买风水者,先向掌冢地蛮律查勘出单,然后向公堂给买。朱登入《风水簿》,公勃低查察明白,令其出单付执,公勃低画押收项。但不时公勃低到冢地查勘。"

1828年公堂向荷印总督申请公堂通过借贷置入冢地、通过向华人出售获得结余来支理公堂日常开支,荷印总督准许。垄断经营冢地成为公堂的最初蓄项。

5. 公堂蓄项掌理规定

《条规》第5条:"公堂置一铁柜,用钥匙三支。玛腰及公勃低同朱各掌一支。若所蓄之项,只可用于冢事祭费,修理冢、路、桥梁、祀坛,及地宅、公馆厝等费,又可开达氏二名薪金、及蛮律一名及马礁六名之薪金。如开此项,当请知公堂。倘必须开费大项,务宜请知挨宝嗹(吧城驻扎官)案夺方可。但公勃低逐月将数呈入公堂查察,然后清柜交盘过阄。如公项积多,可付人借去,逐月取息。"

1853 年公堂前朱葛礁庄济濹举报玛腰陈永元贪腐及凌迫案后①,1855 年 12 月,吧城驻扎官酌定公堂蓄项:自 1829 年起至 1853 年止的公堂原数为 4.5 万盾,扣除玛腰陈永元所买惹致地 2.5 万盾,存银 2 万盾;添入 1854 年丹戎、式里陂取息 0.4 万盾,共计 2.4 万盾。自此,公堂蓄项由玛腰一人掌理转为公堂集体掌理;蓄项金额明确,并逐月清柜交盘;公堂大额开支,须吧城驻扎官审核后方可。

6. 公堂庙宇掌理

《条规》第 6 条:"定二员公勃低掌庙宇,查察和尚及庙公诸事。如无规矩,立即请知公堂查勘。每逢正月初四日,列台齐到观音亭礼佛,清明亦齐到礼佛致祭。祀坛七月设孤,列台齐到礼佛拜孤,每年轮换一炉主。若要择新炉主,当二员公勃低到处鉴察。"

吧城的庙宇,不仅承载着吧城华人信仰的集体认同,而且是公堂裁决纠纷的盟誓之所。1868 年 3 月,吧城驻扎官询问公堂的盟誓常例。②公堂对观音亭盟誓进行了描述:一是必两家讼主或其代理讼师到齐;二

---

① 1853 年 4 月,庄济濹向荷印总督投诉玛腰陈永元以下罪状:"蠹国害民、伤风败俗、怠惰荒淫、靡所不为";"掌理丹绒、式厘坡地 24 年,所有银项出入,并无结册缴入公堂,亦无置设银柜茄实,所存银项不得生息";"敖文明逐月所给公堂列位俸银,其玛腰暨收领至三四月不发";"凡公堂列雷珍兰有告老或身故者,其缺未补,敖文明尚发其俸,玛腰(陈永元)乃私为己有";"自(1852 年以来一年之内)屡托疾病往文登、职里访觅民女,恃势凌迫,以资淫乐,如文登林双哥之女,玛腰百计图之而不得,后因黄淡吧、陈逢义以赌事迫其父如不与则要流之他方,故恐而女之";"与马仔仆私相授受,难以尽述,此众人所共知";"无奈公堂之人,多其亲戚,即有非其亲戚者,亦弗敢言"。荷印总督将该案交公堂审理。同年 5 月,公堂经过两天审理后,对玛腰陈永元是否存在被指控行为没有回应,而是以"庄济濹出言不逊、实无尊卑之分"结案。参见二朱庄济濹申诉案,载《公案簿》(第 8 辑),侯真平等校注,厦门大学出版社 2009 年版,第 200 ~ 212 页。

② 参见吧城驻扎官致书公堂祈达知从唐例盟誓一事,载《公案簿》(第 11 辑),聂德宁等校注,厦门大学出版社 2012 年版,第 337 页。

是誓章①是在公堂官员勘察两造因由后,由朱葛礁拟定,由公堂官员审核;三是先令立誓之人跪于神前,和尚击磬秉烛,朱葛礁读誓章完毕,交和尚将誓章焚化,再次鸣金击鼓。

组织机构通常包括设立依据、名称、管理机构、章程及住所等要素。就吧城华人公堂而言,设立依据来源于吧城华人甲必丹制度;管理机构是公堂负责人及其他官员的公堂合理;公堂18世纪中期有了自己专门的办公场所(城北公堂),19世纪中期后还有了日常办公场所(城南公馆);公堂理事有自己的条规。可以说,较为健全的组织机构,合之以较为明确的理事规则,使公堂不仅以其留存下来的"东南亚乃至全世界唯一保存最完整的记载城市华侨社会的史料"而泽被后人管窥中国传统法,而且惠及吧城华人经济社会发展三百余年,如20世纪初期,公堂以蓄项向贫困无依的吧城华人鳏寡者按月发放养老月钱。②

二、公堂裁处中的近代中国商事习惯法

华人甲必丹制度设立伊始,殖民机构的委任权限为一切华人间的民事纠纷。其后,随着荷兰东印度公司司法官的设立,华人甲必丹的裁决实践上多限于小额经济纠纷。1824年吧城地方法院设立,《君厘书》(《通告》)明确规定公堂管辖争议在20盾以下的华人纠纷。

公堂的裁决权,除了小额经济纠纷的裁判权外,还至少包括以下三种处理权。一是查察权。即公堂接受吧城司法机关、吧城市政府或唐孤贫养济院③等的指派查察疑虑不明案件的权力。1824年吧城地方法

① 《公案簿》1824年11月10日案卷记录的观音亭盟誓誓章:"愿将所押之青头船并货物驶回槟榔屿,交还山头家王雨水,不敢转贩别处埠头。果系实情。如有昧心不直者,皇天后土神明鉴察施行。"

② 三老妇,公堂皆准,每月发三妇人每月三盾;一男人,每月二盾五方。公堂解释男子少于妇女的原因是养月钱原意给予妇人。参见冯田娘等三老妇及一男人薛坤山恳乞养老月银事,载《公案簿》(第14辑),吴凤斌等校注,厦门大学出版社2016年版,第543页。

③ 唐孤贫养济院,不仅是吧城华人的社会福利机构,而且是吧城寡幼的遗产代管机构,设立于1690年,首任遗产管理官("武直迷",荷语 boedelmeester)为郭郡观。

院设立时《通告》第134条明确“凡有疑虑不明等案，则委公堂查察”[①]。二是解释华人礼法之权。公堂对于吧城司法机关、吧城市政府或唐孤贫养济院等咨询的解释华人礼法之权。三是大额经济纠纷调解权。对于大额经济纠纷的当事人主动来公堂寻求调解，如果纠纷方接受公堂的调解方案，公堂调解结案。

（一）华人数簿之法

1. 华人数簿之法的适用

1788年1月，唐孤贫养济院委托公堂查勘王祖账簿虚实。[②] 该事项起因于唐孤贫养济院代理卢科向王祖追讨欠项。公堂发现王祖数簿上所记卢科往来账项，有几条于字行边之缝添写小字。公堂认为王祖账簿“有虚无实，不能取信”。

1790年3月，吧城司法官委托公堂查勘黄达账簿虚实。[③] 该事项起因于王珠娘诉黄达以追讨园地租金。王珠娘称，黄达租赁自己的园地，五年未还租金300文（每年议定租金60文）；黄达则称仅欠王珠娘五个月的租金，有自己账簿为凭。公堂发现黄达数簿条项反复交错、缝中有条，且数簿与口词不符。公堂抄荷字回复荷印司法官：“黄达账簿不足为凭”。

1858年11月，公堂查勘吴荫控蒋翰欠项案。[④] 公堂认为：吴荫之书簿，《日清》《草清》《总簿》全备，来往条目分明，合立数之法，共结欠蒋翰银57.85盾，可取信；蒋翰之数簿，《日清》《草清》俱无，唯一本《总簿》，仅记九人项下，且笔迹似一笔记就，立数无法，且可疑。公堂议决

① 兰得力重申争讼案件审理程序一案，载《公案簿》（第8辑），侯真平等校注，厦门大学出版社2009年版，第338页。

② 参见孤贫养济院叫王祖账簿事，载《公案簿》（第1辑），［荷］包乐史等校注，厦门大学出版社2002年版，第17～18页。

③ 参见实奎炳列上台委查黄达账簿与王珠娘交结钱项，载《公案簿》（第1辑），［荷］包乐史等校注，厦门大学出版社2002年版，第255～256页。

④ 参见查勘详复吴荫控蒋翰欠项案，载《公案簿》（第10辑），［荷］包乐史等校注，厦门大学出版社2010年版，第137～138页。

蒋翰应清还吴荫欠银57.85盾。

2.华人数簿之规例

1847年7月,吧城驻扎官询问公堂华人数簿之规例。[①] 为答复吧城驻扎官,公堂对华人数簿之规例进行了梳理。

首先,大商、中商与小商所用数簿明显不同。具体而言:一是大商所用账簿多为《草清》《日清》《总簿》《货清》《钱清》五本,《草清》须登抄《日清》,《日清》又抄上《总簿》《货清》,本本须相符;二是中商所用数簿多为《日清》与《总簿》二本,有时加《草清》或《货清》,因中商不用财副故不设《钱清》;三是小商多不识字,又不请财副,多用一本记为自知而已,此非数法之所行。

其次,华商数簿能否可凭,重在有无改造捏写之疑窦。具体包括:一是凡吧城华人作生理所用数簿,不过登记岁首,及自己之字号而已,务必照数簿之正法方可取凭;二是凡数簿务必查其字迹、笔势及其数簿如何,并查其人品所行如何;三是商人凡设置《日清》,逐日登记出入等事,不得超格记数,又不得添记并乱批字样,务要次第方可。

最后,批信的数簿有特殊要求。具体包括:一是若有接得书信,当收存得宜,及至所寄批信须存其批稿在批簿;二是至次年6个月间,务必结数,算明得失如何,便当画押为凭;三是吧城华人画押于文书契约之末尾,识字者签名或签字为凭,不识字者亦拈笔画圆圈或打钩为记号;四是唐商人单凭之字号印及亲手押号均可为凭,无亲笔押号又无盖字号印则是空壳单,不足为凭。

1863年1月,吧城驻扎官询问公堂华人数簿"是多用唐字还是多用荷字"问题。[②] 公堂答复多为唐字,并解释了原因:一是吧城华人多略知唐字,用以此计数,一观便晓。二是况吧城华人生理不比土库(货栈),凡是必身必躬,遇事随手而计,甚为便易。三是吧城华人多为小可生

---

① 参见吧城华人数簿规则,载《公案簿》(第5辑),吴凤斌等校注,厦门大学出版社2005年版,第167~168、170页。

② 参见吧城华人生理事,载《公案簿》(第10辑),[荷]包乐史等校注,厦门大学出版社2010年版,第387页。

理，觅利无几，若用荷字，必别请财副，薪金如何出？四是即使有利请财副，因吧城华人不识荷字，不知所记是非，又恐后来生端。

（二）妥当人担保及其担保责任

1. 妥当人担保

1787 年 12 月，王霸来公堂叫禀林仪、陈炳郎。① 王霸诉称，自己家婶莆石娘，住在旧港，前有寄单到吧给莆成光舅，成光舅尚欠钱 541 文；家婶寄书嘱咐将此钱交与自己代回旧港；自己到吧，不幸成光舅去世，向其代理人林仪、陈炳郎取讨此钱，二人不恳交还，请公堂究问。林仪、陈炳郎辩称，自己与王霸素不相识；且莆石娘信仅在缄封处盖上图章，不足为凭。公堂检视该信，林仪、陈炳郎所称属实。此事陷入僵局。王霸后称，欲引二妥当相识之人担保如何？陈炳郎称："若有妥当相识代为咹呾（担保），其钱即当清楚。"本案中，妥当人担保打破僵局。

2. 担保还是见证？

1789 年 6 月，陈伯顺来公堂告禀叶七，要求叶七承担出借款项的担保责任。叶七则辩称自己只是见证人，不承担担保责任。陈伯顺提交公堂的约单中批着"咹呾（担保）在场见人叶七"。公堂细视文单后，认为："岂有咹呾兼知见之理？"②"在场见人"四字明显与原单笔迹不符，必是后添无疑。

本案中，虽然约单由陈伯顺提交公堂，但因"担保在场见人"的内容明显违反常理，且因"在场见人"四字明显与原单笔迹不符，公堂没有因原告提交的证据存在瑕疵而认为担保关系约定不明，简单驳回原告的诉请；而是认为"在场见人"四字系被后添伪造，认定存在担保关系，不仅要求被告应向原告还款，还对被告进行斥责。

还应注意的是，陈伯顺来公堂告禀"担保人"叶七，并没有将借款人一

① 参见王霸叫林仪、陈炳郎，载《公案簿》（第 2 辑），［荷］包乐史等校注，厦门大学出版社 2004 年版，第 14 页。

② 公堂以原告不据实招供将其囚禁；证人前后异词诬告平人，将囚禁。三人服罪乞饶，承诺以后不敢再向叶七讨钱。公堂念其初犯，饶恕其罪。参见《公案簿》（第 1 辑），［荷］包乐史等校注，厦门大学出版社 2002 年版，第 164 页。

起告禀。可见,我国传统法上的担保责任相当于现代法上的连带责任。所谓连带责任,即债权人在保证范围内,既可以向债务人求偿,也可以向保证人求偿。与之相对应的是一般保证责任。一般保证责任的保证人享有先诉抗辩权,在主合同纠纷未经审判或者仲裁,并就债务人财产依法强制执行仍不能履行债务前,对债权人可以拒绝承担保证责任。

(三)合伙与解伙

1.合伙

1824年12月,李宙官来公堂叫禀合伙人黄芳、何祯、蔡拔萃,称该合伙人所欠炽昌银已到期被罚款,但合伙账目仍未结算。李宙官提交合伙契约如下。

> 财源公司合同字:
>
> 立合同人,因和(荷兰)1823年10月30日,蔡拔萃官承应敖文明(荷兰政府)甲板一只名"勃郎",原本盾银9055盾,议作五股:李甲大宙官一股、蔡拔萃一股、何祯一股、李甲长官一股、黄芳官一股。其甲板付吴笃官包拆,限6个月完明,其拆工资银5000盾,其列伙人须鼎力利公为要。至其所拆铜器、铁器、铅器、枋抽、柴料,交付黄芳官主裁发兑,如若列伙谁人放数,自当清还公司。其所兑之银,付交何祯官收存。至炽昌期到者,将银清还,如恐不足者,逐人照股整出,足额清还。至于甲板完明结算,扣除费外,若得失者照股均分。空口无凭,立西讫一纸,付大加实何祯官执照。
>
> 唐癸未年九月廿七日和(荷)1823年10月30日
>
> 立合同人李甲大宙官、蔡拔萃官、李甲长官、何祯官、黄芳官。①

① 李宙官叫黄芳、何祯、蔡拔萃,载《公案簿》(第2辑),袁冰凌等校注,厦门大学出版社2004年版,第140~142页。

合伙协议是合伙关系成立的前提与基础,也是确定合伙人权利义务的前提与基础。此份19世纪20年代的合伙协议,约定以下主要事项:一是合伙人为“李甲大宙官、蔡拔萃官、李甲长官、何祯官、黄芳官”;二是合伙事项为承应“勃郎”甲板船拆后发兑;三是合伙出资为议作五股,合伙人各占一股;四是盈亏分担为“至于甲板完明结算,扣除费外,若得失者照股均分”。

现代法上,一份内容完整的合伙协议通常包括合伙人、合伙事项、合伙出资、合伙的负责人、合伙期限、盈亏分担、解伙事由、违约责任等条款。上述合伙协议关于合伙事项、盈亏分担、合伙负责人等事项的明确约定,已让我们对传统法上的合伙契约的精细化有了新的认知。

2. 解伙

李宙官来公堂叫禀的诉求是对合伙关系进行解伙结算,理由是:协议中约定了“至炽昌期到者,将银清还,如恐不足者,逐人照股整出,足额清还”,现所欠炽昌银已到期被罚款。黄芳官等则称协议中约定的“至其所拆铜器、铁器、铅器、枋抽、柴料,交付黄芳官主裁发兑”“至于甲板完明结算,扣除费外,若得失者照股均分”,目前甲板还未完明结算。本案由公堂调解结案:合伙人总蚀本银8455盾,黄芳官等应备足蚀本的五股之一,交付李宙官。可以看出,上述合伙协议对于解伙事项约定不明,争议双方各执一端也是合伙纠纷发生的重要原因。

公堂调解解伙纠纷,还有1788年李金娘叫禀阮寿娘合伙纠纷案。该案中,李金娘称自己与阮寿娘合伙买一厝,价钱400文,每人出钱200文;厝修整,自己出钱30文,阮寿娘则称其出钱50文;现厝租分钱不平,请公堂斧断。值馆官员称:似此合伙,终难和睦,必须将厝尽归一人。公堂为之公处:一人得钱,一人得厝,当以拈阄为妙,谁拈到得厝之阄,谁坐还对方厝钱250文。公堂据此而行,二比甘愿。本纠纷中,合伙人对于投入有争议(“厝修整,自己出钱30文,阮寿娘则称其出钱50文”),李金娘诉求是因厝租分钱不平“请斧断”,而值馆官员意见为“似此合伙,终难和睦,必须将厝尽归一人”。公堂厘清了诉争者真正诉求,运用调解手段终局性地解决了问题。

(四)借贷利率与追讨风险

1. 借贷利率

1847年5月,吧城地方法院委托公堂查勘澳门裕丰栈控叶爰案。①澳门裕丰栈称,1845年叶爰借去钱3498元,往吧经商,约定每年每百元贴加三伸,至今三年不回澳门,现闻叶爰住吧城,故托简敬中取讨本金及利息等费。叶爰承认确有欠该项,但现时生理不就,无项可还,待有利路,自当回唐清还明白。公堂询问所欠数额是否为起诉书上之数额,叶爰称,是所欠之母生利而积成。公堂查其红帖纸单,并无所欠之母生利而积成之事。公堂回复吧城地方法院:利息每年每百元贴加三伸,乃唐商人间欠水例之规例;在吧城,荷印殖民政府规定的年利最高为9%;至于本案利息如何计算,权由吧城地方法院决定。

公堂所称唐商人间欠水例之规例为利息每年每百元贴加三伸,其符合明清律的规定。《大明律·户律》"违禁取利"条规定:"凡私放钱债及典当财物,每月取利并不得过三分,年月虽多,不过一本一利,违者笞四十。以余利计赃重者,坐赃论,罪止杖一百。"清律沿袭该条文,并在律文后注:"如借银一两,按每月三分取利,积至三十三个月以外,则利钱已满一两,与本相等,是谓一本一利,岁年月之多,不得复照三分算利,即五年十年,亦止一本一息。此债当取利之限制也。"明清法律规定了最高利率和最高利息,且禁止复利。明清法律规定的最高利率为年利率36%(月利率3%),利息最高不能超过本金。

本案中,公堂指出了唐地、吧城借贷利率的显著差别问题:唐商人间欠水例之规例为年利率36%;吧城荷印殖民政府规定的年利是9%。也就是说,在该时代,唐地的利率是吧城的四倍。

2. 追讨风险

原告澳门裕丰栈在唐地,叶爰往吧经商,已三年不回澳门,现闻叶爰住吧城,故委托简敬中代理追讨。本案中,可以窥见出借人的追讨风

① 参见裕丰栈控叶爰案,载《公案簿》(第5辑),吴凤斌等校注,厦门大学出版社2005年版,第183页。

险:债务人下落不明或隐匿的;债务人无力偿还的;债务人出国逃避债务的。

桑本谦研究发现:利率和风险的关系最为紧密。风险越大,利率越高,反之亦然,此即"风险溢价"逻辑。① 唐地高利率的背后是放贷人的高风险。2020年8月,最高人民法院发布《关于修改〈关于审理民间借贷案件适用法律若干问题的规定〉的决定》(法释〔2020〕6号)规定了我国现行民间借贷最高年利率为"一年期贷款市场报价利率四倍"②。有效抑制民间借贷高利率,除了利率管制,必须着力构建降低借款人违约风险的信用制度,从而降低出借人的追讨风险,让借贷双方共同受益。

(五)商业风险中的责任归属

1. 小商商业风险分担

1790年7月,林春光叫王沧海租金案。③ 林春光与王沧海议定租用林春光之厝作为赌场,每月租金15文,约限必租全年。林春光以籐仔一节,破为两分,一人各收一半,籐上写字为记,议若每月有还租金,将籐仔勘合,以刀刻坎,刻毕,还将原籐仔俱各分执,如是必无差错。但出租至今,仅还一个月租金,其余履寻叠讨,他置之不理。王沧海辩称,其厝是掌赌人租用,因与林春光不熟,自己不过代为引见求租。掌赌人因赌博折本,便将钥匙缴还,但林春光不收,徒空旷其厝,长达数月;自己贫困,无可以还。公堂意见:"不合沧海此时困苦,难以坚执原约,兹议处沧海再还两个月租金,朱葛礁(林春光)将钥匙收回。"

2. 承包商商业风险独担

1851年1月,爪哇烟草税承包商詹德生及其担保人沈添、沈国柱、

① 参见桑本谦:《民间借贷的风险控制——一个制度变迁的视角》,载《中外法学》2021年第6期。

② 依据2023年2月20日,中国人民银行授权全国银行间同业拆借中心公布的1年期贷款市场报价利率(LPR)3.65%,当前法律允许的贷款最高年利率为14.6%。

③ 参见林春光叫王沧海案,载《公案簿》(第1辑),[荷]包乐民、吴凤斌校注,厦门大学出版社2002年版,第292页。

沈景山、刘庠因亏本而申请退回增收烟税与过失罚款一案。[①] 詹德生称,1850年承包烟草税每月价银8100盾,比1849年每月加价600盾之多。岂料自1月至11月已蚀本16,629.54盾,今此12月份尚未知攒蚀如何;原因是上年烟草甚贱,无人敢载来吧;亦因天气大热,无人敢种烟草故也。自己所得遗业因此蚀本已经费尽,请准其讨回每月加价600盾之额并还礼罚162盾。公堂查其数簿,与所恳之事相符,蚀本是实。

公堂认为:"应傌仔之人皆欲为得利而应,倘有蚀本,该当清还为是。兹德生所恳,若欲准其所恳,则一人可,人人皆可,而后来应傌仔之人,便不嫌其高价,竟相争应,必至于滥。惟不准其所恳,则后来应傌仔之人,必有撙节,不敢滥应。本堂细思,詹德生所恳,不得不得承受;至于恳还礼罚,若王上欲恩准,可也。"

同年4月,詹德生再次申请。公堂会议:"据詹德生所言与数簿所结蚀本,及欠数之额,却亦相去不远,但其欠数内中尚有可讨。又《口词字》内云12月份风浪大作,以致傌仔无收,此实历年皆有。论其所应之价,比上、下二年实有加贵2000余盾,但其礼罚之项如王上得以开恩退还则可矣。"同年9月,荷印税务机关回复,詹德生所恳不得承受。

商业风险是指在商业活动中,由于各种不确定因素引起的经营风险。虽然商业风险具有可预见性,但经营者的素质、经验和能力不同,商业预见性也存在差别。对于小商的商业风险,公堂基于公平,对出租人与承租人进行酌情分配;而对于承包商这类大商的商业风险,公堂则基于约定,认为应由承包人独担。

(六)不可抗力免责及其证明

1.船舶失事免责

1834年6月,吧城地方法院委托查勘刘粜诉詹唧无交银信案。[②] 刘粜寄詹唧唐信宋银10元回唐,詹唧无交,刘粜恳为追还原项事。詹唧

① 参见承包商詹德生申请退回烟税与失期礼罚案,载《公案簿》(第7辑),聂德宁校注,厦门大学出版社2007年版,第149~151、245~247、271页。

② 参见刘粜诉詹唧,载《公案簿》(第3辑),[荷]包乐史等校注,厦门大学出版社2004年版,第191~192页。

辩称因船舶失事,所以无交。公堂查勘詹唧同船人郭锦绣,确认詹唧所搭之船,确实在泙湖地面失事,寸板无存。

公堂认为:因该船失事,凡所有附本船银信者,俱不得取讨;刘粜到吧城地方法院起诉詹唧的宋银 516.5 元,也非刘粜一人的数额,附寄人数 49 人,而刘粜仅附宋银 10 元,余者为 48 人所寄,可见其贪得无厌。公堂答复吧城地方法院应判刘粜不得再行多端。

2. 免责事由的证明

1825 年 5 月,蔡玉成、李田、吴佐三人起诉带批人黄庆强与其担保人黄阿塔。三原告称,去年三人交寄黄庆强批信,岂料被黄庆强全部沉吞,半文无交;交寄银信时,黄阿塔作担保。被告黄庆强即以"本船犯风,银信失落海中,无可交还"为由抗辩。公堂查明:他人许多银信原全无失,独你之银信失落?况船虽犯风,幸平安到港。公堂裁决此银被告黄庆强须一足清还。

海上船舶失事属于典型的不可抗力。所谓不可抗力,是指不能预见、不能避免且不能克服的客观情况。因不可抗力不能履行义务的,不承担责任。不可抗力作为法定免责事由,已为世界各国立法所普遍确认。1980 年《维也纳国际货物销售合同公约》将"不可抗力"表述为"无法控制的障碍":"当事人对不履行义务不负责任,如果他能证明此种不履行义务,是由于某种非他所能控制的障碍,而且对于这种障碍,没有理由预期他在订立合同时能考虑到或能避免或克服它或它的后果。"应予注意的是,主张不可抗力的一方应证明该不可抗力导致其不能履行义务;如果不能证明,则应当承担责任。

三、公堂经营中的近代中国商事习惯法

前文所述,公堂于 1855 年经吧城驻扎官酌定蓄项 2.4 万盾。此后,如何经营管理蓄项成为公堂重要职能之一。分析公堂的这些经营管理行为,可以让我们管窥吧城华人的典当制度、土地租赁制度、土地买卖制度等。

(一)典当制度

1866年3月,新任玛腰陈浚哲提请公堂讨论如何让公堂蓄项生息。① 公堂议定蓄项生息办法:一部分寄往银行存放;另一部分出借,但借款人须有地头或厝字方可,且须有二妥人担保。同年4月,吧城驻扎官致书公堂,同意公堂蓄项生息办法,但要求利息应为6%。

1. 典物的回赎

《公案簿》中留存的两次陈永福、陈永寿入禀公堂事,较完整地呈现了吧城华人的典物回赎制度。

1893年3月,陈永福、陈永寿第一次入禀公堂,请求将二人身故之兄陈永添所典当房屋予以拍卖,以还公堂欠款。该入禀词为:

> 具禀人陈永福、陈永寿住中港仔,为先兄陈永添于和1889年3月25日弃世,前所置之厝契券,系是和1889年9月23日第838号、839号,价银2400盾、4000盾,共典银2500盾。吁请公堂准我两人将此厝发叫黎垄,以还此款。如发黎不足2500盾之额,两人情愿补足偿还,无致亏欠,并立梁礁约字为凭。恳乞恳准,俯如所请,不盛感激之至! 谨禀公堂大玛腰大人暨列位宪台大人尊鉴。
>
> 和(荷)1893年3月14日,具禀人:陈永福、陈永寿叩②

对于陈永福、陈永寿的入禀,公堂议定可行后,报吧城副驻扎官批准。同年4月,吧城驻扎官予以批准。公堂遂委派郑春锡、邱春昌二官员查勘陈永福、陈永寿家业可堪为保认抑或领其硂器首饰以为押保,并强调"务必斟酌妥善,无致公堂亏本"。

同年5月,陈永福第二次入禀公堂,请求以自己现项赎回陈永添所

---

① 参见列台商议公堂蓄项生息办法,载《公案簿》(第11辑),聂德宁等校注,厦门大学出版社2012年版,第37、44页。

② 参见陈永福、陈永寿禀恳将其兄之厝发叫黎垄以还公堂典当款,载《公案簿》(第14辑),吴凤斌等校注,厦门大学出版社2016年版,第152~153、155、160页。

当之厝，利息计至5月。公堂恳准，委托公堂官员邱春昌及书记员陈德生与陈永福、陈永寿同往过名。

典权系指一方支付典价，另一方提供典物并取得典价的制度。典权制度是我国特有的制度，其经济意义在于：对于经济上弱小的出典人，在典物价格高涨时，可作回赎；如无力回赎，可找贴作绝。[①] 应予注意，在吧城，典物出典与回赎，均要办理过户登记手续。而在中国传统法上，因不存在不动产登记制度，也就没有出典与回赎均需办理登记的要求。

2. 典物的占有

《公案簿》记载："据陈光华和（荷）1881年3月31日入禀，要当其厝，地在班芝兰埔。恳当公堂柜项15,000盾，约每年要还利息六八仙（6%），并附其厝字并税人之合约（租赁合约）字，而其厝有入保家。"[②] 同年5月13日，公堂官员回报申请"可堪"：已查陈光华所恳当班芝兰埔之厝地1.5万盾，酌量其厝地之家约值2.2万盾，兼有保家，实是可堪；但同时禀明，此厝已"第二次典当"。

从陈光华典当案中可以看出，吧城华人的典当制度与中国传统法上的典权制度存在显著区别：在吧城，承典人继续占有典物并享有典物的收益权，如陈永元的典物在出租，而中国传统法上典物由典权人占有并享有使用收益权；在吧城，典物可以二次出典，只要典权人同意，而中国传统法上因典物已被典权人占有，不存在二次出典的可能。

可以说，吧城华人的以房或地作典的制度，更接近于现代法上的不动产抵押制度，与中国传统法上的典当制度名实不符。笔者认为，公堂作为出借人，真正关注的是利（息）而非典物的所有权，在具有不动产登记制度保障的情况下，免于管理不动产更符合出借人的利益，这可能是

① 参见陈灵海：《典权、典当及相关法律问题》，载《华东政法学院学报》1999年第3期。

② 参见陈光华甲入禀恳当其厝于公堂，载《公案簿》（第13辑），吴凤斌校注，厦门大学出版社2014年版，第316、318、320、323、329页；《公案簿》（第14辑），吴凤斌等校注，厦门大学出版社2016年版，第123、151页。

吧城商人冠“典当”之名行“抵押”之实的背后逻辑。

(二)土地租赁制度

作为冢地的所有权人,公堂不仅通过出售给华人做坟获得垄断利润,而且将冢地整体出租给人种植、管理获得租金收入。1856年公堂出租丹绒、式厘坡两冢地之田的契约如下。①

> 一、付人承税丹绒、式厘坡之田,一年为限。1857年1月1日起,12月终止。
>
> 二、承税之人须援二妥人唆呾(担保),可为公堂取信者。于黎垄(公开竞价)之时须有其人。否则,再叫黎垄。承应人当担待一切亏本。
>
> 三、公堂付税二地之田而已,山顶之园及鉴光不在税(租)内。其田抽奎(税),务遵敖文明(荷印政府)所定规条而行。
>
> 四、税田人可用吃唧西边护厝,若有毁坏,税田人当修理。不则,公堂倩人修理,税田人当还费。又可用祀坛前之埕,以曝粟。
>
> 五、一暨公班衙番,税田人不得召用。
>
> 六、倘上人或公堂要填田为路或要开水沟,税田人不得阻挡。
>
> 七、倘天时不顺,禾稻不登,税田人不得求减税项。
>
> 八、税田人须照顾水沟,如有毁坏当修补。不则,公堂倩人修理,税田人须还费。
>
> 九、税田人须遵敖文明已定条规,倘后复有更易、抑别有所命,税田人当遵命而行。
>
> 十、税项6月终还一半,至12月终还明。如过限无还,抑不遵守公堂所定条规,立破君得六(合同)不用,诗礁(起诉)

① 参见拟定丹绒、式厘坡之田付人承租条规,载《公案簿》(第9辑),吴凤斌等校注,厦门大学出版社2009年版,第275~276页。

此税，再叫黎坴。倘有减价，税田人及喏呾人当担待补足；如加价，不干税人之事。

十一、税田人及喏呾人须一体担待，倘承税人已故，喏呾人当担待税项。如喏呾人一故，又当再添一人，可为公堂承受者。

以上田地租赁契约，让我们得以管窥吧城华人的土地租赁制度。

1. 出租方权益充分维护

一是将提供两名妥当人担保设置为承租人的资格条件之一。为防止承租人资信不足，出租人要求承租人必须提供2名妥当担保人，否则无资格参与公开竞价。同时约定，担保人承担的是连带责任“税田人及喏呾人须一体担待”；租赁期间，倘若一名担保人去世，承租人应当再添一名妥当担保人。

二是固定租金包干。固定租金包干是指契约范围的租金不调整，即一次性包死价。契约既从积极方面约定租金包干“承应人当担待一切亏本”，又从消极方面约定租金包干“倘天时不顺，禾稻不登，税田人不得求减税项”，还从按时给付方面“打死”“税项6月终还一半，至12月终还明。如过限无还，抑不遵守公堂所定条规，立破君得六不用，诗礁此税，再叫黎坴。倘有减价，税田人及喏呾人当担待补足；如加价，不干税人之事”。

三是承租人义务权利的精细化约定。(1)承租人承担租赁物维修的义务。“护厝，若有毁坏，税田人当修理。不则，公堂倩人修理，税田人当还费。”“税田人须照顾水沟，如有毁坏当修补。不则，公堂倩人修理，税田人须还费。”(2)承租人依规纳税的义务。“其田抽奎(税)，务遵敖文明(荷印政府)所定规条而行。”(3)承租人禁止召用“公班衙番”的义务。“一暨公班衙番，税田人不得召用。”(4)承租人无条件配合政府基建的义务。“倘上人或公堂要填田为路或要开水沟，税田人不得阻挡。”(5)承租人承担政策变动风险的义务。“税田人须遵敖文明已定条规，倘后复有更易、抑别有所命，税田人当遵命而行。”(6)承租人有权利用祀坛前之埕的约定。“可用祀坛前之埕,以曝粟。”

2. 田地出租采用竞价方式

引人注意的是,公堂的土地出租,采用的是竞价方式。竞价方式,即由众多竞价者争夺同一标的,价高者得。公开竞价,不仅可以避免公堂蓄项私相授受,而且可以实现公堂收益最大化。

吧城的竞价制度与赋税制度一起产生。1658年,为了减省稽查手续及避免逃税损失,荷兰东印度公司决定将人身税通过竞价方式交由华侨承包。此后,每年的赋税竞拍成了吧城华人的重要经济生活。

(三)土地买卖制度

1890年公堂购置新冢地资料,得以让我们管窥吧城华人的土地买卖制度。

1. 要约邀请、要约与承诺

契约订立,要约、承诺是基本方式。要约邀请是希望他人向自己发出要约的意思表示。要约是向他人提出明确的条件,作出意思表示,希望签订合同。承诺意味着接受。要约、承诺方式,给当事人订立契约提供指引,引导当事人清楚自己行为的性质与法律后果。

一是要约邀请。1890年11月28日,在公堂会商购买玛腰李子凤所有的如南抹、勃生、君领地业作为华人冢地。当日,公堂致书李子凤询问,该地是否有意出售?如有意出售,售价多少?公堂希望李子凤向自己发出要约。

二是要约。同年12月5日,李子凤书面回复公堂,让我们管窥了该时代的要约书。

> 如南抹、勃生、君领地业,计其契有五。一第6386号契,的价(价银)银72,725盾。一第6377号契,的价银60,000盾。一第5868号契,的价银30,000盾。一第5426号契,的价银4500盾。一第5556号契,的价银2000盾。合共银169,225盾。其地上出息,经由梁礁(公证人)缎冥丹(冥丹先生)和(荷)1885年12月30日第144号立合约,许税(出租)邱思珍,

> 每年银 11,500 盾。税主每月须纳与晚弟马草 26,500 盾,每千每日银 3.5 盾,每年银 1113 盾。又税主另有压地银 3000 盾在晚弟手,以每年六八仙(6%)计之,得利息银 180 盾。连上合共银 12,793 盾,除纳五契地租每年银 1269.19 盾,尚伸净银 11,523.81 盾。以上地业计地契五纸,晚弟愿兑与公堂银贰佰贰拾千盾正。然此际交易,互相裁酌,晚弟所期主其议者副淡也。又雷珍兰兼公堂议员吴铿然期勿与议此事,盖此位雷珍兰系晚弟之女婿也。如经定夺,仰待来命,顺付出税合约字一本及其地契五张,以便公堂查明。

就买卖交易而言,要约书包括当事人、标的物及价格、约束力等。李子凤发出的要约书包括以下内容。(1)关于当事人,卖方为李子凤,买方为公堂。为免关联交易之嫌,因李子凤为公堂负责人,李子凤提示公堂“晚弟所期主其议者副淡也”;因公堂成员吴铿然系李子凤弟之女婿,李子凤提示公堂“期勿与议此事”。(2)关于标的物,为五份地契的“南抹、勃生、君领地业”。(3)关于价格,“晚弟愿兑与公堂银贰佰贰拾千盾正”。(4)关于约束力,“如经定夺,仰待来命”。

三是承诺。同年 12 月 13 日,吧城副驻扎官在公堂主持讨论此项交易,副驻扎官询问公堂官员价金是否过高,公堂官员俱认可该价,称其地最合为冢地,此为公堂之首要考虑。公堂当日议定以该价购买,交易费用由公堂担支。公堂致书李子凤:“公堂经阅大玛腰 1890 年 12 月 5 日第 34 号,兹公堂案夺定买勃生、如南抹、君领之地业,价银贰百贰拾千盾。”同年 12 月 24 日,买卖双方在荷印地方评议院过公堂名字。

2.“买卖不破租赁”制度

1890 年 12 月 31 日,因上述地产所附租赁契约叙明承租人须逐月送地主马草以饲其马,今公堂无马可饲,公堂谕知勃生等地承租人今后免送马草,如日后有马,须遵原约而行。从以上要约书及公堂谕知承租人可见,“买卖不破租赁”制度实行于该时代的吧城华人社会。

"买卖不破租赁"指在租赁期限内,出租人又将租赁物转卖给第三人,则租赁物的买受人概括承担原来的租赁契约,成为新的出租人,承租人仍可基于租赁契约向买受人主张租赁权。"买卖不破租赁"制度产生于近代。罗马法上奉行"物权优于债权""买卖击破租赁"原则,新的财产所有人无论何时都可以基于物的追及权,驱逐承租人而夺回标的物。一般认为,1804年《法国民法典》首次规定了"买卖不破租赁"原则的条款。① 该法典第1743条规定:如出租人出卖租赁物时,买受人不得辞退经公证作成或有确定期限的租赁契约的房屋或土地承租人;但于租赁契约中保留此项权利者,不在此限。租赁权对抗效力后被《德国民法典》继承。

四、余论:中华法系的创新发展与法律文明互鉴

(一)认真对待中国传统商事习惯法

习近平总书记指出,自古以来,我国形成了世界法制史上独树一帜的中华法系②,积淀了深厚的法律文化。③ 中国是世界文明发达最早的国家之一,中华法系是中华文明的重要标志,中国传统商事习惯法是中华法系的重要组成部分。

中国传统商事习惯法凝聚了中华民族的智慧。华商数簿之法的精细化令人折服:条目要分明,边缝添写、缝中有条通常不可为凭;数簿务必查其字迹、笔势如何,笔迹似一笔记就则为可疑;数簿应与口词相符,如不相符则不足凭。华人契约的精细化令人赞叹,如前文对于合伙事项、盈亏分担、合伙负责人等事项明确约定合伙协议;还如对于出租方式、租金、租赁物维修等约定明确且完整的田地租赁契约。吧城华人生

---

① 张铭化:《商事租赁权物权化:一个法经济学的进路》,载《法律和社会科学》2012年第1期。

② 通常认为,世界五大法系包括大陆法系、英美法系、伊斯兰法系、印度法系、中华法系。

③ 参见习近平:《坚定不移走中国特色社会主义法治道路,为全面建设社会主义现代化国家提供有力法治保障》,载《求是》2021年第5期。

活中还存在籐仔破分为记、以刀刻坎记载履约过程的民间习惯。吧城华人对不可抗力已有清晰的认知：对于船风导致的银信灭失，因船风导致不能履行义务的不承担责任；虽发生船风，但没有导致不能履行义务的仍应承担责任。

中国传统商事习惯法彰显了中华民族的精神。萨维尼在关于立法与法学使命的论述中，指出"法是民族精神的体现"。① 鲁道夫·冯·耶林在《法学是一门科学吗?》一书中指出："历史以及受历史制约的生活，乃是法律之舞台。"小商与中商或大商的数簿明显不同：小商记本多为自知而已，非数法之所行；中商或大商所用数簿不得超格记数，不得添记并乱批字样，务须本本相符。华商习惯，签名与盖字号印具有同等效力。公堂"大事化小小事化了"的息诉止讼调解。时至今日，我国民法典将个体工商户视同自然人主体以与法人进行区别立法，司法解释确认个体工商户字号可以作为被诉主体②，以及中国特色的调解法，都是我国民族精神的体现。

还应注意的是，传统习惯法上的一些概念与现代法差异显著。这为当前的法治社会建设提出了具体课题：《法治社会建设实施纲要(2020－2025年)》的顺利完成，需要有针对性地梳理并解读习惯认知与现行法律规定相冲突的内容。民众知法，才能更好地守法。例如，传统习惯法上的担保规则与现代法上的担保制度存在显著差异：传统习惯上的担保没有期限规定；而现代法上保证责任期限届满，保证人将不再承担保证责任。又如，典当制度，概念是研究的基础，通过本文研究发现，近代吧城华人与域内华人对典当概念的认识显著不同：前者由承典人占有典当物，后者由典权人占有典当物。这是否意味着，我们中国传统法上的一些概念，不可一概而论?

---

① [德]弗里德里希·卡尔·冯·萨维尼：《论立法与法学的当代使命》，许章润译，中国法制出版社2001年版，第7页。

② 《最高人民法院关于适用〈中华人民共和国民事诉讼法〉的解释》第59条规定："在诉讼中，个体工商户以营业执照上登记的经营者为当事人。有字号的，以营业执照上登记的字号为当事人，但应同时注明该字号经营者的基本信息。营业执照上登记的经营者与实际经营者不一致的，以登记的经营者和实际经营者为共同诉讼人。"

(二)法律文明互鉴为中国法系创新提供历史经验

习近平总书记强调,要尊重世界文明的多样性,以文明交流超越文明隔阂、文明互鉴超越文明冲突、文明共存超越文明优越。① 为我们激活和转化中华法系提供了理论指引。

1. 公堂的历史沿革为当前我国公司法修改提供历史经验

公司②的集体决策机制和法定代表人决策制之间的矛盾调和问题是当前我国公司法修改的重要议题之一:法定代表人的唯一性,要求其他代表公司履行法定代表人职责的主体的权力只能来自公司法定代表人的委托授权;在此逻辑下,公司股东会或董事会作为集体治理机关在实践中就成了悖论。

从公堂的历史沿革可见,组织的早期实行负责人决策具有制度合理性。在17世纪,华人甲必丹负责制,就是荷印殖民机构的一纸授权,直到18世纪中期公堂才有住所地,直到19世纪中期公堂才有稳定的蓄项来开支公堂衙役等的薪酬。议事在甲必丹府、费用要甲必丹赞助的情况下,公堂事务主要由负责人决策符合有责必有权、权责相一致的朴素正义观和制度合理性。

但是,在公堂有自己独立的办公场所(不仅有专门的办公场所城北公堂,而且19世纪中期还有了日常办公场所城南公馆)、稳定的收入来源(包括出售冢地等收入)的情况下,就发展到由个人负责制向集体决策制的转型,以实现集体事情由集体决定的正义性与合理性,并防范个

---

① 参见习近平:《决胜全面建成小康社会 夺取新时代中国特色社会主义伟大胜利》,人民出版社2017年版,第59页。

② "公司"者,公共司事是也。公司出现于16世纪后半期,发源于英国、荷兰的公司,最早是特许设立,且享有政府专设经营之利。洋务运动中,中国出现了"局"这种新式企业,是"刻意仿效西方公司的产物"。1875年,光绪帝谕旨中使用了"公司"一词而不再使用"局",一定意义上代表着公司的官设独占特点逐步削弱,公司民营民办开始普遍化。值得注意的是,在西方世界,特许设立和专营之利有违资本自由,因此美国在19世纪发起了一场旨在制定普通公司法的改革,并获得成功。我国接受这一变革的时间是1903年,清政府颁布《大清公司律》,由此公司成为营业组织形式并被普遍采用。参见刘道远:《公司法定代表人的角色、制度渊源及其完善》,载《比较法研究》2022年第4期。

人滥用权力侵害集体利益。

解决好负责人决策向集体决策转型的关键是必要的技术性措施保障集体决策机制不流于形式。公堂经历的1853年公堂前书记员庄济漯举报玛腰陈永元贪腐及凌迫案、1855年吧城驻扎官酌定公堂蓄项及1866年制定六条《定公堂列台所任之权条规》改革给今人提供了历史经验：一是组织内部事项，尤其是蓄项收支的集体议决；二是机构的内部治理规则明确与完整；三是公堂外部治理机关对公堂负责人的持续有效监管。

2. 公堂的裁处实践为我国法治发展提供历史经验

中华法系的创新发展除了需要积极输入中华法治的传统经验和民族智慧外，还须融入其他法系的经验与智慧。

公堂裁判适用的法律主要是中华传统礼法，但也无法摆脱吧城荷印殖民政府法律的影响。例如，1847年简敬中代理澳门裕丰栈控叶爱案，对于在唐地的借款，裁处却发生在吧城。适用唐地的规例，还是适用吧城荷印殖民政府规定的利率？公堂将问题提交吧城地方法院决定。不能否认，公堂更倾向于认可吧地低利率有利于借款人。

公堂仿照中国官署修建，公堂理事也称坐堂，但裁处程序必然受到荷印司法裁判程序的影响。例如，1854年吧城地方法院要求公堂遵守《君厘书》（通告）第130条："若原、被不得自赴对质者，可用人代理，其代理人当遵所使之意，以尽其情，内中或言词虚妄，或数法不明，或情愿处和，须吊其原、被对质，然后据实申详。"[①]对于庭审中"内中或言词虚妄，或数法不明，或情愿处和"的情况，吧城地方法院要求公堂吊其原被告到庭对质，这对于公堂查清事实、实现司法公正是有益的。

3. 公堂的蓄项经营为我国当下的农村集体经济组织经营管理权的研究提供历史经验

农村集体经济组织作为经济组织，营利性是其设立及运营的目的。

① 参见兰得力重申争讼案件审理程序一案，载《公案簿》（第8辑），侯真平等校注，厦门大学出版社2009年版，第338页。

农村集体经济组织法的立法工作已经启动,其中贯穿始终的问题应该是:如何通过制度和规则的设置,实现集体经济组织的资产保值升值。

公堂蓄项经营经验为我们提供以下历史智慧。一是公堂负责人对于蓄项经营职能予以充分重视,如1866年3月,新任玛腰陈浚哲提请公堂讨论如何让公堂蓄项生息。二是公堂时时、事事以“务必斟酌妥善,无致公堂亏本”为蓄项经营管理的出发点与最终目的。三是公堂以稳健经营为基本遵循。例如出借款项,公堂追求的年利率约为6%,而该时代吧城华人市场的年利率约为9%,但公堂要求必须提供典物及担保人;又如出租田地,公堂通过公开竞价且有担保人的方式来保障租金收益的安全。

研究会纪事

全国外国法制史研究会第三十五届年会议程

西法东渐与中国革命
——辛亥革命111周年纪念及其法理反思
(武汉·上海·2022年)

主办单位:全国外国法制史研究会
承办单位:中南财经政法大学、华东政法大学
会议时间:2022年11月12日
主会场:中南财经政法大学(南湖校区)文澴楼一楼会议中心
分会场:华东政法大学(长宁校区)交谊楼二楼圆桌会议室
腾讯会议号:281 429 384

开幕式

主持人:陈景良教授(中南财经政法大学)
时间:11月12日9:00~9:30

议　　程

1. 宣布第三十五届年会开幕
2. 中南财经政法大学副校长姚莉教授致辞
3. 全国外国法制史研究会会长何勤华教授致辞
4. 合影留念

茶歇(10分钟)

研究会成立四十周年纪念专场

主持人:李秀清教授(华东政法大学)

时间:11月12日9:40~10:40

议　　程

1. 暖场视频:《走过的路》

2. 视频致辞:由嵘教授(北京大学)、冯卓慧教授(西北政法大学)

3. 历史回顾:郑祝君教授(中南财经政法大学)

4. 学者六人谈:高鸿钧教授(清华大学)、张锐智教授(辽宁大学)、方立新教授(浙江大学)、王云霞教授(中国人民大学)、董茂云教授(宁波大学)、王伟教授(复旦大学)

第一场研讨会

辛亥革命及其法理反思

主持人:项焱教授(武汉大学)

时间:11月12日10:40~11:40

发言	张卓明	华东政法大学	辛亥革命前后的中国代议民主 ——从“思想传播”到“制度实践”
评议	姜峰	华东师范大学	
发言	叶湘	上海应用技术大学	辛亥革命的法理:国际 权利和义务的继受视角
评议	敖海静	华中科技大学	
发言	李拥军	吉林大学	法律与伦理的“分”与“合” ——关于清末“礼法之争”背后的思考
评议	王世柱	中国政法大学	

续表

发言	侯欣一 李子豪	天津财经大学	辛亥革命时期西方近代法 对中国司法语言的影响研究
评议	李红海	北京大学	
自由发言10分钟			
说明:主题发言6分钟;主题评议6分钟			

第二场研讨会

西法东渐与中国近代社会变革

主持人:陈颐教授(同济大学)

时间:11月12日13:30~14:30

发言	李栋	中南财经政法大学	论耶稣会士在1689年《中俄尼布楚条约》 签订中的作用
评议	史志强	华东政法大学	
发言	高童非	中国农业大学	近代陪审制度在中国的移植和发展
评议	夏新华	湖南师范大学	
发言	刘柯铭	中南财经政法大学	清末民初时期家国关系转型探析 ——从法律史视角考察
评议	王静	华东政法大学	
发言	李洋	南京师范大学	美国法官上海受难记:重返一九〇八
评议	乔飞	河南大学	
自由发言10分钟			
说明:主题发言6分钟;主题评议6分钟			

茶歇(10分钟)

第三场研讨会

中外法律与革命的历史研究

主持人:李艳华教授(中南财经政法大学)

时间:11月12日14:40~15:40

发言	徐国栋	厦门大学	哥伊赫巴尔格与1922年《苏俄民法典》——北法南渐98周年祭
评议	王海军	华东政法大学	
发言	王栋	深圳大学	必也正名:中国宪法史上的“宪法”、“宪章”和“约法”
评议	崔林林	中国政法大学	
发言	王凯	华南理工大学	宣誓的神学基础:以亨利八世时期效忠宣誓运动为例
评议	杨松涛	河南大学	
发言	何勤华 蔡剑锋	华东政法大学	德国宗教改革与罗马法继受——以路德宗二次分裂之改革为主线
评议	王银宏	中国政法大学	
自由发言10分钟			
说明:主题发言6分钟;主题评议6分钟			

茶歇(10 分钟)

第四场研讨会

法史学研究的范式研讨

主持人:肖光辉教授(上海政法学院)

时间:11 月 12 日 15:50~16:50

发言	高仰光	中国人民大学	法律史学的性质
评议	赖骏楠	复旦大学	
发言	程波	湘潭大学	档案史料运用的新方法、新方向 ——基于《谭延闿年谱长编》的几点观察
评议	杜军强	西安交通大学	
发言	苏彦新	华东政法大学	反思法学与跨学科研究
评议	赵立行	复旦大学	
发言	李童童	中国人民大学	德国劳动法上“从属性”概念的构建
评议	周小凡	上海交通大学	
自由发言 10 分钟			
说明:主题发言 6 分钟;主题评议 6 分钟			

闭 幕 式

主持人:黄美玲教授(中南财经政法大学)

时间:11 月 12 日 16:50~17:20

议 程

1. 全国外国法制史研究会 2021 年度优秀论文颁奖典礼
2. 中南财经政法大学法学院院长陈柏峰教授致辞
3. 第三十六届年会承办方代表宁波大学董茂云教授致辞
4. 全国外国法制史研究会副会长李秀清教授作会议总结

全国外国法制史研究会第三十五届年会提交论文目录

敖海静　立法者的德性——亚里士多德法效力命题的逻辑展开

曾嘉宇　比较宪法视阈下的北洋时期总统荣典权研究

柴松霞　清末立宪缘何“失败”？——以比较近代中日两次出洋考察为视角

陈晓聪　黄小伟　民法基础理论逻辑学初探——以2021年法考为例

陈怡玮　吴经熊的法律理论与实践——以民法为视角的考察

程　波　档案史料运用的新方法、新方向——基于《谭延闿年谱长编》的几点观察

程　波　颠覆性的康德：启发职业法学家的哲学家

程　诺　《狄奥多西法典》中的巫术罪探析

杜娇锦　哲美森视角下的中国继承制度——以《中国评论》所载哲美森译文为中心

杜军强　中国法律史规范性研究的方式、可能及价值刍议

费小兵　罗　炼　梁启超在辛亥革命前后的变与不变——以《中国法理学发达史论》之“自然法”与“性法”切入

冯曙霞　《国法大全》形成的十大基本动因

高华时　从董仲舒的“春秋决狱”到《唐律疏议》——论我国法律儒家化变革

高童非　近代陪审制度在中国的移植和发展

高仰光　法律史学的性质

龚金镭　传统法文化应对法律适用不确定性之方式——以“不应为”律为视角

郭海怡　罗马法时效取得制度的历史镜鉴

郭雪晴　不方便法院原则的历史与当代适用研究
郭雨薇　社会规范和法律规范的冲突平衡思考——兼评《英国中世纪唆讼制度》
韩晨光　论都铎王朝时期英格兰海事法庭的审级与海事陪审制
何勤华　蔡剑锋　德国宗教改革与罗马法继受——以路德宗二次分裂之改革为主线
贺　瑶　西法东渐对中国近代社会变革的影响——以中国革命为视角
胡　晓　清末刑事附带民事诉讼理论溯源
胡雪梅　《民法典》第1220条关于危急救治制度设计的致命缺陷及纠正
黄为钊　日本公司治理结构中的监督职能修复——从缺失到形式完备
黄鑫政　论我国尊严法学的不足及其改进
姜　峰　詹姆斯·麦迪逊的人性观与宪法思想
蒋　羽　明初重典治吏探析——以“奸党”罪创设为视角
李　栋　论耶稣会士在1689年《中俄尼布楚条约》签订中的作用
李童童　德国劳动法上“从属性”概念的构建
李　洋　美国法官上海受难记:重返一九〇八
李艺金　“移乡避仇”与“逃城”——儒耶法文化比较视野下的限制复仇制度
李拥军　法律与伦理的“分”与“合”——关于清末“礼法之争”背后的思考
侯欣一　李子豪　辛亥革命时期西方近代法对中国司法语言的影响研究
梁小露　近代西方法律思想的“布道者”:吴经熊对中国新分析法学的构建
廖晓颖　论黎氏安南与中国古代婚姻制度之比较
林　珊　论罗马法特留份与《关于遗赠的法尔其丢斯法》——“特

留份起源于《关于遗赠的法尔其丢斯法》"说法之考究
林余双　辛亥拾遗:宋教仁的法政人格与事功探析
刘佳芸　清末司法改革中的沈家本与戴鸿慈——以部院论争为中心
刘柯铭　清末民初时期家国关系转型探析——从法律史视角考察
刘之杨　憧憬文明:清末出洋人士对罪犯劳役制度的考察与学习
柳宇婷　君权存留与人权萌发——中法第一份宪法性文件之对比
马　哲　公司制的制度优势及其在中国的早期移植
苗　丽　文字播风潮:西法两性平等观输入与清末民初的知识女性的近代化
齐凯悦　论美国律师职业伦理中的科技能力义务及对我国的启示
乔　飞　《圣经》中的"审判"
苏彦新　反思法学与跨学科研究
史永丽　冯江鑫　英国《法律服务法(2007)》研究
宋宇宁　"觉醒年代"——"大正民主"时期的地方自治及其对华影响
孙　聪　"少年罪错"话语模式中诞生的少年司法及启示
檀　明　洪仁玕法律思想的再认识——表层路径向实质内蕴的递进
王　栋　必也正名:中国宪法史上的"宪法"、"宪章"和"约法"
王　婧　社会学法理学的普通法底色——读庞德的《普通法的精神》
王　静　法律移植的范式矫正——以西班牙首部社保法移植为镜鉴
王　凯　宣誓的神学基础:以亨利八世时期效忠宣誓运动为例
王世柱　超大规模共同体视野下的清代国家治理——以清代君主多重身份为中心
王　伟　历史的底稿——全国外国法制史研究会耆宿周枏、陈盛清先生亲笔自传考述
王小康　追问古代中国宪制的形态——反思现代儒者钱穆、牟宗三的宪制叙事分歧
咸舒竞　英国学术界对1925年以前英国财产法研究文献整理
肖崇俊　法经济学的限度——美国公司反收购立法的合宪性论争及其启示

谢思思　变革与发展:古罗马平民的阶层流动
徐国栋　哥伊赫巴尔格与1922年《苏俄民法典》——北法南渐98周年祭
徐铁英　路易斯·若瑟兰的权利滥用理论及其影响
许克明　美国法律帝国主义的东亚模式(1844~1870)——以中、日治外法权设立的比较为视角
阳秀琪　南非传统知识的知识产权保护法律制度研究
杨城新　移植与突变:近代英国法域外适用中的遵循先例原则
杨松涛　近代早期英格兰基层官员责任与惩戒
叶竞欧　论三国时期的刑事诉讼程序——以政治要案"吕壹案"为中心
叶　湘　辛亥革命的法理:国际权利和义务的继受视角
余梦清　政治法律理论的实践——以德国违宪审查制度的发展为例
张俊英　黄丽辉　商鞅变法与当代国家治理研究
张　鑫　雅典民主制下的陶片放逐法与中国先秦流放
张　旭　孙中山三民主义在"两部宪法"中的考察及当代启示——以中华民国宪法和中华人民共和国宪法为中心
张雪伟　盗窃的要件和性质沿革——从罗马法到日耳曼法
张亚飞　梁玉帆　近代中国刑法中匪盗罪之罪刑变迁(1902~1949)
张卓明　辛亥革命前后的中国代议民主——从"思想传播"到"制度实践"
赵博阳　教会法的在地化:中国天主教会法的创制历程(1600~1924)
赵立新　明清律与日本明治初期的法制建设
周平奇　论古罗马《关于侵辱的科尔内流斯法》对人格权的保护
周小凡　20世纪初德国概念法学之争——以1905年、1909年《德国法律报》的论战为线索
朱超然　人类命运共同体视域下中非法律文化的交流与共兴研究
邹　琳　代　静　两大法系著作权制度的融合及其对我国的影响

全国外国法制史研究会2021年度优秀论文获奖名单

一等奖(3人)

姚丽(中国人民大学博士生)
东亚近代民法法源考
史志强(华东政法大学副研究员)
从法系到中华法系:一个概念史的考察
陈锦贤(中南财经政法大学博士生)
共同法作为中世纪国际私法初探

二等奖(8人)

李亢(浙江财经大学讲师)
民族联邦制:困境与批判
徐芃(清华大学博士生)
美国宪制的早期建构——以1639年《康涅狄格基本法》为中心的考察
龚茁、宋婷(浙江工商大学副教授)
国际法译考
李康(中国人民大学博士生)
国际法是真正的法律吗——基于法律实证主义的学术史考察
龚书凝(华东政法大学硕士生)
新加坡向英国枢密院司法委员会上诉权的存与废
徐明月(南京大学博士生)
《马六甲法典》版本探析——兼论马六甲王朝立法史
韦达(华东政法大学博士生)

德意志罗马法早期继受的另一种进路:以1356年《黄金诏书》为线索

全国外国法制史研究会
2022年11月12日

全国外国法制史第三十五届年会综述

刘译元*

2022 年 11 月 12 日，全国外国法制史研究会第三十五届年会顺利召开。年会主题为“西法东渐与中国革命——辛亥革命 111 周年纪念及其法理反思”，本次会议由全国外国法制史研究会主办，由中南财经政法大学法学院和华东政法大学法律史研究中心、涉外法治研究院共同承办。在中南财经政法大学南湖校区设立主会场，在华东政法大学长宁校区设立分会场，并采取线上线下相结合的方式举办。全国各高校 150 多名学者参与此次盛会。

11 月 12 日 9 时，中南财经政法大学法律文化研究院院长陈景良教授主持开幕式。陈景良教授首先对全国外国法制史研究会成立四十周年表示祝贺。随后，他表示本次年会具有重大意义，是践行学习外国优秀法治文化以推动建设社会主义法治国家的深刻实践。陈景良教授宣布开幕之后，中南财经政法大学党委常委、副校长姚莉教授代表承办方致辞欢迎参会者。姚莉教授充分肯定了全国外国法制史研究会的工作以及学术影响力，并期望各位专家学者通过本次年会交流学术观点，为中国式现代化发展之路提供法治智慧。

全国外国法制史研究会会长何勤华教授在开幕式的发言中简要回顾了学会的成立，何勤华教授表达了对本次年会学术研讨的期待，以及对中南财经政法大学承办本次年会的衷心感谢。何勤华教授指出，辛亥革命使中华民族得以走向世界法治文明。2022 年正值辛亥革命爆发 111 周年，我们需要从法理上反思中国法治之变与不变，以更好地推动建设社会主义法治国家。

---

* 刘译元，华东政法大学 2020 级法律学院博士研究生。

开幕式结束后,会议进入研究会成立四十周年纪念专场,研究会副会长、华东政法大学李秀清教授担任主持人。专场纪念会由《走过的路》一则视频切入,介绍研究会的发展历程。研究会的两位前辈——北京大学由嵘教授与西北政法大学冯卓慧教授以提前拍摄视频的形式致辞。中南财经政法大学郑祝君教授代表研究会回顾了全国外国法制史研究会四十年的发展与变迁。她向老一辈学者致以敬意,并期待更多青年学者能够加入研究会并作出自己的贡献。清华大学高鸿钧教授、辽宁大学张锐智教授、浙江大学方立新教授、中国人民大学王云霞教授、宁波大学董茂云教授、复旦大学王伟教授进行了学者六人谈。他们结合自己的亲身经历,分享了自己对研究会的回忆与对未来发展的建议,并献上对研究会的祝福。其中,王伟教授结合自己的最新研究,对周枏和陈盛清两位研究会前辈的学术思想做了新的阐释。

随后会议进入了研讨会环节。本次年会共设有四场专题研讨会,与会学者围绕着"辛亥革命及其法理反思""西法东渐与中国近代社会变革""中外法律与革命的历史研究""法史学研究的范式研讨"四大主题进行了广泛而深入的讨论,现将本次研讨交流的主要内容综述如下。

一、辛亥革命及其法理反思

第一场研讨会围绕"辛亥革命及其法理反思"展开,由武汉大学项焱教授担任主持人。

华东政法大学张卓明教授就《辛亥革命前后的中国代议民主——从"思想传播"到"制度实践"》进行发言。张卓明教授的论文暗含对代议民主的一个基本理解,代议民主是跟人民民主相并列的。清末以来,中国政治现代化经历了从代议民主到人民民主的发展过程。张卓明教授认为代议民主进入中国之初具有的工具化倾向。辛亥革命前后的民主制度存在差别的同时也具有继承关系。张卓明教授也认为当时的代议制度缺乏政治性,在选举制度的设计上要着眼于民族整合与国家建构、合法性建设等普遍需要。

华东师范大学姜峰教授对张卓明教授的发言作了评议。姜峰教授认为张卓明教授对清末民初的代议民主思想和制度做了细致入微的考察,他认同其大部分研究观点,但对于辛亥革命的评价,姜峰教授比张卓明教授更加积极。对于近代代议民主的进程,清末民初的努力固然不尽如人意,但具有历史进步意义,而随后代议制民主的实践则徒具形式。另外,姜峰教授认为近代代议民主的命运多舛可能还有一个原因,那就是思想与时代的错位问题。

上海应用技术大学叶湘副教授就《辛亥革命的法理:国际权利和义务的继受视角》进行发言,分析了辛亥革命法理逻辑的组成部分。叶湘副教授特别强调从国际法与国际社会认可的角度认识辛亥革命的合法性,但同时也注意到辛亥革命因此继承列强施加于中国的不平等条约。

华中科技大学敖海静老师从国际法观的角度肯定了该选题的创新价值。敖海静老师认为,叶湘副教授的研究突破了以往我们谈革命史或者政治史的叙述框架,这种突破和对国内学界对全球变迁史的关注等学界动态密切相关。另外,敖海静老师认为应当进一步深化论证具体的革命事件与条约权利义务继受的关系,并对文章逻辑结构提出调整建议。

吉林大学李拥军教授就《法律与伦理的“分”与“合”——关于清末“礼法之争”背后的思考》进行发言,指出“礼法之争”实则主权和国本之争,是进化理性和建构理性的冲突。李拥军教授启发我们思考:对于中国,通过学习先进国家的经验来实现自身的现代化可能是最自然不过的一种选择。但是也恰恰因此,这种法律现代化很容易受功利主义的支配,很容易导致过度的强调供体和受体的趋同性而有意无意或无意地忽视两者的特殊性情形,从而在学习的过程中表现出“操之过急”和“过度移植”的倾向。

中国政法大学王世柱老师提出了他的阅读见解,指出“礼法之争”背后所蕴含的是儒学普遍主义逐渐消解的历史。到了20世纪初,随着新式教育的普及,科举的废除,礼教生存的根基动摇,接着才是清末修律过程中的礼法之争,即礼教退出的法律领域,再到辛亥革命皇权解体,皇帝身上所附属的道统分解,礼教彻底脱离出正式的舞台。

天津财经大学教授侯欣一与博士研究生李子豪考据了《辛亥革命时期西方近代法对中国司法语言的影响研究》,并探究了其背后的语义和逻辑系统。民国时期立法其实就是借鉴并修改西方的政治法律体系,借鉴整个法学理念、法学理论、法律术语或框架等。因此当我们聚焦司法词语研究的时候,发现目前我国法学界针对民国早期所使用的法律语言存在一定缺漏。目前还没有对这些法律语言的系统整理研究。辛亥革命其实是自传统社会向现代社会转型的一个重要标志,这些大量新式司法名词的运用对民国时期的司法体制转型起到了非常重大的影响。整个南京临时政府对司法名词的整理和创新起到了承上启下的作用。南京临时政府把从各个渠道传入中国的新式司法词语进行了整合和修订,形成了一套完整全新的司法系统。

北京大学李红海教授构想了该文选题的扩大空间并给出了他的建议。李红海教授认为可以将研究范围从司法词语扩大至法律词语。

二、西法东渐与中国近代社会变革

第二场研讨会围绕“西法东渐与中国近代社会变革”展开,由同济大学陈颐教授担任主持人。

首先由中南财经政法大学李栋教授就《论耶稣会士在1689年〈中俄尼布楚条约〉签订中的作用》进行发言。他指出这是一次近代欧洲国际法在中国的适用,也是一种对国际法条约的运用与接受。李栋教授指出中国和俄国作为签订条约的条约双方“天下”秩序“宾礼”和近代欧洲国际法秩序之间的差异,指出耶稣会士在《中俄尼布楚条约》签订中的特殊意义在于,他们通过自身所掌握的中俄双方各自看待外部世界的“两套知识”,让近代欧洲国际法和“宾礼观念”融合起来,以此推动条约的签订。

华东政法大学史志强老师赞赏其创新观点的同时,也对论文提出了丰富史料运用、多元化视角考察等建设性意见。史志强老师尤其强调应当注意当时条约双方在多大意义上可以称为近代意义的民族国家。

中国农业大学高童非副教授作了题为《近代陪审制度在中国的移植和发展》的发言,通过对陪审制度特征、功能及发展的分析,引出中国在适用陪审制度中出现的一系列问题。高童非副教授认为,从近代陪审制度的引入和发展的进程当中也可以看出,从功能方面出发,不同主体对陪审制度的需求也是不一样的,各方有各自利益的格局,这对一个制度的移植者来说,都是要考虑的,也可能都会遇到一些困境,如何走出这个制度的困境,促进陪审的实质化,也是未来学界需要继续探索的问题。

湖南师范大学夏新华教授进行评议,认为文章整体值得肯定,但制度的现实经验教训仍然可以进一步说明。夏新华教授指出应结合现实,从陪审制度历史发展的进程中寻找对现实的启迪意义。夏新华教授结合自身作为人民陪审员的经历,认为文章可以进一步挖掘其对我国陪审员制度的启示。

中南财经政法大学博士研究生刘柯铭就《清末民初时期家国关系转型探析——从法律史视角考察》进行发言,分析了立法规定及其背后法律价值的转变,对家国关系转型原因做了学理解释。从实在法的变化上看,传统中国的家国同构关系开始断裂,逐渐演变为近代社会的国民国家体系。而家族关系的转型在本质上体现了近代中国社会在价值上吸收西方民族精神以及私人权利保护精神。面对近代社会的巨大变革,立法者一方面在公法领域削弱家长权力,使权力集中于国家,而另一方面在私法领域将个人从家族共同体中脱离出来,强调个人权利对于社会秩序稳定的重要性,但本质上还是为了保障国家公权力的实施。尽管这种家国关系转型模式并非长久之策,但这是近代中国社会自我挽救的必要路径,也只有以权力为基础,才有助于在意识形态上达成统一,从而帮助近代中国摆脱困境。

华东政法大学王静老师针对文章逻辑以及对历史解释背后原因的深度挖掘提出建设性的意见。王静老师指出,在公法和私法的变化上论据单薄,有泛泛而谈之嫌,缺少说服力。而在历史解释的部分,对于背后原因的挖掘也略显薄弱。

南京师范大学李洋教授会上分享了《美国法官上海受难记:重返一九〇八》的故事,描绘了一幅重迭繁冗的异域法制风情。在美国驻华法院最初的法律实践中,如何平衡法官与律师的关系成为重要议题。驻华法院首任法官之所以受到弹劾,主要原因并非其法律实践出现纰漏或行为不检,而是因行为的正当性影响了在华美国人士的既得利益。毋庸置疑,此种利益即便依照美国法律也并非合法,但正是借助中国这一特有的海外土壤,使此种行为得以彰显。

河南大学乔飞教授在评议中从另一个角度点明了该事件对法治精神的体现,乔飞教授认为,在20世纪初的这个事件中言论自由与权利保障都值得肯定。另外,乔飞教授对事件中的情节提出了自己的疑问。

三、中外法律与革命的历史研究

第三场研讨会的主题为"中外法律与革命的历史研究",中南财经政法大学李艳华副教授担任主持人。

厦门大学徐国栋教授就其提交论文《哥伊赫巴尔格与1922年〈苏俄民法典〉——北法南渐98周年祭》进行发言,分别从沙俄遗产、沙俄实践以及民法的去财产化阐述了《苏俄民法典》的制定、发展及其对中国《民法典》的影响。1922年《苏俄民法典》包括总则、物权、债法和继承法四编,是一部单纯的财产法典。从此,单纯财产法典成为苏联模式的内容。而我国现行《民法典》已经实现去财产化。然而,我国部分学者仍然认为民法乃是调整市场经济的法律工具,批判民法乃是资产阶级法权的体现。

华东政法大学王海军副研究员就此进行评议,他指出《苏俄民法典》中经济法特质是时代需求的产物,点明了其对我国立法的影响。王海军副研究员指出,《苏俄民法典》的历史渊源可以归结于俄国向西方的靠拢。在民法典起草中,考虑到了两个方面的因素:一是基于学者原先的学习背景和认知,二是要考虑到苏维埃政权的因素。由于国内经济恢复和政权稳定的需要,1922年《苏俄民法典》上体现经济法或者说公法性质是必要的。而此类社会主义民法典对于中国的影响，相较于民法具体制度，其立法模式和精神更为重要。

深圳大学王栋老师对《必也正名：中国宪法史上的“宪法”、“宪章”和“约法”》进行发言，他对宪法与宪章、约法进行区别讲解，最后得出中国人民逐渐积累了深刻的宪法信仰的结论。“宪法”这种翻译符号的更替不仅表明中国本土自生的法理学可能性的失去，也代表着东亚法理学传统的断绝，更是对现代“宪治”的承认。

中国政法大学崔林林教授对此进行评议，她对研究视角表示认同，但崔林林教授也指出，相较于宪法制度安排、宪法起草者的观点相关研究相比，这些概念、名词的使用能否充分反映出中国人对宪法实际认知的变化，这是值得思考的一个问题。由于论证的目标有些重大，论据和论点之间略显失衡，可能只是起到辅助性的支撑作用。

华南理工大学王凯副教授对《宣誓的神学基础：以亨利八世时期效忠宣誓运动为例》进行发言，将效忠宣誓放置宗教改革的背景中，揭示了效忠宣誓对主权国家概念的启发。亨利八世要求教士向国王效忠宣誓，拒绝宣誓者将受到叛徒罪的制裁。宣誓效忠具有两方面的内涵：对于平民而言，须承认亨利有权继承王位，而神职人员必须否认教皇的权威，接受至尊王权。亨利八世时期的效忠宣誓运动首先呈现了主权论证的大部分要素。

河南大学杨松涛副教授点明了文章中心内容及其对于丰富我国宗教改革史研究的意义，也建议优化文章结构、丰富具体内容。同时，杨松涛副教授提出了自己的疑问：国王在强迫教士宣誓效忠的过程中遇到哪些阻力和反抗？国王如何应对？

华东政法大学硕士研究生蔡剑锋以《德国宗教改革与罗马法继受——以路德宗二次分裂之改革为主线》进行发言，他从德国宗教的历史沿革切入，进一步论述宗教改革引起了罗马法的继受模式的转变。政治神学对法律科学的重塑，促进了单轨制立法与司法秩序的确立。宗教改革带来的冲击与缺位，呼唤罗马法的归来。教义差异带来的认知矛盾、教会管辖权的缺位，均需罗马法填补。职业法律阶级开始成为罗马法继受的重要动力。

中国政法大学王银宏教授进行评议,首先,他肯定了论文选题的创新性与理论意义,同时也提出了建设性意见。论文结语部分"神圣罗马帝国皇帝希望通过继受罗马法达到司法统一的尝试受到地方极力抵制"的观点可能不太准确。罗马法的"中央—地方"模式和"地方—地方"模式应当是并行的,只是在不同时期和地区的侧重有所不同。其次,其建议论文从法文化的角度阐述罗马法对德意志地区的继受对于神圣罗马帝国的制度法律影响,包括对于神圣罗马帝国世俗化发展的影响。最后,论文中"二次分裂"的表述不明,其内涵和外延值得进一步界定。

四、法史学研究的范式研讨

第四场研讨会结束围绕"法史学研究的范式研讨"展开,由上海政法学院的肖光辉教授主持。

中国人民大学高仰光副教授对《法律史学的性质》进行报告,他将法律史学研究划分为六个层级,并提出可以以此为工具进行法律史学比较,指出了中国法律层级的缺位并提出建议。其核心是规范与事实的二分法,包括部门法的历史变迁、部门法之间的历史渊源、前现代的法律现象、建立在超法学逻辑之上理论批判等内容。高仰光副教授的划分乃是为了将法律史学的作品进行归类整理,以此实现对同一层级的学术作品进行比较与评价。

复旦大学赖骏楠副教授结合教学和科研活动中容易出现的问题对文章做了思考,指出法律史研究所要重视的问题:首先,理论和经验材料相结合;其次,重视部门法史的研究问题;最后,了解西方法律的知识对于中国现行法律制度的重要意义。

湘潭大学程波教授就《档案史料运用的新方法、新方向——基于〈谭延闿年谱长编〉的几点观察》进行报告。首先,程波教授针对本次大会的主题提出重视宋教仁对辛亥革命贡献的观点,而程波教授发现《谭延闿年谱长编》给我们提供了非常多的有关宋教仁的一些视角,弥补了我们一些史料的不足。《谭廷闿年谱长编》建立了一种关联性。这种关联性把一种纯粹的个人档案变成了某个历史人物和事件研究的核心材料。

西安交通大学杜军强副教授针对程波教授的发言表示肯定:程波教授运用了一个新的方法,客观佐证主观,使客观成为研究历史事件、人物的一个内部史料。另外,杜军强副教授提出了对“新方向”理解的一点困惑,建议完善史料主客观属性的辨析,使文章框架更明确。

华东政法大学苏彦新教授对《反思法学与跨学科研究》进行报告,他认为法学学科具有极强的抗外界入侵能力,其他学科难以入侵法学的知识领域。法学家研究法律史时要展现法学研究的独特性,必须脱离历史学家的法律事件的描述。法学家就应该回到法律效力,法律规范的内在,基于演变去学习研究它,或者是带着问题去做研究。跨学科要认识到它建立起来是要长期的认知和学习总结,采取跨学科方法之前还必须认识到两个学科之间在方法理论视角是否兼容。总体而言,苏彦新教授对跨学科的态度十分冷静严谨。

复旦大学的赵立行教授肯定了苏彦新老师的立意,但同时又从一个具有深厚历史研究背景的法学学者的角度表达了他自己的观点。赵立行教授认为,法学的跨学科研究应当打破对于学科壁垒的认知,摒弃狭隘的跨学科思维。认识论上,知识分类是一到多,综合分类是多到一,所以分类的综合是一种双向的。近来近代的学科中是把这种学科与知识双向运动变成了单向的运动,无限制的分类,但是失去了综合,这也导致了学科壁垒的形成。跨学科问题应该是一个回归对目的关注的问题,应该是关注不同学科之上的共同问题的问题,所以我们才找到跨学科的动力和它的价值意义。

中国人民大学博士研究生李童童对《德国劳动法上“从属性”概念的构建》进行报告,她从法律史的角度,通过实践和理论两个层面来还原德国劳动法上“从属性”概念的建构过程。“从属性”原本为社会学概念,李童童希望回答最初是怎么从社会科学领域进入法学的话语体系当中。在此,其梳理了德国法学界的各种学术争论,尤其重视德国法社会学派的理论贡献。

上海交通大学博士后周小凡对文章的论证与论据表示肯定的同时,认为可以进一步筛选和整理学者的贡献。聚焦德国劳动法上关于从属性概念建构中,最有力的代表性理论或者最有力的代表性批判以呈现从属性概念的建构与价值,以及呈现当时德国法学方法范式的转变与理论的转变之间的结合。

经过一天线上线下紧张而热烈的讨论,四场研讨会全部顺利结束。11月12日下午,本届年会落下帷幕,闭幕式由中南财经政法大学黄美玲教授主持。闭幕式上,赵立行教授宣读了全国外国法制史研究会2021年度优秀论文获奖名单并举行了颁奖仪式。中南财经政法大学法学院院长陈柏峰教授致辞。他简单回顾了本次年会的过程,强调了本次年会的深刻意义,并对参会学者致谢。第三十六届年会承办方代表宁波大学董茂云教授致辞,他表达了办好第三十六届年会的决心。最后,研究会副会长、华东政法大学李秀清教授对会议进行了总结,对大会筹办方表示感谢,并提出对未来的展望。李秀清教授宣布全国外国法制史研究会第三十五届年会顺利闭幕。至此,全国外国法制史研究会第三十五届年会圆满结束。